全国高校就业创业特色教材课题研究成果
教育部学生服务与素质发展中心组织编写

匠心筑梦，成就出彩人生：
大学生就业指导

Sail Your Dreams with Ingenuity, Create a Splendid Life:
Career Guidance for College Students

主　编　梁　快　朱晓琳
副主编　周建立　曾亚纯

西安交通大学出版社

图书在版编目(CIP)数据

匠心筑梦，成就出彩人生：大学生就业指导 / 梁快，朱晓琳主编；周建立，曾亚纯副主编. — 西安：西安交通大学出版社，2023.1(2024.1重印)
ISBN 978-7-5693-2990-2

Ⅰ.①匠… Ⅱ.①梁… ②朱… ③周… ④曾… Ⅲ.①大学生-职业选择-职业教育-教材 Ⅳ.①G717.38

中国版本图书馆CIP数据核字(2022)第242029号

匠心筑梦，成就出彩人生：大学生就业指导
JIANGXIN ZHUMENG, CHENGJIU CHUCAI RENSHENG: DAXUESHENG JIUYE ZHIDAO

责任编辑	王斌会
责任校对	魏 萍
封面设计	任加盟

出版发行	西安交通大学出版社 (西安市兴庆南路1号 邮政编码 710048)
网　　址	http://www.xjtupress.com
电　　话	(029)82668357　82667874(市场营销中心) (029)82668315(总编办)
传　　真	(029)82668280
印　　刷	陕西博文印务有限责任公司

开　　本	787 mm×1092 mm　1/16　印张 14.25　字数 292千字
版次印次	2023年1月第1版　2024年1月第2次印刷
书　　号	ISBN 978-7-5693-2990-2
定　　价	49.80元

如发现印装质量问题，请与本社市场营销中心联系。
订购热线：(029)82665248　(029)82667874
投稿热线：(029)82668525　QQ：635208196

版权所有　侵权必究

前　言

党的二十大报告指出："就业是最基本的民生。强化就业优先政策，健全就业促进机制，促进高质量充分就业。健全就业公共服务体系，完善重点群体就业支持体系，加强困难群体就业兜底帮扶。统筹城乡就业政策体系，破除妨碍劳动力、人才流动的体制和政策弊端，消除影响平等就业的不合理限制和就业歧视，使人人都有通过勤奋劳动实现自身发展的机会。健全终身职业技能培训制度，推动解决结构性就业矛盾。完善促进创业带动就业的保障制度，支持和规范发展新就业形态。"为进一步推动职业教育就业工作，提升职业教育人才培养质量，国家相关部门先后印发了《国家职业教育改革实施方案》《"十四五"职业教育规划教材建设实施方案》，新修订的《中华人民共和国职业教育法》也自2022年5月1日起施行。这一系列法规文件，重新审视了职业教育在经济社会发展中的功能与作用，强调职业教育要突出就业导向，把学生的职业道德、技术技能水平、就业质量作为评价的重要指标，引导职业教育走有特色、高质量发展的路子。

高质量的教材是培养合格人才的基本保证。发展高等职业教育，必须重视职业教育教材改革和建设，编写出具有职业教育特色的优质教材。基于此，我们编写了《匠心筑梦，成就出彩人生——大学生就业指导》，以新型活页式、工作手册式的形式，旨在提升大学生的职业化素质与技能，培养出满足社会产业需求的高等技术应用型人才。

本教材在编写过程中做了以下创新。

1. 课程思政与课堂教学有机融合

本教材采用"传授就业创业知识与技巧、提升就业创业能力、树立积极就业意识"的三层递进式设计思路，构建理论学习、案例分析、活动巩固的课程内容，培养学生的社会主义核心价值观。本教材从爱国主义精神、大国工匠精神、劳模精神、航天精神、诚信教育、责任意识教育、法律意识教育等方面进行课程思政设计，对学生展开全方位、多元化、多层次的理论和实践能力教学，使学生树立正确的就业观、择业观，理性地规划自身未来的发展，并努力在学习过程中自觉地提高就业能力。

2. 采用新模式

本教材采取了更符合学生认知特点的框架——任务制编写模式，每个项目都有学习目标、生涯智慧和案例引入等内容，融知识性、趣味性和实用性于一体。同时，考虑到就业指导工作要入情入理、效果为重的特殊要求，本教材灵活设置了理论阐述、拓展阅读、课堂活动和课外实践拓展等环节，为学生提供了扎实的理论知识，帮助学生培养良好的心理素质，提升就业行动力、持续学习的能力以及解决问题的能力。

3. 加入新模块

本教材新增了创新创业内容。创业是就业的一种高级形式，通过普及创新创业知识，培养学生的创新意识和创业精神，增强学生的创造性思维、创新能力，让学生从创业角度规划人生，实现更高质量就业。

4. 关注学生长远发展

就业指导课不仅仅是指导学生如何成功就业，更要让学生适应竞争激烈、复杂多变的职业环境，因此本教材除介绍就业信息、简历、面试等就业技能外，新增了职业核心素质与能力、职场适应等内容，注重培养学生适应社会发展和终身发展的能力。

本教材的编写，重点面向学生需要，同时兼顾教师教学的需要。本教材中难免有不足之处，恳请广大读者予以指正，我们将不胜感激，并在再版时改进完善。

编　者

2022 年 10 月

目　录

项目一　摇身一变职场人 ………………………………………………… (1)
　任务一　成长必修课——认识生涯角色 ………………………………… (3)
　任务二　学习责任与担当——认识学生与工作角色 …………………… (7)
　任务三　适应角色转换，开启丰富人生 ………………………………… (15)
　任务四　突出实践，工学结合 …………………………………………… (24)

项目二　就业信息放大镜 …………………………………………………… (31)
　任务一　初步了解就业信息 ……………………………………………… (33)
　任务二　搜集就业信息 …………………………………………………… (39)
　任务三　就业信息的处理和使用 ………………………………………… (49)

项目三　打造击中人心的求职简历 ………………………………………… (62)
　任务一　简历＝简＋历 …………………………………………………… (64)
　任务二　简历制作一二三 ………………………………………………… (71)
　任务三　令人赏心悦目的简历 …………………………………………… (84)

项目四　进入目标企业的面试制胜法 ……………………………………… (91)
　任务一　不打无准备之仗——面试准备 ………………………………… (93)
　任务二　面试技巧及常见问题回答 ……………………………………… (104)
　任务三　面试扫雷 ………………………………………………………… (113)

项目五　在职场，做最好的自己 …………………………………………… (121)
　任务一　有效的时间管理法 ……………………………………………… (123)
　任务二　建立良好的人际关系 …………………………………………… (131)
　任务三　建立正向沟通模式 ……………………………………………… (136)
　任务四　如何与团队协同工作 …………………………………………… (141)
　任务五　干一行爱一行的劳模精神 ……………………………………… (147)

项目六　物竞天择，适者生存 ……………………………………………… (153)
　任务一　认识职场环境 …………………………………………………… (155)
　任务二　职场适应法则 …………………………………………………… (164)

项目七 拥抱新时代的创新创业 ……………………………………………（171）
　　任务一　认识创新创业 ………………………………………………（173）
　　任务二　创新创业精神和方法 ………………………………………（178）
　　任务三　个人品牌发布会 ……………………………………………（186）

项目八 就业形势与政策 ………………………………………………（198）
　　任务一　毕业生就业情况与政策 ……………………………………（200）
　　任务二　就业权益与法律保障 ………………………………………（208）

参考文献 …………………………………………………………………（222）

项目一　摇身一变职场人

本章要点

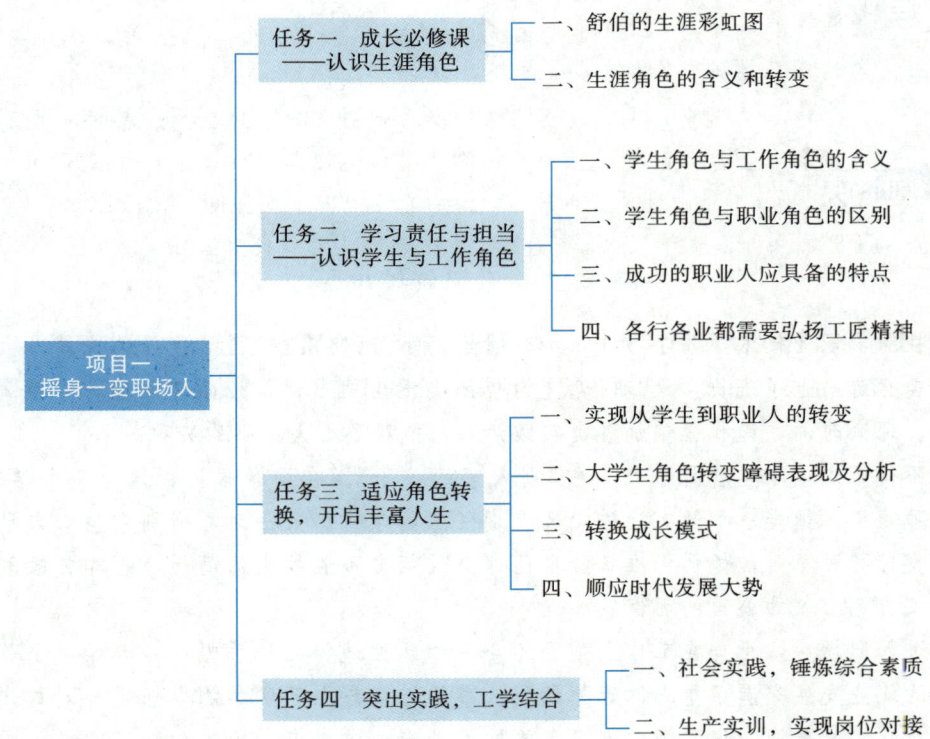

学习目标

1. 知识目标

初步了解生涯角色的概念，明晰生涯彩虹图的含义。

了解学生角色与工作角色的含义及区别。

2. 技能目标

通过社会实践，夯实专业基础能力。

掌握职业人应具备的能力，实现从学生到职业人的转变。

3. 素质目标

树立生涯角色意识和积极就业意识，强化角色转化的愿望与能力。

生涯智慧

强者，总是从挫折中不断奋起、永不气馁。

——2019年4月，习近平在纪念五四运动100周年大会上的讲话

案例引入

成为一名成功的职场人

在深圳职业技术学院学习的三年时间里，小美（化名）取得了优异的成绩。大一时小美竞选当上了班长，大二时竞选为校团委学生副书记。她品学兼优，年年拿奖学金。课余时间，她积极参加各类实践活动，揽获了大大小小的奖项。

不得不说，小美就是家长口中"别人家的孩子"。在同学眼里，她是一个学霸；在老师眼里，她是一个既有上进心又有责任感的学生。大三时，当别人担心自己简历上没什么可写时，她已经准备好自己那个人荣誉不胜枚举的简历，也非常顺利地通过了自己心仪的公司的面试。

进入职场后，小美在工作上是否还会一如既往地得心应手呢？一开始，小美对自己的职业发展充满了信心，因为她所从事的行业与自己所学的专业完全对口，自己拥有扎实的专业知识基础。可当小美信心满满地完成第一次工作后，迎来的却是组长劈头盖脸的训斥以及在开会时的点名批评。看着被组长打回重写的报告，小美就连改文件时都心不在焉，错误百出。在做小组任务时，小美常常一个人默默地工作，自己提出的点子屡屡被陌生的同事们否定。这些都让小美逐渐迷失了前进的方向，她觉得自己可能不适合这份工作，可这是完全与她专业对口的工作，她觉得是这家公司不好，可这是公认的百里挑一的好公司，她想了好多种理由，最终都未能

说服自己。

　　就在心灰意冷时,小美回到了深职院,那个让她发光发亮的学校,遇到她的辅导员老师,老师重新给她上了一课——学生到职场人心态的转变、形象气质的转变、能力的转变、生活时间的转变,突然被点醒的她明白了。小美转变自己的态度,积极从容地面对困难,脚踏实地,一步一个脚印,磨炼自己的能力,暗示自己,成为一个更成熟稳重的职场人。经过半年的适应期,她慢慢地找到了自己的发光点,事业蒸蒸日上,不断升职,这也是同事们和公司对她的认可。

　　校友讲座分享会上,小美回顾着自己从学生角色到职场人的经历,现在的她亦如从前——优秀自信。

任务一　成长必修课——认识生涯角色

一、舒伯的生涯彩虹图

　　舒伯认为,生涯是生活中各种事件的演进方向和历程,它统合了个人一生中依序发展的各种职业与生活角色,由此表现出个人独特的自我发展形态,它不仅具有时间性,还具有空间性。舒伯将时间性和空间性,环境因素和个人因素统合起来,用生涯彩虹图进行了形象化的描绘。生涯彩虹图将横跨人一生的生命历程称为生活广度,将人在这一历程中的各个发展阶段所出现的各种角色称为生活空间;以生活广度为横向层面,以生活空间为纵向层面,诠释了生涯发展阶段与角色间的相互影响和发展状况。

生命的成长是分阶段的,生涯的发展也不例外。在生涯彩虹图(见图1-1)中,生活广度为时间的向度,划分为五个阶段:成长阶段(0～14岁),探索阶段(15～24岁),建立阶段(25～44岁),维持阶段(45～64岁)和退出阶段(65岁以上)。生活空间为空间的向度,由一组角色组成。舒伯认为,每个人都有一系列的角色,个人在不同时期扮演着不同的角色并对其有不同程度的认同和投入,而此种投入和重视程度则以每一道厚薄及凸起不一的彩虹来表现。生涯彩虹图在同一画面上直观地展现了个人生命的长度(发展阶段)、宽度(角色)和深度(个人对角色的投入程度),展现了生命的意义所在。每一阶段都有一些特定的发展任务需要完成,每一阶段需达到一定的发展水准或成就水准。而且,前一阶段的发展任务达成与否,关系到后一阶段的发展。

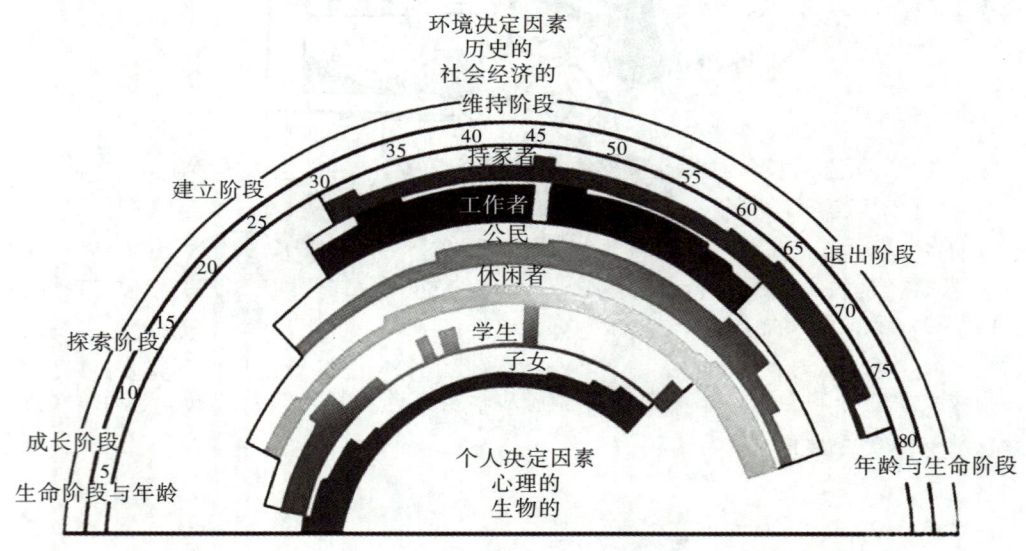

图1-1 生涯彩虹图

二、生涯角色的含义和转变

人生是七彩的,每个人都拥有自己独特的生涯彩虹图。我们从生涯彩虹图中可以看出不同阶段人们的生涯角色都有不同的含义,也在不断变化。

第一,生涯彩虹图最里层的子女角色是一直存在的,在5岁以前是涂满颜色的,之后逐渐减少,10岁时大幅度减少,到50岁时开始增加。这表明子女在早期得到父母的照顾,慢慢与父母平起平坐,父母年迈之际,子女则要开始照顾、赡养父母。

第二,生涯彩虹图第2层是学生角色,学生角色从5岁开始,10岁以后进一步增强，20 岁之后大幅减少，25 岁以后便戛然而止，30 岁到 50 岁期间出现几次反复，65 岁以后还会出现。这表明，学习是一生相随的，离开学校工作一段时间之后，如果感觉自己已不能满足工作需要，那么重新返回学校充电是必需的，有利于开创生涯发展新局面。

第三，生涯彩虹图第 3 层是休闲者角色，这一角色从 5 岁之后一直是平稳发展的，直到 55 岁之后显著增加。这表明休闲是贯穿人一生的，是平衡工作的重要砝码。工作讲究劳逸结合，生涯发展也不能少了休闲。

第四，生涯彩虹图第 4 层是公民角色。公民是一个法律概念，以一个国家成员的身份，参与社会活动、享受权利和承担义务。这一角色从 20 岁开始，35 岁后得到加强，65 岁到 70 岁之间达到顶峰，随后慢慢减退。

第五，生涯彩虹图第 5 层是工作者角色，这一角色大概从 25 岁开始，30 岁之后得到加强，表明该阶段工作达到了顶峰。到 45 岁后，职业角色进入空白期，对比发现，学生角色和持家者角色得到增强，表明该阶段进行了工作和生活重心的调整，更多关注家庭及自身的转型。两三年之后，学生角色和持家者角色恢复原先水平，工作者角色重新占据生活的重心。直到 60 岁之后开始减少，65 岁时工作者角色终止。

第六，生涯彩虹图第 6 层是持家者，这一角色从 30 岁开始，起初投入了相当多的精力，之后维持在一个适当的水平，65 岁退休之后这一角色又加强了，75 岁之后人们则从这一角色引退而安享晚年。

课堂活动

生涯幻游

一起坐着时空机来到了十年后，现在你多少岁？想象自己的容貌、周围的场景。

你躺在床上，清晨醒来，睁开眼睛，看到天花板是什么颜色的？你下床的时候，脚趾接触到地面，请感受一下，地面是暖暖的还是凉凉的？梳洗之后你来到衣柜前准备换衣服上班，今天你准备穿什么样的衣服？镜子里穿好衣服的自己是什么样子？

你早餐吃什么？和你一起用餐的还有谁？你们在聊些什么？吃完饭出门，关上大门，回头看一下你的家是什么样子？

你坐什么样的交通工具去上班？你到工作的地方了，这个地方看起来是什么样子？跟同事们打招呼，他们怎么称呼你？还有哪些人出现在办公室？他们在做什么？你坐下安排工作，上午的工作内容是什么？会用到哪些东西？

上午工作结束，你中午饭打算吃什么？跟谁一起吃？

下午的工作跟上午有什么不同？你在忙些什么？结束了一天的工作之后，你下班要参加什么活动？

你回到家，家里都有哪些人？晚饭后你都做了些什么？

睡觉前，你计划明天参加一个颁奖典礼，你是获奖者之一，你将接受的奖项是什么？谁来给你颁奖？你的获奖感言是什么？

该上床休息了，躺在床上回忆一天的工作和生活，你满意吗？

请你写出在生涯幻游中的问题的所有答案：

给十年后的自己写一句话：

任务二　学习责任与担当——认识学生与工作角色

一、学生角色与工作角色的含义

(一)学生角色的含义

大学生大多处在18~24岁这一年龄阶段,这是人生中增长知识、发展智力、求学成才的关键阶段。大学生的中心任务是努力学习以专业知识为主的多方面知识,培养以专业能力为主的各种能力。因此,这是一个接受教育、储备知识、培养能力,以取得全面发展的重要阶段。大学生以学习为主,因此学生角色的含义是在社会教育环境的保障下和家庭经济条件的支持下,学习知识、培养能力,全面提高自身素质,努力使自己成长为社会的合格人才。在学生角色中,学生是"学"的主体,他们在老师的引导和督促下积极参与活动、互相沟通、交流信息,合作完成任务,学生角色的社会定位是受助者。

(二)工作角色的含义

工作角色的个性表现得非常具体,但是千差万别的工作角色却有以下共性:工作角色扮演者具有自己的社会职位和一定职权;相应的职业规范;一定的基础知识和业务能力;履行一定的义务;经济独立。因此,可以这样定义工作角色:在某一职位上,以特定的身份,依靠自身知识和能力并按照一定的规范具体地开展工作,在行使职权、履行义务为社会作出贡献的同时取得相应的劳动报酬。

工作角色作为社会角色的一种类型,除具有社会角色的一般特征外还具有专门性、盈利性、相对稳定性、合法性和社会性等特征。随着社会的发展,工作角色作为一个重要的社会角色越来越受到人们的关注。工作角色是以广泛的社会分工为基础而形成的一整套权利和义务的规范、模式。由于社会地位是社会角色的内在本质,因此社会地位的多样性决定了社会角色的多样性。心理学家萨尔宾把社会角色划分为三个层次:角色期待、角色知觉、角色实现,工作角色正是社会角色三个层次的体现,因此工作角色的社会定位是自助者。

二、学生角色与工作角色的区别

刚从学校走上工作岗位的就业者,角色转换的难度比较大,主要是因为学生角色与工作角色差别较大,这种差别突出体现在以下几个方面。

(一)活动方式的变化

从学生到职场人,首先产生了活动方式上的变化。长期以来,学生习惯于接受知识和技能的外界给予的活动方式，习惯于输入；而职场人的活动则要求运用自己的知识和能力，向外界提供自己的劳动。这种从接受到运用、从输入到输出的转换，是一个重大的活动方式的改变。因此，有些学生就会感到一时难以适应。即使是一些在学校里比较出色的学生，也经常在这样的变化中感到手足无措。这也是许多用人单位在招聘时要求应聘者有一定的实践经验的主要原因。所以，加快适应新的活动方式，是实现从学生到职场人角色转变的一个主要方面。

(二)社会责任的增强

伴随着角色的转变，学生转变成职场人后的社会责任明显增强，社会评价指标也会发生变化。因为学生的主要责任是学好科学文化知识，掌握职业活动技能，整个过程是一个接受教育、储备知识、锻炼能力的过程。职场人则以工作实践为主，是以特定的身份去履行自己的岗位职责。两种责任的履行所产生的后果也是有所区别的。学生责任履行得如何，主要关系到本人知识掌握的多少和能力培养的程度；而职业责任履行得如何，则关系到所在单位的产品、营销、管理、经济效益及其方方面面，影响较大。

(三)全面独立的要求

从学生到职场人的角色转变，要求我们具有承担社会责任的独立性。这种独立性是和经济生活的独立同时开始的。进入职业活动后，有了劳动报酬，我们在经济上就不再依赖父母。这种经济上的独立是一个标志，它表明家庭乃至社会对我们提出了全面独立的要求，这一方面为我们的发展和完善提供了更为广阔的空间和自由度；另一方面也对我们提出了依靠自身力量、加强自我管理的人生新课题。多年来，学生在学习上有老师的指导，在生活上有家庭的帮助，基本处于一种被动的环境中。因此，一旦被割断依赖，要求完全独立的时候，不少学生便有一种蹒跚学步时摇摇摆摆、重心不稳的感觉，做一件事不知该从何下手，做一个决定犹豫不决。从学生到职场人角色转变过程中，原先独立性较强的学生，就能较快地适应新角色的要求；而一些习惯于依赖的人，就容易产生适应不良的种种问题。

拓展阅读

联想公司招聘大学生的要求

联想在招聘应届生时，主要从五个方面考虑。

一是客户意识。这种客户意识并不仅仅针对客户的服务，对同事、上级、下级，以及合作的部门都要有非常好的客户意识。而这种意识已经成为每个联想员工的DNA。要加入联想，应该具备或者认可这种意识和精神。

二是学习能力。联想要求应聘者一定要有强烈的学习精神和进取心。联想面临着来自全球的竞争，IT的技术发展又处在剧烈的变革和发展中。在联想工作，必须时刻学习，有强烈的危机感。员工必须非常积极地吸收前任、身边人的先进工作方法和经验，能够虚心地借鉴其他公司的先进经验，做到每天都在进步，才会跟上公司的步伐。

三是创新精神。创新是联想的生命，作为其中的一员，要不断地超越自己为客户和合作伙伴创造新的价值。

四是团队合作意识。联想是一家组织严密、运作灵活的公司，在这里所有工作都需要其他同事和团队的紧密配合才能完成，个人英雄在这里也一定是基于团队的英雄。希望应聘者能快速融入团队，善于协作、共享，有团队意识和大局观。

五要善于沟通。公司是一个大团队，部门是一个小团队，身在集体中就要学会与人沟通。因此，要树立强烈的沟通意识，掌握有效的沟通方法。

此外，在招聘中，对于不同的岗位联想会有不同的要求。比如招聘销售人员，招聘过程中会重视他的换位思考能力，而招聘人力资源管理人员，则要重视其与人的沟通能力。同时，联想还要考查应聘者的个人能力、个人素质和英语水平，考查其是否有较强的归属感和责任心，是否可以快速融入联想的企业文化。要成为一个国际化的企业，就必须要有国际型人才，因此，国际型人才成为联想招聘工作的新指向。

具体而言，就是要求求职者有海外学习、工作的背景，或者在国内跨国公司工作过，经历过多元文化的环境。

（资料来源：周矩，2007. 职业人与职业发展. 辽宁行政学院学报）

三、成功的职业人应具备的特点

联合国教科文国际教育和价值观教育亚太地区网络组织在联合国教科文职业技术教育与培训国际中心的支持下出版了《学会做事》（Learning To Do）一书，提出以"学会做事"为内涵的职业教育与培训理念。我们能够从中体会到一个人成长为职业人所应达到的目标和具有的特点：不仅应掌握技能和技术，而且要具备良好的职业价值观和态度，具有对自我价值、自我尊重和尊严的认识，具备独立工作的团队工作能力；诚实正直、守时负责；能适应变化的形势，知晓和理解困难和问题，创造性地拿出解决方案，和平解决争端，很好地掌握自己和他人的现实情况；既有全面的综合知识，又有某个领域的专门知识，具备在学习型社会继续学习的能力等。

全国人才交流中心原副主任陈军认为，一个成功的职业人必须具备七个特点：清晰和坚定的职业目标、丰富的职业含金量、良好的教育背景、较强的实战能力、高度的专业化、较高的个人素养、较强的沟通能力和管理能力等。

被称为"中国执行力第一人"的周永亮博士在《我是职业人》一书中阐述职业化中的关键点，即绩效导向、责任心态、解决问题、重视细节、团队协作、时间观念、沟通能力、尊敬他人等十大职业化标准新概念，描述了作为一个职场人如何达到职业人的操作手段。有人提出"责任心是职业人第一素质"。有学者指出，纵观各行各业后发现成功的职业人都拥有三大核心特质，即高尚的职业道德、专业的职业技能、正确的职业价值观。对职业人的总结，业界有很多说法，比较有代表性的是把职业人总结为"一个中心"和"三个基本点"。职业化的"一个中心"是指提供客户满意的服务。这里的"客户"是指广义上的概念，包括上司、同事、家人、下属和常用意义上的客户。职业化的"三个基本点"是指为高标准的产出负责——为客户考虑；团队协作——互相信赖；为自己的职业生涯负责——不断学习。

概括上述内容，职业人的特点主要体现在：一个人有正确的职业价值观和负责任的态度；过硬的专业技能和较强的工作能力；和谐的人际关系和较强的团队意识；积极的创新精神和较强的学习能力。

四、各行各业都需要弘扬工匠精神

党的二十大报告指出，培养造就大批德才兼备的高素质人才，是国家和民族长远发展大计。功以才成，业由才广。坚持党管人才原则，坚持尊重劳动、尊重知识、尊重人才、尊重创造，实施更加积极、更加开放、更加有效的人才政策，引导广大人才爱党报国、敬业奉献、服务人民。加快建设国家战略人才力量，努力培养造就更多大师、战略科学家、一流科技领军人才和创新团队、青年科技人才、卓越工程师、大国工匠、高技能人才。深化人才发展体制机制改革，真心爱才、悉心育才、倾心引才、精心用才，求贤若渴，不拘一格，把各方面优秀人才集聚到党和人民事业中来。

"不惰者，众善之师也。"我国自古就有尊崇和弘扬工匠精神的优良传统。《诗经》中的"如切如磋，如琢如磨"，反映的就是古代工匠在切割、打磨、雕刻各类器物时精益求精、反复琢磨的工作态度。《庄子》中讲庖丁解牛游刃有余，"道也，进乎技矣。"中华人民共和国成立以来，一批又一批劳动者在党的领导下，始终坚持弘扬工匠精神，用奋斗创造了一个又一个中国奇迹。无论是红旗渠、南京长江大桥、"两弹一星"，还是北斗导航、探月、探火、载人航天工程取得的辉煌成就，都展现出对工匠精神的继承与发扬。工匠精神是中国共产党人精神谱系的重要组成部分，是中国共产党人红色基因的重要组成部分，已成为新时代引领社会风尚、构建新发展格局、实现中华民族伟大复兴中国梦的重要支撑。

在新时代大力弘扬工匠精神，对于推动我国经济高质量发展具有重要意义。

其一，弘扬工匠精神是推动人类进步的重要力量。人类就是一个大的工匠群体，从古至今的活动内容可以概括为两个重要方向，一个是改造大自然，另一个是通过科技的进步，提升人类的生活水平。在科技快速迭代的推动下，只有通过高质量地控制和把握过程，才能高水平地实现目标。而工匠精神是助推科技创新能力和高品质制造提升的重要动力，因此应重点做好三个方面的支撑。第一，在产品生产活动中应坚持质量为根本，诚信是基础。要积极倡导诚信精神，最大程度利用好每一点资源，在产品的整个制造过程中做到全身心投入；要不断加强和完善诚信体制机制建设，确保人与人、人与物之间的公平体现和价值认可，为市场公平竞争和产品质量的有效提升提供坚实的基础保障。第二，加大科技和创新投入力度。科技创新是保证产品内外部质量、适用性、可靠性等不断提升的前提，这其中还要注重大创新、小创新、微创新，要从点到面创新，从局部创新到体系创新。第三，把握精益产品质量的核心内涵。精益就是指要在单位时间内追求最精最好，一个产品用同样的时间从对标的角度出发，做到全国最好就是全国品牌，做到世界最好就是世界品牌。

其二，弘扬工匠精神是实现制造业转型升级的重要基础。我国是世界制造业第一大国，在世界500多种主要工业产品中，我国有200多种工业产品的产量位居世界第一。但总体而言，我国制造业大而不强，打造更多世界名牌产品，实现制造业转型升级迫在眉睫。因此，要做到坚持两个理念，一是大力推进名牌战略的实施，尽快改变我国产品物美价廉的生产模式，做到物优价也优，这就需要大量的独创和原创，掌握更多的自主知识产权。二是要坚持以人为本，人的质量决定产品质量，应加大对各类人才的培养力度，建立和完善广大干部群众终身学习和教育保障制度，搭建好各类人才的任用和成长平台。我们要通过弘扬工匠精神，培育众多劳动者追求完美、勇于创新的精神，为实施创新驱动发展战略、推动产业转型升级奠定坚实基础，加快建设制造强国，推动经济高质量发展。

其三，弘扬工匠精神是培养尊崇劳动、积极奉献的社会风尚的具体实践。一个国家、一个民族的发展，离不开各行各业劳动者的共同推动。劳动者素质对一个国家、一个民族发展至关重要。技术工人队伍是支撑中国制造、中国创造的重要基础，对推动经济高质量发展具有重要作用。这就要求我们倡导尊崇工匠精神的社会风尚，为弘扬工匠精神营造良好社会氛围。在弘扬工匠精神的同时一定要坚持建立在自信基础上的创新和奉献，坚持持续打磨精湛的技术技艺。要形成相应体制机制，为劳模和技能人才发挥作用搭建宽广舞台，使他们在经济上有保障、发展上有空间、社会上有地位。

大力弘扬工匠精神，培养更多高素质技术技能人才、能工巧匠、大国工匠，才能为全面建设社会主义现代化国家、实现中华民族伟大复兴中国梦提供有力人才和技能支撑。2021年是我国实施"十四五"规划的开局之年，我国经济已转向高质量发展阶段。我们要深刻理解工匠精神的时代价值和重要意义，立足本岗，大力弘扬工匠精神，谱写高质量发展的时代凯歌。

践行工匠精神，要坚持不忘初心、永远奋斗的理想信念。要实现全面建成社会主义现代化强国的第二个百年奋斗目标，既需要一大批对党忠诚、矢志报国的科学家，也需要一大批一心为党、爱国奉献的能工巧匠。《新时期产业工人队伍建设改革方案》明确提出：要从巩固党的执政基础的高度，从促进我国经济社会持续健康发展的高度，加快产业工人队伍建设改革，坚持全心全意依靠工人阶级的方针，按照"政治上保证、制度上落实、素质上提高、权益上维护"的总体思路，针对影响产业工人队伍发展的突出问题，创新体制机制，提高产业工人素质，畅通发展通道，依法保障权益，造就一支有理想守信念、懂技术会创新、敢担当讲奉献的强大的产业工人队伍。当前，在党中央的领导下，全国总工会牵头各政府部门积极落实推进产业工人建设改革方案，各地方工会和政府部门纷纷制定保障措施和实施方案，为进一步提升广大职工素质提供了坚强保障。

践行工匠精神，要把握爱岗敬业、无私奉献的思想内涵。现代社会的工匠，他们很多人在本职岗位上工作了几十年之久，干出了一番事业，是爱岗敬业的典范。爱岗就是爱国。发扬爱岗敬业、无私奉献的精神，在平凡的岗位作出不平凡的成就，就是工匠精神的体现。追梦需要激情和理想，圆梦需要奋斗和奉献。产业工人要以这种精神做牵引，树立爱岗敬业、无私奉献的价值观，不计较个人得失。只有大努力才会有大成功、大未来，这是促进国家发展的保障。

践行工匠精神，要践行持续专注、开拓创新的行动要义。专注就是内心笃定而着眼于细节的耐心、执着、坚持的精神，这是一切工匠所必须具备的精神特质。创新是在专注的基础上，追求突破、追求革新，这也是新时代工匠精神的内涵。在现代工业条件下，制造对技艺提出了更高的要求，一般性劳动将逐步由机器取代，人类劳动将向更具创造性、复杂性的方向发展。技能是立业之本，践行工匠精神就是要敢干，不是盲干，要用诚实的劳动创造美好的未来；要以归零的心态，长期向最高目标进取，不断创新创造、终身学习、实践。这样才能跟上时代的步伐，推动产品的升级换代，以满足人民日益增长的美好生活的需要。

践行工匠精神，要探寻精益求精、追求极致的理想目标。一个人之所以能够成为工匠，源于对产品品质的不懈追求。认真是素质、是准则，品质是过程、是追求，正因为他们对每件产品、每道工序都做到了凝神聚力、精益求精、追求极致，才能实现产品品质从99%到99.99%的提升。我们要通过知识、科技的持续投入，生产出高质量的产品，推动企业和行业的发展进步，实现高质量发展。

践行工匠精神，要打造推陈出新、薪火相传的团队文化。当前，我们国家正在实施制造强国战略，大力推进智能制造。这是工匠精神的新时代的要求。新时代的生产方式更加自动化、智能化，不再依赖于个人的单打独斗，而是考验团队协作。因此，新时代更要建设好团队，发挥榜样的团结带动作用，做好技艺的传承、精神的传承，发挥大家的力量，提升每个国民的素质，夯实建设制造强国的基础。

伟大事业孕育伟大精神，伟大精神引领伟大事业。在开启全面建设社会主义现代化国家的新征程上，需要我们每个人主动践行、弘扬工匠精神，做到致真、致诚、致用、致新、致善、致美、致勤、致劳，为实现中国梦作出更大的贡献。

项目一　摇身一变职场人

认识你的生活角色

1. 参考图 1-2，在图 1-3 中写出你自己目前所扮演的全部生活角色，然后按照投入的大小画一个饼图。

2. 如果你的生活可以朝着你理想的方向发生改变，那么，把你理想的角色分配画一个饼图。

3. 对照现实的饼图和理想的饼图，看看有什么因素妨碍了你的理想实现？或者你准备做什么可以让你的理想尽可能实现？

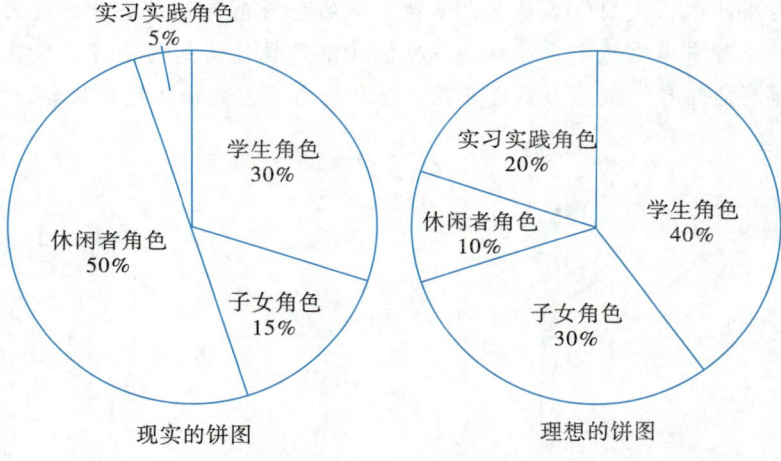

图 1-2　生活角色饼图示例

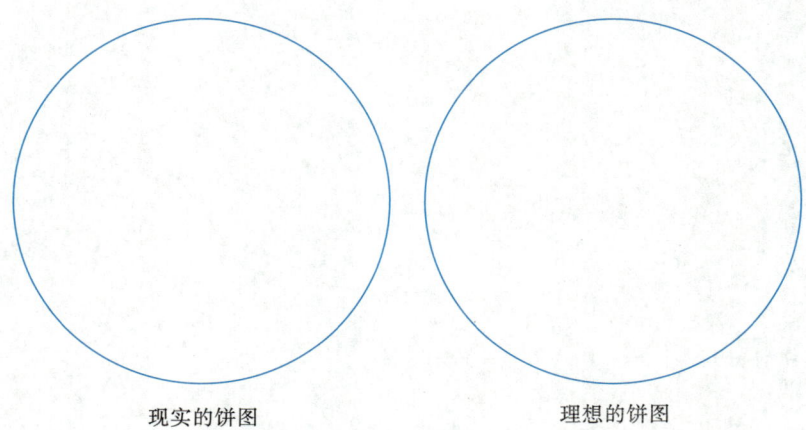

图 1-3　生活角色饼图

感悟：_____
_____
_____
_____
_____

活动解读

本活动的目的是让学生们对当前自己扮演角色的现状有一个清晰和直观的认识。

反思总结

在社会生活中，人们经常要充当各种各样的生活角色。多重身份给人们带来压力，但同时也带来多重精彩的可能。当我们看清了自己所处的阶段，也就明白了当前自己最重要的角色，就尽力整合资源，让自己的生涯更加坚定和从容。

任务三　适应角色转换，开启丰富人生

一、实现从学生到职业人的转变

初涉职场的大学生，很难立即摆脱校园的"书生意气"和学生式的思维习惯，虽然了解基本的职场规则，但是很难立即付诸实践，从而出现环境的不适应、为人处世的不合时宜等。学生要想从校园人顺利过渡到职业人，需要处理好以下几个问题。

(一)心态的调整

离开学校进入社会，不适应、无名的失落和惆怅感随之而来。初为职业人，需要注意自我调适，用平和的心态正确看待这种失落和惆怅，切忌把暂时的不适应武断地认为是自己就职的单位不好，从而轻易断定单位不适合自己或者自己不适合单位，轻率地选择辞职，这是非常冲动的做法。那些刚刚参加工作不久就选择辞职的职场新人，应先问问自己的失落和惆怅到底来自哪里，是不是多适应一段时间后再决定是否离开。

(二)人际关系的适应

人是社会关系的总和。在校园里，学生可以选择只与自己喜欢的人在一起，而在单位，必须学会与各种各样的人打交道。刚进单位的新人，要有第一印象意识，给别人留下良好的第一印象，即使以后有表现得不够好的地方，别人也会对其宽容一些；第一印象糟糕，即使后面做得再漂亮，别人对其评价一时也难太高。尽管这有失公允，但毕竟大部分人都有以偏概全、先入为主的心理，所以还是注意一点好。想办法与同事们尽快熟悉，多做点事，比如主动打扫办公室或实验室的卫生，整理文件资料，接听电话等。不要小看这些努力，这有助于职场新人得到大家的认同，帮助其迅速融入同事中。在学校里，只要埋头自己的学习，可以独立完成自己的工作和学习，独善其身即可。但在单位，一定要意识到自己是在一个团队中，必须具备团队精神：要学会与人合作，要大度，甘于吃亏，不要想着占小便宜。处理好复杂关系没有捷径，只有多看多听，多干少说，面对各种利益冲突时超脱些，肯让、能让、善让，不要斤斤计较。

(三)理想与现实关系的处理

大学期间总会有各种各样的理想，甚至是幻想。但理想并不等于现实，再好的单位，现实与理想之间还是有一定的差距。所以，要理性地对待自己的工作，不能因为一时的成绩而得意忘形，也不能因为一时的挫折而垂头丧气，要有信心和耐心，要清楚地知道，成功是靠自己一步步走出来的。人要有一定的理想主义情怀，但太

理想化就会脱离现实。人一定要尊重现实，但太实际的人绝不会有大出息。既低头拉车又抬头看路，既脚踏大地又仰望星空，才是处理好理想和现实关系的辩证法。

（四）业务能力的提高

有的人认为大学毕业知识已经足够了，胜任工作肯定没问题，其实不然。学校教育在于专而不在于博，工作中需要的知识常常是多方面的。专业对口还好，若专业不是特别对口，需要补充的知识就太多了。初入职场要特别注意避免眼高手低。小事不愿干，大事干不了，是刚参加工作的职场新人常犯的毛病，如果不注意纠正，就可能成为志大才疏之人。要注意大处着眼、小处着手，举轻若重、一丝不苟地做好每一件小事，小事中见大精神，可为以后做大事积累资源。要谦虚谨慎，善于向身边的同事学习，向领导学习，向德高望重的老同志学习。

（五）职业意识的培养

从校园到职场，有很多方面的意识需要改变。比如在校园里，可以凭自己的兴趣做事，而在单位责任远比兴趣来得重要，必须努力做到干一行、爱一行。兴趣来源于责任，强烈的责任感是完全可以让人培养起对工作的兴趣的。一个人也只有真正爱上自己从事的工作，才能全身心投入。一个人在校园里，可以情绪化，偶尔也可以感情用事，但职场要求的是高度理性行为，游戏规则是必须遵循的，要学会由情感人转变为理性人，由个人好恶转变到敬业精神，由情绪左右转变到职业驱动。在学校中，学生考虑的往往是自己的成长，衡量的标准是成绩，而在企业当中，职场人考虑的往往是效率和利润，会读书和会创造利润之间并不是天然的正相关。

（六）生活与工作的平衡

一个人在校园里，大部分时间可以由自己支配，足以应付自己的生活，而到了单位，早晨准时上班，下午准时下班，或许晚上还需要加班，再加上工作带来的压力，可能就会吃不消。有的人甚至忙得连男女朋友都没有时间陪，时间一长，感情上容易出现波折，如果失恋了，又会给个人的生活和工作带来负面影响。其实，职场上的生活才是一个人真实的生存状态，工作和生活有矛盾，但并不是不可调和的。在繁忙的工作之余，还是不要疏远了自己的亲属、朋友，生活和工作同等重要。协调好，鱼和熊掌是可以兼得的。

（七）职业作风的建立

在校园里，学生除了好好学习外，其他约束较少，可以松散一些，比如睡个懒觉、着装随便等。但职业人必须每天与自己的惰性做斗争，上班绝不能迟到，一定要按时到达办公室，不能懒懒散散，如果能比别人提前十几分钟到达办公室，提前收拾好卫生，将有助于其尽快融入同事之中。从学生到职业人的转变不是一个迅速的过程，这其中可能有很多痛苦和挫折，但不完成这种转变，就不可能成为一名合格的职业人。职场成功必须要做到5个C：信心（Confidence）、能力（Competence）、沟通（Communication）、合作（Cooperation）和创造（Creation）。大学生可以用5C标准要求自己，尽快实现从学生到职业人的转变。

二、大学生角色转变障碍表现及分析

(一)大学生角色转换中遇到的障碍

通常情况下，大部分学生是可以自觉完成角色转换的，然而，也有不少学生在角色转换中出现了各种各样的问题，概括来说，有以下几种。

1. 角色固恋

角色固恋是指个体在成长，环境在变化，社会期待的个体角色行为已改变，但个体仍采用过去的、不适应的思想观念和行为模式应对当前环境，而不能根据环境变化调整自己的行为，刻板地沿用过去的角色模式。例如，有的大学生不能接受自己已失去以前的"优越感"而变得平常或某方面落于人后的事实，这是他们对自己曾经的优秀学生角色固恋的表现。

2. 角色迷失

角色迷失也称角色混乱，艾里克森用该术语描述个体心理社会发展的一个阶段，即青春期的特征，指个体在这个阶段与他人所作出的各种认同（或角色原型）之间缺乏协调。例如，有的大学生为"找不到自我"而苦恼，有的大学生对未来及职业迷惑，没有明确的目标和打算，感觉自我失控了，这些都是角色迷失的表现。

3. 角色退行

角色退行是指个体因挫折而改用过时的角色行为模式来应对当前的环境。例如，有的女生失恋时会采取一个人生闷气、躲在寝室里大哭等一些儿时的角色行为模式来应对。学校应利用资源和条件采取多种方式加强角色转换方面的教育。

(二)产生障碍的原因分析

1. 对学生角色的依恋心理

一些大学毕业生在角色转换过程中容易出现依恋学生角色，出现怀旧心理。经过十多年的读书生涯，人们对学生角色的体验可以说是非常深刻了，学生生活使得每一位学生在学习、生活和思维方式上都养成了一种相对固定的习惯。因此，在初入职场时，许多人常常会自觉或者不自觉地把自己置身于学生角色中，以学生角色的社会义务和社会规范来要求自己、对待工作；以学生角色的习惯方式来待人接物，观察和分析事物。

2. 期待落空的失落心理

造成期待落空的失落心理有两方面原因。一方面，许多大学生都有一种"十年寒窗，一举成名"的心理，因此对择业的期望相当高，希望到条件好、待遇高的大城市、大公司工作，而不愿到急需人才但条件艰苦的中小城市和基层小单位，过分地考虑择业的地域、职位的高低和单位的经济效益。高期望驱使毕业生总是向往高薪水、高职位、高起点，渴求高收入、高物质回报率，将自己就业的目标定得很高，即使找不到合适的单位也不肯降低就业期望值。但是，随着就业压力的增加，现实就业岗位大多不像大学生想象得那么美好，一些优秀的毕业生找不到满意的工作而使希望落空，当发现现实与理想的差异较大时，就容易出现"高不成，低不就"的现象，从而产生失落心理。

另一方面，刚刚工作的毕业生往往有立即干出点名堂的想法。所以，他们希望单位领导予以重任，干富有挑战性的、与自己兴趣相符的工作，以展示自己的才华。但从培养人才的角度来考虑，领导往往把刚毕业的学生安排到一线，甚至是工作的最底层，其目的就是要锻炼毕业生的吃苦精神、敬业精神、耐挫能力、合作精神等。单调的工作任务与强烈的成功欲望产生极大的反差，从而导致一些毕业生产生失落感，重者对人生失去信心。

3. 见异思迁的浮躁心理

一些大学毕业生在角色转换的过程中受社会影响，脱离实际，表现出不踏实的浮躁作风和不稳定的情绪，使自己的求职目标与现实产生极大反差。有的学生认为自己接受了正规的高等教育，各方面条件好，专业需求旺，因而盲目自信，往往看不起基层工作和基层工作人员，甚至认为一个堂堂的大学毕业生干一些琐碎而不起眼的工作是大材小用，有失身份，于是轻视实践、眼高手低、好高骛远，不能深入了解工作性质、工作职责以及技巧。近年来，毕业生跳槽的人数增多，就是因为一些学生在就职很长时间后仍不能稳定情绪，进入职业角色，反而认为单位有问题，没有适合自己的职位。事实上，如果毕业生入职后不能静下心来踏踏实实地学习，适应工作，那么不管什么样的单位都不适合。

三、转换成长模式

传统的职业成长模式一般是，一个人先选择一个前景较好的行业，然后选择一个行业内有成长潜力的组织（用人单位），再从这个组织的基层开始，努力地提升自我，逐步成长为组织的中坚力量或领导层。如果遇到职业天花板，就考虑跳槽到同行业或相似行业的另外一个组织，提升职位或提高薪水，积累更高的能力、视野、人脉……多年以后，成为一个行业的资深人士。当然，这中间仍然有可能会失败，成为某个行业中某个组织的老员工直到退休。如果不幸遇到组织倒闭或因组织发展等原因被组织裁员，对于个人来说是沉重的打击。

今天，这个传统的自我成长模式好像有点失效了，世界变得越来越出乎人们的意料。技术的发展促成了商业模式的整合，商业模式的转变，对劳动者提出了更高的要求，也使职业生涯不再具备连续的属性，无论人们在一家什么样的组织工作，再也不能期望稳定工作到老,总会面临各种各样的问题。与商业环境相对应,职业环境也发生了剧烈的变化,无论曾经是一个多么厉害的人,总有一种革新可能会影响到他。机器人的大规模应用,自动化生产线可能会取代蓝领;机器学习的不断突破,人工智能可能会取代白领。在未来,工作世界的一切都将变得开放、公开、透明,不思进取混日子的人再也无法藏匿,抱残守缺等日子的人将寸步难行,时代将残酷地惩罚不改变的人。同时,创新、个性、价值将日渐珍贵,创新者会如鱼得水,时代将给予懂得转变的人丰厚的回报。作家郑渊洁曾经说过:"真正的铁饭碗,不是在一个地方吃一辈子饭,而是一辈子到哪里都有饭吃。"我们不能再期望工作带给我们长久的稳定,而应该学会转变成长模式。

(一)转换学习理念

在未来社会,人与人之间的竞争将是综合素质的竞争。而人的综合素质中,除了与生俱来的天赋外,所有的内容都是通过后天的努力学习得来的。因此,学习能力就成为未来社会人的核心竞争力。知识更新换代的频率比以往任何时代都要快,人们要想跟得上时代,要想掌握这个时代的主动权,就必须不断地更新知识,掌握新的技能和技术。终身学习,是未来社会生存下去的基本理念。

传统的学习是按照学校教学大纲的学分要求,完成基础课程和专业课程的学习,然后考个好成绩,如果老师有要求,就阅读一些相关的资料。这种学习模式,过于强调学业上取得的成就、信息的掌握、专业知识的精通,而忽视了课程的拓展、知识的交叉融合,已经不能够适应新时代对学习的要求。当然,现在越来越多的用人单位把专业成绩作为一个求职者学习能力的证明,因此学生首先要学好本专业的知识。在保证大学专业课程的学习之外,大学生还要注意学习内容的定向、慎思和深入。一方面要结合自己的兴趣和职业定向,有针对性地开展相关知识的学习。帕累托法则(Pareto Principle),是罗马尼亚管理学家约瑟夫·朱兰想出的一条管理学原理。该法则的内容是20%的人口掌握了80%的社会财富,因此该法则也被称为二八定律。我们在学习时也可以应用这个定律。每个人的时间、精力是有限的,与其用100%的精力学习一个领域的100%,不如用80%的精力学习每个领域20%的精华。

另一方面要积极主动,紧跟时代。主动接受新鲜的知识,主动要求进步,学习最先进的经验和技术,要透彻理解知识,熟知知识的事实和程序,运用思考能力,加深对学习内容的理解。还要善于利用各类公共学习资源。互联网技术打破了时间、空间、阶层的限制,给学习、探险和尝试提供了土壤,要学会充分利用网络的优质学习资源以充实自己。从斯坦福的公共课、麦肯锡的管理经验到清华、北大的名师讲座,各类免费的开放课程,可以满足不同的求知需求。

(二)获取多维优势

应该说,苹果公司崛起于iPod(苹果公司音乐播放器)。当初乔布斯将iPod的设计工作交给伊夫，伊夫的设计团队构思出一个又一个的样品，但乔布斯觉得那些样品与其他公司生产的产品相比，没有独特的竞争优势。对乔布斯而言，他要的机器是简单、有光泽，让人无法想象这东西是人为制造出来的。得到乔布斯明确的指示之后，伊夫放弃了具金属感的迷你音响外形，重新设计出了著名的iPod白色外壳。乔布斯在手机上添加了"艺术"这个维度，技术维度的优势加上设计维度的优势，构成苹果产品的多维优势，使苹果公司获取了巨大的商业成功。

　　同样，对于个人而言，人的核心竞争力也不应该是一维的，而应该是多维的。当一个人的核心竞争力只有一个时，在变幻莫测、竞争激烈的职场，很容易遇到强大的竞争对手，或者容易受到环境的制约，无法发挥个人的全部能力。当一个人拥有多维核心竞争力时，每个维度的核心竞争力之间就可以互相促进，从而展现强大的综合素质。在任何一个单一的维度上，都只有少数人能取得并保持竞争优势，但如果一个人不断增加自己的优势竞争维度，那他拥有的优势就会成倍地增加。所以，不管一个人真正喜欢的领域是什么，首先要努力在这个领域取得一定的竞争优势，然后再增加一些其他领域，以提升自身的综合竞争优势。

(三) 修炼未来人格

　　未来社会人与人之间的关系是协作，人与人之间讲究的是规则，人格魅力和吸引力成为成功的重要基础。传统社会的关系网被不断撕裂，以价值分配为关系的新链接正在形成，每个人都成为社会生产和人际关系链接中的一个节点。人在社会中的地位和层级，是由其所带来的价值决定的。人格是一个人道德、习惯、性格、气质、能力等特征的总和。高尚的人格，是人性的最高形式，具备高尚人格的人会得到别人的信赖、信任和合作，能最大限度地展现出人的价值。

　　中国人的职业生涯发展，正在由求关系、找渠道、等机会，转变为激发起自己的兴趣、热情、希望，通过不断提升自己的价值观、学习力与创造力，提升内在能力，从而获得实现创新的机会和能力，把外界的资源吸引过来，从而实现职业生涯发展的最高阶段——自我实现。因此，修炼未来人格，成为未来职业准备的重中之重。塑造未来的人格，需要做以下修炼。

1. 明辨是非、道德高尚

　　职场竞争往往是重复博弈，如果一个人有足够好的品行，即使能力有限，也容易获得机会。反之，大家就会对其有所防范，也不太容易达成合作。

2. 勇气和魄力

　　面对快速变化的职场，不能犹豫不定、畏缩不前，这样会丧失很多机会，一个人需要用勇气和魄力来积极应对快速变化。

3. 个人信用

　　在大数据和互联网的帮助下，个人信用将会得到跟踪和量化，将和职业发展、财富聚集紧密相连。

4. 独立思考能力

面对巨量的信息,一个人能够做到不唯书、不唯上、不唯权、不跟风、不轻信,能独立思考,才可以成为生活的强者。

5. 好奇心、想象力和创造力

好奇心是一切创造性的学习研究的原动力,一个人对事物有强烈的好奇心和探究欲,才更乐于了解和接受新鲜事物。而创造性的想象力可以把看似毫无关联的零散的思维元素充分调动起来,并加以新的组合,从而发掘出新想法、新观点。

6. 抗挫折能力

抗挫折能力是指遇到失败、挫折和打击能自我安慰和排解困境,还会迅速总结经验教训,而且坚信情况会发生变化。失败、挫折并不可怕,可怕的是遇到挫折、失败时丧失自信心或选择放弃,在人生的旅途中遇到一点困难是很正常的事情,我们需要用正确的心态去面对它,提高抗挫折能力,成为一名意志坚强的人。

7. 高雅的兴趣爱好

高雅的兴趣爱好不一定能直接帮助个人获得金钱,但一定可以帮助个体抵御生活的压力。未来趋势专家丹尼尔·平克指出了适应未来发展的人应具备的几种能力:设计感、讲故事的能力、整合事物的能力、共情能力、会玩并能找到意义感。简单来说就是有品位,会讲故事,能跨界,有人味儿,会玩,而且有自己的追求。

未来已经在来的路上,从现在开始,我们就应该转换成长模式。

四、顺应时代发展大势

当今世界,无论是社会、经济还是技术、文化,都在发生着巨大的变化。受这些因素的影响,工作世界也在发生着巨大的改变。这些变化,一方面为大学生生涯发展带来了很多机会,另一方面也带来了巨大的挑战。如何抓住机会,迎接挑战,成为每个大学生都应该认真思考的问题。

(一)处理好三个关系

1. 世界和中国发展大势

社会、经济、科技、文化的快速发展,价值观的多元冲击,给大学生成长和职业发展环境带来不确定因素。大学生成长成才的大环境必然是国家的发展环境,因此,大学生应该把自身的发展同国家、民族、人类的发展紧密结合在一起,应该志存高远、敢于担当,着眼本国和世界,着眼全局和长远,自觉担负起时代使命。只有顺应时代发展大势,在服务国家的大舞台上追求梦想、实现价值,才能取得生涯发展的成功。

2. 时代责任和历史使命

青年兴则国家兴,青年强则国家强,党和国家高度关注大学生的就业。随着国家经济的快速发展，经济转型升级的战略布局，经济建设进入"新常态"。大学生作为高素质人才，有了广阔的发展空间，青年学生应该勇于承担时代责任和历史使命，投身国民经济建设的主战场，在服务国家发展的过程中，收获自身的成长。

3. 远大抱负和脚踏实地

大学生应该为自己的职业发展树立远大的理想抱负，但也要做到脚踏实地。理想的实现从来都离不开努力奋斗。青年学生应该在大学期间练就过硬的本领，把专业知识学扎实，积极参加各类能力素质提升活动，同时，应该保持良好的生活习惯和精神状态，树立正确的价值观，只有脚踏实地，才能实现成才的远大抱负。

(二) 服务国家战略需求

党的二十大报告指出，青年强，则国家强。当代中国青年生逢其时，施展才干的舞台无比广阔，实现梦想的前景无比光明。广大青年要坚定不移听党话、跟党走，怀抱梦想又脚踏实地，敢想敢为又善作善成，立志做有理想、敢担当、能吃苦、肯奋斗的新时代好青年，让青春在全面建设社会主义现代化国家的火热实践中绽放绚丽之花。

党和国家提出了很多国家发展战略，如中国制造 2025，京津冀协同发展，新型工业化、信息化、城镇化和现代农业等，这些国家战略的实施，为大学生成长成才提供了广阔的舞台，为大学生实现职业生涯发展提供了无限可能。

基层是大学生成长成才的重要平台。习近平总书记强调："当代大学生要志存高远、脚踏实地，转变择业观念，坚持从实际出发，勇于到基层一线和艰苦地方去，把人生的路一步步走稳走实，善于在平凡岗位上创造不平凡的业绩。"高校毕业生应把视线投向国家发展的航程，到基层去、到西部去、到祖国需要的地方去。

要向国家重点领域聚焦，大学生的职业发展梦想要和国家发展的重点地区、重大工程、重大项目、重要领域紧密结合，围绕"一带一路"建设、京津冀协同发展、长江经济带发展等早做准备。要向就业创业新兴领域聚焦，大学生的职业发展梦想要和建设创新型国家的需求紧密结合，围绕高技术产业、战略性新兴产业、先进制造业和现代服务业等领域早做准备。

(三) 积极创新创业

创新创业是发展的动力源，大学生是推进大众创业、万众创新的生力军。国家出台了很多政策措施鼓励和支持大学生创新创业，促进以创业带动就业。当前，高校创新创业教育改革持续推进，各类创新创业比赛方兴未艾，众创空间、创业园、创业孵化基地等创新创业硬件条件日渐完善，工商税务等优惠政策不断推出，创投信贷、大学生创业基金等金融支持不断增多。创新创业的环境空前优越，大学生应该抓住这个历史机遇期，勇敢地投入到创新创业中去。

拓展阅读

坚定理想信念 点亮航天报国梦想

航天科技集团五院总体设计部型号副总设计师黄震与航天的缘分源于2003年。那一年，中国第一艘载人飞船神舟五号成功发射，举国上下一片欢腾，电视屏幕上奔腾的火焰点燃了他的梦想，当时正在北京大学读大三的他下定决心，要做一名航天人。2010年，他如愿来到了五院，成为中国载人航天团队中的一员。

非常幸运，在他入职3年后，习近平总书记来到航天城参加全国五四主题团日活动。习近平总书记和全国各界优秀青年代表座谈时说："我同青年朋友们到航天城来，就是要实地感受载人航天精神。"总书记的话让黄震对自己所从事的航天事业感到无比骄傲自豪，也对未来的工作充满了信心。也是那一年，他的工作迎来了新挑战——开始了我国新一代载人飞船和载人登月论证工作。

那时候，美国的龙飞船已经实现了近地货物运输，用于载人登月的美国猎户座飞船、俄罗斯雄鹰号飞船也已开展研制。此种情况下，我国的新一代载人飞船的相关工作迫在眉睫。

在研制阶段，黄震和团队克服了很多难以想象的困难。因为有太多的东西不会，所以除了完成正常的工作外，他们还要看大量的文献资料，学习不懂的知识，每天的学习成了一种自觉。

功夫不负有心人，2016年多用途飞船缩比返回舱成功返回，完美获取了4%的高精度气动数据，为新飞船研制奠定了良好的基础。为了验证新飞船从月球轨道返回的能力，他们又研制了约22吨的全尺寸新一代载人飞船试验船。为此，团队全员奔赴天津，此后的5个月，大家每周工作6天、日夜连续奋战，创造了多项总装和试验的最快纪录。2020年新一代载人飞船试验船成功发射，落点精度达到10.8环，飞行试验取得了圆满成功。他们用7年时间实现了我国新一代载人飞船技术由跟跑到并跑的飞跃，再一次刷新了中国航天的速度。

（资料来源：姜琼琼，2022-05-06. 青春恰似火 扬帆正当时. 中国航天报，第82期）

课堂活动

"慢就业"深思考

1. 活动目的

(1) 摒弃懒就业观念，树立积极就业意识。

(2) 了解升学和就业的利弊，明确自身决策。

2. 活动步骤及说明

(1)阅读以下材料。

材料一：大学毕业生找工作，是人生选择的一个重要"十字路口"。此时，停一停，看一看，选择"慢就业"未尝不是一种理性的选择。大学毕业生可以暂时停下脚步，进行就业与创业考察，思考人生道路，找准事业发展方向，在"慢"的过程中积攒、积累、提升，为下一步的就业、创业打下更好的基础。但俗话说，不怕慢，就怕站。如果在该就业的时候不就业，或者因为家境殷实，不用为家庭生活现状担忧就放弃就业，导致毕业即失业，成为最新的"啃老族"，显然就不是"慢就业"，而是"懒就业"了。

材料二：升学对很多大学毕业生来说，是人生中一次重新洗牌的机会，以考研为例，大学生通过考研可以进入更好的高校，可以重新选择一个专业，而且与高考相比，考研进入一个好学校，选一个好专业，相对来说容易一些，而且面对严峻的就业形势，继续深造还可以增加自己的就业机会。比如有些城市重点高中在教师招聘中，基本上都要求毕业生是师范类专业的硕士研究生。

(2)以班级为单位，将全体学生平均分为A、B两个小组。

(3)每组学生围坐在一起，根据材料内容，并通过上网查询或结合身边案例等方式讨论目前存在的懒就业和升学热现象。

(4)A组将讨论的结果列出提纲，推选出一人向全班分享讨论结果。

(5)B组在A组讨论的基础上，通过讨论给出懒就业的弊端和升学热的利弊。

任务四　突出实践，工学结合

一、社会实践，锤炼综合素质

大学生社会实践活动是指按照高等教育培养目标，对在校大学生进行的有组织、有计划、有目的、深入实际、深入社会、依靠社会力量完成的一种贯彻思想政治教育、培养综合素质的教育活动。

职业教育院校不断探索人才培养模式，凝练实践育人理念，致力于通过社会实践教书育人，提升大学生的综合素质，培养了大批社会欢迎的"下得去、用得上、留得住、干得好"高素质人才。

(一)社会实践活动的必要性

社会实践的根本目的在于培养和提升大学生综合素质，以培养具有学习能力、创新能力、实践能力、交流能力、社会适应能力的高素质专门人才为目标。

1. 社会实践活动增强社会责任感

通过社会实践活动，学生们可以接触社会、了解社会、关注社会，获得关于社会现实生活丰富的直接经验，加深对国情、民情的了解，学会历史地、客观地、全面地观察和分析问题，弥补现有知识和社会脱节的缺陷，强化自我约束和自我教育的意识，增强社会责任感。

2. 社会实践活动促进全面发展

学生们进行实地考察，参加生产劳动等实践活动，使课内与课外相结合，巩固专业知识，把所学知识运用于实际工作之中，以完善知识结构、提高专业技能，培养人际关系及组织管理能力、语言表达能力、组织策划能力、团队协作能力等，促进自身的全面发展。

3. 社会实践活动拓宽就业渠道

通过社会实践，学生们可以了解专业前沿动态、社会用人要求，调整个人发展定位，明确自身努力方向，对毕业后的求职有一定的指导作用。

(二) 社会实践活动的内容

社会实践活动的内容主要有以下几种类型。

1. 勤工俭学

高等院校设有规范有效的勤工助学制度，通过各种勤工助学活动，提高学生的劳动观念，增强学生的劳动意识，锻炼学生的吃苦耐劳意志，同时使学生了解基层生活，珍惜现有的学习机会，珍惜他人的劳动成果，培养勤俭节约的好习惯。

2. 社会服务

社会服务主要包括公益活动和有偿服务活动。前者主要是各种形式的大学生志愿服务活动，通过公益活动，学生参与社会服务的热情提高，运用所学知识和技能服务人民，奉献社会。后者主要是社会兼职，例如商场的临时促销活动。

3. 专业实践

专业实践是大学生学习专业知识并提高各方面能力最有效的途径之一。社会实践与专业知识学习相结合，既丰富了实践的内容，也增强了大学生专业学习的热情，促进其成长成才。

4. 技术创新活动

技术创新活动不同于第一课堂的教学活动，它属于课外活动或者第二课堂的范围，是指学生们积极参加"挑战杯"系列竞赛、机械设计竞赛、服装设计大赛等竞赛活动，帮助企业进行工艺改进和技术革新，提高科学素养，培养崇尚科学求真务实、开拓创新的科学品质和团结协作的团队精神，提高创新能力。

5. 社会调查

结合专业学习，大学生进行社会调查，围绕经济社会发展的问题，开展调查研究，提出解决问题的意见和建议，形成调研成果。社会调查可以帮助大学生正确认识社会现象，掌握科学研究方法，提高分析判断能力。学生们在校期间可以利用暑假、寒假等时间开展一次社会调查，并写出调查报告。

二、生产实训，实现岗位对接

职业教育主要是培养高素质的应用型人才，要求培养的人才必须具备较强的动手能力及工程实践能力。因此在职业教育中实验、实训是至关重要的一环，是职业教育特色的体现。

(一)生产实训的价值

1. 生产实训有助于提升就业竞争力

大学生通过在生产、建设、管理、服务第一线的实训基地的工学交替、顶岗实习，可以接受现代企业氛围的熏陶，熟悉相关行业先进的设备、技术路线和生产工艺，尽快掌握相应岗位所需的基本技能与专业技术，取得实际工作经验，巩固、综合、强化实践能力，并能培养现代化生产和科技发展倡导的团队协作精神、群体沟通技巧和组织协调能力等综合素质。

总之，在真实的工作环境中，按照规范的职业标准开展项目实训，能提高大学生的就业竞争力，缩短其工作适应期，从而为学生顺利就业提供充分的保障与支撑。

2. 生产实训有助于提升综合职业素养

学生专业技能的培育、职业意识的认知、非专业素养的培养，只有在现实的职业岗位或岗位模拟中，才能形成最深刻的印象与行为或心理定式，通过理解、获取、发现、熟练、养成等行为，提升学生综合职业素养。

理解是指通过实训，实现课堂理论知识与实践的结合；获取是指通过实训，取得专业技能及与职业岗位相关的专业与非专业素养；发现是指充分暴露问题，明确努力方向，使事物日臻完善；熟练是指提升知识、技能的反应力、灵敏度；养成是指把职业岗位的规范性行为定格为人的习惯性行为，而所有这些目标的实现，必须由完善的实训条件与良好的实训过程提供支撑。

3. 生产实训是实现有效就业的基本途径

实践是最好的老师，市场是人才素质的晴雨表。通过生产实训的有效实施，学生对专业和职业有了新的认识，努力做到"学校与社会零距离，学生与岗位零距离"，在身体力行的工作岗位中明确自身的职业方向和职业发展要求，积极主动积累和拓展职业知识与技能，完善自身职业素质，从而为将来获取职业发展打下坚实基础，实现有效就业，增强就业优势。

(二)生产实训的模式

学生在校期间的生产实训模式主要分为四个阶段。

1. 第一阶段——感性认知实训

将以各类实训内容在不同阶段或不同课程的学习前先期导入，让学生模拟企业的员工，承担部门和岗位的职责，初步体验、感性认知企业生产、经营与管理活动。在此基础上学习课程和应用理论知识时，学生有了学习兴趣，就会主动学习自己所需要的应用理论知识，把老师讲的理论和知识与它们建立起对应关系，进而学会分析问题和解决问题。这样，学生们更容易掌握所学的应用理论知识与方法，理解"为什么这样做"，进一步了解"怎样做更好"。

2. 第二阶段——理性深化实训

在学习了相关的课程和应用理论知识、掌握了具体的业务工作方法（工具）、学会了怎么做之后，再次让学生深入实践，模拟具体的生产经营管理活动，甚至直接参与生产经营管理活动。这样，学生们在理论指导下，模拟从事企业的业务活动和管理活动，通过实践丰富"怎么做"的经验和积累"怎样做更好"的策略，不断积累"实践经验"，增强业务处理技能，锻炼管理能力。

3. 第三阶段——综合提升实训

综合提升实训是以职业岗位（群）所需要的职业能力要求为依据，以工作过程（业务流程）为主线，以工作任务（项目）为核心，将职业技能和管理能力培养所涉及的应用理论知识、工作过程知识、操作技能有机结合的完整型、综合型的实训课程。实训的目的是使学生们基本技能与专项技能熟练，综合技能应用能力强，真正做到上手快、业务熟、职业素养高，形成较好的业务操作与管理能力。

通过综合提升实训，将企业搬进课堂，仿真企业工作情境（场景仿真、软硬件仿真、流程仿真、业务仿真、管理仿真、制度仿真等），模拟职能岗位，模拟企业真实的生产经营管理过程，学生们拥有一个身临其境的感觉，可熟悉生产企业经营运作过程，了解企业各部门之间的内在业务关系，掌握相关部门的岗位职责和工作内容及业务流程，熟练业务操作的细节与规范，提升职业素养。

4. 第四阶段——就业顶岗实训（实习）

大学生以学生和企业见习员工的双重身份，在企事业单位专业对口的岗位顶岗实习，全面进行实践，并结合顶岗实习撰写企业调查报告，或部门调查报告、岗位分析报告、业务分析报告等作为毕业论文，完成从学生身份向员工身份的转换，实现理论、技能与管理能力的全面升华，为就业奠定坚实的基础。

拓展阅读

放飞青春梦想　矢志建功航天

虽说是假期，但在北京金沟河路的航天大院里，中国航天科工集团有限公司二院206所2室的一群航天青年仍然在各自的岗位上忙碌着，项目到了关键时期，大家都憋足一口气，为成功再加一把劲。

206所2室是主要从事支援保障装备、联勤产品线领域中装填、转载、发射转塔（架）等机电一体化装备研发设计的专业研究室。在这个一共70人的部门中，35岁以下的青年就有41人，占比约58.6%，可谓是名副其实的青年团队。

深耕专业领域　勇担强军使命

一直以来，2室深耕"智能无人"专业领域，承担了地、舰、潜、空、天等领域的多个国家重点型号项目研制工作。

2021年，由陆军装备部主办、陆军研究院承办的"跨越险阻2021"第四届陆上无人系统挑战赛在内蒙古阿拉善开赛。

用户举办比赛，意在选拔自己所需的团队。对于2室的青年来说，这是挑战也是机会。沟通商议后，206所联合陆军军事交通学院、中船第707研究所、国营617厂报名参赛。

比赛刚刚开始，挑战就迎面而来：团队必须在一周时间完成4辆车的改造，留更多的时间给整车联调。专业带头人孙博士马上进入状态，交叉验证、并行推进，恨不得把时间精确到每一秒。一天晚上9点，厂房意外停电，她仍带着团队打着手电工作到凌晨。

在队员眼中，她是资深专家，也是"救火队长"。在孙博士眼中，队员是一个个"小可爱"。1994年出生的大壮为了了解车辆结构，硬是在底盘厂趴在车底学习了两周。秀儿和玉薇都是1998年出生的姑娘，常常加班到凌晨4点，早上8点又照常上班。来自西安、成都的同事快速完成从单机产品到系统工程的思维转变，短时间内就成为跨专业融合的熟手。

在队员们的通力配合下，2室牵头带领项目团队获得了第一名，成功实现了206所联勤保障智能运输投送新领域的开拓。

筑梦中国航天　结缘北京冬奥

2022年年初，北京冬奥会成功举办。在这场国际盛会上，2室与北京理工大学共同研制的"人体高速弹射装置"为运动健儿提升训练效率贡献着力量。

"科技冬奥"专项课题是2室青年小朱牵头的第一个项目，在别人看来高度跨界又"不讨好"。"可是一想到能将航天技术注入冬奥，这就让我很兴奋。"小朱说。

该项目的核心是解决运动员快速入弯体能消耗过大导致训练效率低的问题。想解决这一问题，航天弹射技术首先映入小朱的大脑。

为了确定方案的可行性，小朱带领团队对弹射技术的安全性、可靠性、加速控制的平顺性进行了一轮又一轮的论证。仿真专家小戴对加速旋转机构的强度、结构整体动力特性、结构拓扑优化进行了充分完备的仿真。

随着方案一次次推翻重来,关键问题也不断被攻克。经过一年多的不懈努力,团队及时将产品交付训练场馆,并快速迭代了2.0升级版。在该装置的协助下,只需几秒,一名速度滑冰运动员就能从静止状态达到指定速度,调节姿态、入弯一气呵成。利用该装置开展弯道训练,已成为国家队日常训练科目之一。

坚持党建带团建　打造成才双引擎

成立11年来,2室相继获得了全国青年文明号、中央企业青年文明号,以及集团公司质量放心团支部、集团公司十佳班组等荣誉称号。

成绩和荣誉都与2室加强青年工作、坚持党建带团建原则分不开。"我们有新入职人员培训、航天精神专题培训、'导师带徒'机制、兼职员工作机制等培训机会,还同时开展团支部卓越论坛、专家讲座、一讲一学等特色品牌活动,开展'我为青年办实事'实践活动,引导教育青年勇挑大梁、勇担重任。今年是建团100周年,我们还开展了多次实地参观、面对面交流等活动,让青年切身感受老一辈航天人的创业精神和创业故事。"2室团支部书记丽丽说。

2室申主任说:"现在的青年更敢想、更敢做、更敢于表达意见,他们带来先进的技术和思想,为我们这个集体注入了新鲜血液,也定会为中国航天贡献新的青春力量。"

(资料来源:李庆勤,2022-06-09.放飞青春梦想矢志建功航天——记中国航天科工二院206所2室青年团队.中国航天报,第106期)

实习实训评估表

表1-1　实习实训评估表

学生姓名		实训单位		
评价项目	评价结果(在你认为的答案后打"√")			
你是否已具备了承担企业职业岗位工作的能力?	完全具备□		马马虎虎□	不具备□
你是否能够完成工作计划制订,并组织实施?	能□		需老师指导□	不能□
你是否能处理生产中出现的常见问题?	能□		需请教老师□	不能□
你是否能遵守生产单位的规章制度?	能□		有时不能□	不能□
你认为与同学和单位同事的关系如何?	很好□		一般□	不好□
你有没有因为个人的私事向单位请假?	没有□		偶尔□	经常□
毕业后实习单位能聘用你吗?	能□		有可能□	不能□
生产实习对自己技能有提高吗?	有很大提高□		有点提高□	没有提高□
自己对工作岗位的适应程度如何?	很好□		一般□	不好□
能经常向技术人员请教吗?	经常□		偶尔□	不请教□

课外实践

提升就业行动力

找一名同学,互相交流以下议题,倾听者用同伴的身份充满期待和好奇聆听对方的故事。具体操作如下:

1. 讲述者依照以下问题,结合自己的情况逐一回答:
(1)我的求职目标是什么?
(2)我长远的人生目标是什么?人生目标和求职目标的关系是什么?
(3)我碰到了什么困难?外在的还是内在的?
(4)我现在感受到了什么情绪?如何感受到的?
(5)实现自己的目标需要我怎样改变自己?我愿意放下什么?承担什么?
(6)我认可自己的什么品质?
(7)我要采取的一小步的行动是什么?
2. 倾听者听到讲述者的描述后,回答以下问题:
(1)有什么触动或启发?
(2)从对方的故事里,看到了什么样的动力和价值观?
(3)从对方的故事里,你有共鸣的是什么?
(4)对方的描述中,触动你的是什么?有什么启发?
3. 讲述者结合倾听者的上述反馈,描绘自己有什么触动或启发?

_____
_____
_____
_____

好书推荐

1. 斯特拉·科特雷尔:《批判性思维训练手册》,北京大学出版社.
2. 维克多·弗兰克:《追寻生命的意义》,新华出版社.

项目二 就业信息放大镜

本章要点

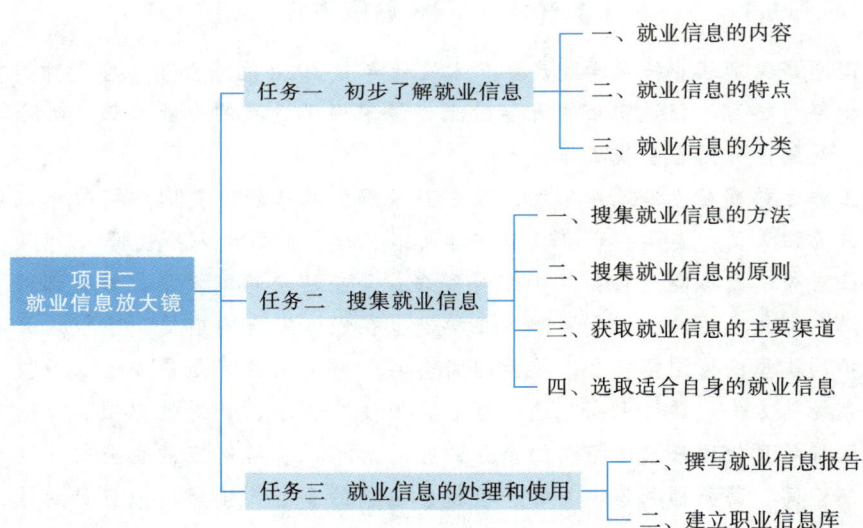

学习目标

1. 知识目标

初步了解就业信息的内容、特点和分类。

学会搜集就业信息的方法和原则。

了解就业信息的处理和使用方法。

2. 技能目标

掌握就业信息的搜集渠道和方法,能够根据自身需要正确地建立自己的职业信息库。

3. 素质目标

强化信息的利用能力，促进自身的全面发展，树立正确的职业观、价值观、人生观，培养责任感及使命担当意识。

生涯智慧

希望你们珍惜学习时光，练就过硬本领，毕业后到人民最需要的地方去，以仁心仁术造福人民特别是基层群众。

——习近平总书记给在首钢医院实习的西藏大学医学院学生的回信

案例引入

用对方法，轻松找工作

夏同学是深圳职业技术学院产品艺术设计专业2022届毕业生，在老师的指导帮助下，她努力学习，经过四年的大学时光，她掌握了过硬的专业本领。如今，临近毕业了，夏同学开始着手找工作。

找工作之前需要收集就业信息，以全面了解求职市场。夏同学将收集就业信息的渠道分为四大类：各类招聘会、媒体和网络、社会关系和实习兼职。

第一种渠道是各类招聘会。2022年很多线下招聘会都取消了，教育部部署开展"云招聘"，即线上招聘会。夏同学所在学校也在保障安全的前提下于校内开展了校院两级不同类型的校园招聘会。校园招聘会对于学生来说，是最安全、最快速的了解求职市场的方式，通过率高，选择面宽，但受众面小、针对性偏低。夏同学提前做了功课，认真梳理来校园招聘的企业的招聘启事，了解对应的企业文化、用人需求、发展空间、薪酬福利等，并筛选出适合自己的企业。接着，她有针对性地制作并投递简历，模拟面试。因准备充分，夏同学陆续收到了几家企业的面试邀请，并收获了一些录取通知。遗憾的是，这些岗位的工作内容与夏同学的工作期望不符，她只好回绝了这些企业抛来的橄榄枝。

第二种渠道是媒体和网络。很多企业会通过媒体和网络来发布自己的招聘广告，求职者可以通过专业的求职招聘网站和企业的官方网站等搜集就业信息。该渠道可以帮助求职者快速、有针对性地搜集到自己心仪的职位，但由于网络简历投递的便捷性，求职竞争者也很多，简历容易石沉大海，并且网络信息纷繁复杂，安全性不高，毕业生很容易被骗取个人信息。因此，夏同学通过媒体和网络渠道搜集就业信息时都会仔细筛选，认真核实招聘单位的经营状况和资质，降低风险。她在筛选后投了很多家企业，仅有小部分简历被回复了。

第三种渠道是社会关系。大学生可通过亲戚、朋友、老师、同学来了解自己比

项目二 就业信息放大镜

较感兴趣的行业情况,并获得推荐机会。该渠道可靠性较高,但选择少。夏同学就通过校友的内推得到了一些企业的面试机会。

第四种渠道是实习兼职。大学生通过实习兼职经历,直接推销自我,通过率高,但容错率低。

综合运用这些渠道,夏同学全面收集了自己需要的求职信息,并最终收获了自己心仪公司的录取通知。

▶ 任务一　初步了解就业信息

一、就业信息的内容

就业信息是指与毕业生获得工作职位相关的各类信息,主要包括宏观与微观的就业形势、大学生就业政策与法规、就业途径与方法、职位相关信息等。

作为初次择业的大学毕业生,应主要了解以下几个方面的就业信息。

(一)就业政策与法规

近年来,国家各有关部门出台了多个引导和促进高校毕业生就业的专项政策。大学生需要了解相关的就业政策和法规,例如,国家对大学生应征入伍、到基层和中西部地区的就业政策、地方的用人政策及学校的就业政策。

(二)社会需求信息

社会需求信息,即各用人单位对高校毕业生的需求情况,主要包括用人单位对毕业生的学历层次、专业、人数及所需人才的具体要求等。高校毕业生不仅要特别关注近几年地区、行业间人才的需求状况，避免把注意力集中到那些对人才需求已经饱和的地区和行业，还要关注对当年就业趋势的预测。

(三) 职位相关信息

对于大学生就业来说，职位的相关信息是最重要的就业信息。搜集足够数量、适合自己的招聘信息是成功求职的基础。职位信息不仅包括用人单位信息、招聘岗位信息，还包括行业发展状况和专业的就业形势等。

二、就业信息的特点

就业信息有一系列特征，不同的研究者归纳的特征也不尽相同。对应届毕业生求职者而言，最具有意义并应加以重视的是其时效性、精准性、动态性、共享性和价值性等特点。

(一) 时效性

就业信息的时效性主要是指信息的作用和功效有一定的期限，如果超过一定的期限，那么它的效用将呈递减直到丧失价值意义。信息不是静态的，是与时俱进的物，即它总是随着社会事物的不断发展而做出相应的变化。从具体时效性上讲，一个信息对于这个时段可能是有效的，而对于另一个时段就难保其价值，很可能被新的信息所淘汰和代替。信息这一特性对大学生就业颇有影响，大学生在就业时，应及时主动地搜集和了解就业信息，做到及时分析与筛选，同时注意信息的有效性，针对个人具体实际（包括条件、兴趣等），尽快做好准备，适时向用人单位反馈，徘徊犹豫将可能因为时间的错过而贻误了就业机会，使本来有价值的就业信息成为"明日黄花"。"机不可失，时不再来"这句话用在毕业生求职择业上恰到好处。

(二) 精准性

大学毕业生在收集和了解就业信息时，必须做到信息的精确、全面与真实。信息社会决定了信息的内容多样化及信息渠道的多元性，但信息的爆炸性并不一定意味着所有信息都是有价值的，在这些庞杂的信息之中，必须要以精准的判断力，筛选与区分就业信息的假与真、价值高低，否则信息的精准性意义便丧失了。个别用人单位的招聘信息不是为了招聘人才，而是为了欺骗求职者，从中牟取不当利益，因此初涉就业市场的大学毕业生在求职过程中一定要防止上当受骗，采取措施保护合法权益。同时大学毕业生在收集信息时，要认真地分析和判断信息，弄清楚信息是否精准，主要包括信息的唯一性，切忌模棱两可，含糊其词，这种非精准的信息迟早给毕业生带来不必要的麻烦和误导。此外，就业信息的精准性对于大学生求职者来说至关重要，如果就业信息不准确，就会给毕业生增添许多不必要的麻烦，浪费人力、物力和财力，以至贻误时机。如果就业信息精准可靠，那么毕业生便能较轻松实现就业，做到事半功倍。

(三) 动态性

事物处于动态的发展过程。同样的，就业信息也是一个动态过程，它常随着国家社会政治文化总体发展趋势、经济运行情况、就业方针政策、人才供需状况的变化而不断变化。全球化、市场化、网络化的社会，更加凸显就业信息的动态性特质。在全球化背景下，国家间的孤立自闭或夜郎自大是不可取的也是不可能的，国与国之间的政治、经济、文化联系不断加强，相互依赖性不断增强，相互影响，渗透力度增加，某种程度上产生了同质性和依赖性。就业信息与外部密切相关，这就要求大学生应及时关注全球政治、经济、文化发展的总体趋势，并对趋势作出自身的判断。同时，密切关注市场的变化和发展，是关注就业信息应有之义，这样才能做到未雨绸缪。例如，最近几年计算机、经济类、外语专业的学生市场需求量大，就业率较高，当这些单位和部门人才需求达到饱和，对人员需求相对量下降，这类学生就业就相对困难了，这便是市场与就业关系的明证。网络化的社会，信息得到充分有效的传播，就业信息通过各种途径得以传递与吸收，大学生应及时通过网络掌握各种就业信息的发布和更新，为赢得成功就业做好准备。

(四) 共享性

就业信息的共享性，也叫作可分享性、公共性或非排他性，其主旨之义在于信息是共有的，可以互通有无，任何人都不可能阻止别人消费它，即使有些人有心将信息占为己有，这在技术上也是不可行的，或者在技术上尽管可行但成本却过高，因此很少有人"有意"垄断信息。过去由于技术的限制，人们在获取信息机会时往往是不均衡的，出现信息的不对称现象，导致一部分人通过信息能及时获得工作，一部分人则因为就业信息的缺少而丧失了就业机会。随着现代信息技术的发展和进步，信息传播的范围越来越广，速度越来越快，绝大多数人可以通过各种途径了解到相关的就业信息。信息的共享性还意味着如果一个人把自己所获得的就业信息与他人分享，他人虽然获得了这些信息，但分享者并不因为他人的获得而使自己的信息量减少，只是信息的影响力增加了一"份"。这里应指出的是，就业信息的共享性并非意味着就业职位的非竞争性，相反，信息的广泛传播使大多数人获得相同的信息，由于职位有限，这样将会出现一个职位多人竞争的局面。因此，为了能成功就业，大学毕业生一旦获得就业信息，应立即作出分析和判断，并及时与招聘单位联系，争取捷足先登。

(五) 价值性

人类的社会生产活动是一种有意识和有价值的活动，它通过生产资料（主要是劳动工具）作用于劳动对象而达到自身的预期目的以体现劳动价值。同样地，作为反映人类社会活动的信息总是为了达到某种目的或满足某种需要而被收集、传递和应用，在某种程度上说它是社会经济活动在就业领域的表征。这一表征的价值性彰显，目标直指就业。一是就业信息的价值在于就业信息能如实地反映社会经济活动与劳动者数量及素质的关系，直接为大学毕业生就业服务；二是就业信息的收集、传递和应用，是人们具有价值性行为，为社会发展的一定目标服务；三是就业信息的搜集、加工和传递等一系列的处理工作，是由专门的机构和人员来进行的，完全是一种极具价值性行为。就业信息的价值性，要求大学毕业生在信息的搜集过程中，要具有针对性，切忌盲目性，搜索对自己就业有价值和帮助的信息，对一些没有任何价值的信息应及时摒弃，切不可"捡了芝麻丢了西瓜"。

三、就业信息的分类

就业信息主要包括宏观与微观的就业形势、大学生就业政策与法规、就业途径与方法、职位相关信息等。

作为初次择业的大学毕业生应主要了解以下几类就业信息。

(一)就业政策与法规

第一，需要了解国家关于大学生就业的方针、原则和政策，例如国家对大学生应征入伍、当村官、到基层和中西部地区就业等的优惠政策。

第二，需要了解国家出台的与就业相关的法律法规，例如《中华人民共和国劳动法》《中华人民共和国劳动合同法》等，学会用法律来保护自己。

第三，需要了解地方的用人政策，例如北京市关于外地生源在北京地区就业的规定、上海市应届毕业生的积分落户政策等。

第四，需要了解学校出台的就业相关规定，例如学校根据国家激励毕业生到基层和中西部地区就业的政策制定的奖励措施、关于应征入伍大学生攻读研究生的优惠政策等。

(二)就业途径与方法

第一，就业体制。毕业生应该清楚毕业生的就业是由国家的哪个部门或哪个机构来负责管理指导，地方各省、区、市的哪个部门或哪个机构来负责管理指导，学校的哪个部门或哪个机构来负责管理指导。这样，毕业生在求职过程中遇到困难和问题时，就可以随时向有关机构咨询、求助。

第二，就业范围。目前，学校管理体制是国家、地方两级管理，因而培养出来的学生将在不同的范围内就业。例如定向生、委培生、享受专业奖学金的毕业生的就业范围就有明确规定。

第三，就业程序。什么时间开始和终止联系单位；签订就业协议必须履行哪些手续；在学校规定的时间内没有同用人单位签订就业协议，户口和档案将转到何处；调整改派的程序和手续等问题，毕业生都要搞清楚。

(三)社会需求信息

社会需求信息即用人单位对用人的专业、学历层次、个人能力和需要人数等方面的信息。可以说，社会需求信息是就业信息中的主体，直接影响着毕业生能否找到自己满意的工作单位，也对高等学校毕业生就业落实情况影响很大。因此，社会需求信息历来受到学校毕业生和家长的广泛关注。

需要注意的是，社会需求信息具有明显的分阶段性特点。高校毕业生就业工作的启动时间一般是在每年的11月20日左右。一些国内知名国企、外企及"三资"企业为了招聘到优秀毕业生，招聘工作启动得早，在每年9月就进入高校进行招聘。通常情况下，每年11月下旬到年底，是招聘的高峰期，用人单位的需求信息较多，高校毕业生与用人单位的双向选择活动达到高潮。次年的1~4月，是应届毕业生就业的又一高峰期，除高校毕业生与用人单位的双向选择活动外，省市教育主管部门、地方人力资源和社会保障局也会组织各种供需见面会、双选会，公务员及事业单位招考信息、各类专招信息也相继出来了，各种类型单位的需求信息量到达顶峰。进入5月后，大部分毕业生已与用人单位签订了就业协议或达成意向，此时的需求信息数量大为减少。

(四)职位相关信息

职位相关信息对大学生就业来说，是最重要的就业信息。大学生搜集到足够数量、适合自己的招聘信息是成功求职的基础。

第一，职位信息。职位信息包括用人单位的信息、招聘岗位信息、聘任要求条件、联系人方式等。

第二，行业发展状况。不同行业随着世界经济与国内经济的变化而变化。大学毕业生应该随时关注国家的宏观政策和发展战略，及时了解掌握同自己专业直接对口或相关的行业、部门和单位的现状和发展趋势。

第三，本专业的就业形势。就业形势信息包括中央和地方有关部门(特别是毕业生就业主管部门)发布的毕业生就业人数、供需比、签约率、待就业率等统计性的数据，以及就业环境的变化、相关专业毕业生的就业状况、就业趋势预测等信息。了解和掌握这些信息，对大学生正确判断当前就业形势，构建合理的就业期望是非常重要的。教育部、各省毕业生就业主管部门和各种媒体一般会在每年9~12月公布当年全国和地方及部分高等院校毕业生的就业情况。收集这些信息，对于进行就业准备的大学生来说是非常必要的。

课堂活动

招聘广告解读

某教育（科技）集团招聘项目专员。

招聘人数：2人；工作地点：深圳；发布时间：2021年7月。

工作职责

1. 负责项目相关课程的班型设置、优化及改进；
2. 协助进行项目人员的招聘、培训及员工关系等相关事宜；
3. 负责相关项目教研、教材研发及标准化工作；
4. 其他与部门项目相关事宜。

职位要求

1. 经济类、管理类、英语类相关专业专科以上学历；
2. 良好的营销意识、沟通能力、协调能力、设班能力、研发培训能力；
3. 深入了解相关项目考试及培训课程，熟悉客户群体需求；
4. 认同公司文化，积极进取，踏实好学，良好的执行力。

联系方式

公司地址：北京市海淀区中关村大街某大厦9层；电话：010－66666666；公司主页：www.×××.com。

1. 分析上述广告前，你对招聘单位的企业文化、价值观、愿景有哪些了解？
   _____
2. 对照工作职责，你觉得是否能够胜任？
   _____
3. 对照职位要求，你觉得你是否基本吻合？
   _____
4. 去应聘该岗位，为确保胜出，你还需要搜集的信息有哪些？
   _____
5. 结合招聘广告，通过综合自身各个方面的分析，确定你的竞争优势：
   _____
6. 为了提高简历的命中率，如何让你在众多竞争者中显得与众不同？
   _____
7. 为进一步了解岗位，你准备向该公司咨询哪些问题？
   _____

▶ 任务二 搜集就业信息

一、搜集就业信息的方法

(一)全方位搜集法

把与自己专业有关联的就业信息统统收集起来,再按一定的标准进行整理和筛选,以备使用。这种方法获取的就业信息广泛,选择的余地大,但较浪费时间和精力。

(二)定方向搜集法

根据自己选定的职业方向和求职的行业范围来搜集相关的信息。这种方法以个人的专业方向、能力倾向和兴趣特长为依据,便于找到更适合自己特点、更能发挥作用的职业和单位。需要注意的是,当选定的职业方向和求职范围过于狭窄时,有可能大大缩小自己的选择余地,特别是所选定的职业范围是竞争激烈的"热门"工作时,很可能给自己下一步的择业带来较大困难。

(三)定区域搜集法

根据个人对某个或某几个地区的偏好来搜集信息,而对职业方向和行业范围较少关注和选择,宜把注意力集中在所定区域的报刊上。这是一种重地区、轻专业方向的信息收集法,按这种方法收集信息和选择职业,也可能由于所面向地区的狭小和"地区过热"(即有较多择业者涌向该地区)而造成择业困难。

大学生可以根据自己的实际情况将上述几种方法综合起来搜集信息。

(四)网上检索法

数据分析显示,无论是招聘员工还是寻找招聘信息,网络都是第一来源,所以会搜索工作信息应是一项人人必备的技能,这有助于大学生在即将毕业的时候比别人先一步获得信息,或许就多了一个机会。

1. 选择搜索引擎

网页全文搜索引擎的信息量大、准确性高、功能强、搜寻资料的速度也比较快。例如,比较知名的中文网页全文搜索引擎百度,在中文分词、中文网页覆盖的优势明显,另外百度会在搜索结果下显示一个多种组配的"相关搜索"功能,组配的检索词很有效,对于修正关键词很有帮助。因此搜集招聘信息这一特定资料,可选择百度。

2. 筛选网上招聘信息的发布平台

目前网络上的招聘信息主要有以下几种发布渠道。首先是一些专业的招聘网站;其次是一些学校的就业指导网站,这些网站通常是由就业指导中心制作,免费为学生提供信息（有些学校只对本校学生开放）；还有一些专业论坛类的网站也会发布一些招聘信息（一般不适合应届毕业生）。当然，一些有网站的公司也会在自己的主页上发布本公司的招聘信息。

3. 如何设计关键词

如果不考虑信息发布的渠道，直接使用关键词进行搜索，就应该使用复合关键词，即两到三个关键词组配使用，才能保证检索有效。假如只使用单一关键词，可能搜索到很多冗余的信息，可以比较以下这三个关键词哪个更有效，"招聘""招聘＋计算机专业""2013＋招聘＋计算机专业"（"＋"的作用是保证检索出的条目中包含全部关键词，通常可使用空格分隔两个关键词）。

专业的招聘网站最容易检索，在任意搜索引擎里输入"招聘网"，都能得到数以百万计的条目，多的让人无法取舍，可见这并不是一个有效的途径，因为所得到的这个信息专指性太差，想找一个适合自己的职位仍然像大海捞针。而且登录专业招聘网站往往看不到招聘企业的联系信息，最关键的是招聘网站的职位往往不适合应届大学毕业生。

学校就业网站的信息则不同，它们多是针对应届毕业生，信息真实性高、有效性强。如何查找这些信息呢？将关键词设定为"＊大学就业信息网""＊学院就业信息网""＊学校就业信息网"进行搜索，然后有选择地登录查找就行了。

如果觉得用这类关键词搜到的信息的专指性不强，那么可以尝试重新组配关键词。例如，在就业时人们都会有一个自己大致的工作意向，如去哪个地方、从事什么专业的工作等，因此只需在关键词上加地名、专业名称即可，如加上"北京"就可以查看北京高校的招聘信息，加上"理工"就可以检索到理工类院校的就业信息。

查询企业网站上的招聘与检索学校就业信息网很相似，例如，一个计算机专业毕业生想到一家软件开发公司工作，可以使用关键词"软件公司"即可找到很多软件公司的网址，可登录一试。

4. 检索技巧

关于搜索引擎的使用还有很多技巧和方法，需要在实践中不断尝试，但有几点核心要求一定要注意。

首先，开始检索前简单思考前面讲到的几个问题，不要打开网页就检索。计算机不是人脑，互联网上也不是什么都有。

其次，每一个搜索引擎都有一些特有的功能与特点，了解自己经常用的搜索引擎都有什么资源优势，进而正确选择使用搜索引擎。

再次，确定保存目标信息的网站，这对组配关键词有很大帮助。

最后，选择正确的关键词，通常来说关键词由两个以上组成为佳，当然也不能太多，不宜超过四个，且关键词也不要风马牛不相及，太多的关键词和毫不相关的组配，都会带来大量的冗余信息，干扰检索。

另外,关键词的使用可能要不断组配、修改、尝试检索才会找到想要的信息,即使是检索专家,也不能保证一步到位的检索,因此,当检索失败后,不要气馁,想想是不是哪个环节出了问题,再继续检索,直到成功。

二、搜集就业信息的原则

(一)行业优先

行业优先是指获取信息时注意行业特点。看重行业的毕业生,在获取信息时应以自己所倾向选择的某个行业为主,围绕选定的行业获取相关的企业信息、行业现状及发展前景等。

(二)地域优先

地域优先是指获取信息的方向注重地域特性。看重地域的毕业生,在获取信息时,要以自己所倾向就业的地域为主,以地域为主要参考进行信息的收集时,想到什么地方就业,就重点收集该地方的就业信息。

(三)志趣优先

志趣优先是指毕业生获取信息侧重于自己的特长和爱好等主观意志、自我感受。例如,有的毕业生希望将来能够从事技术工作,有的想从事管理工作,有的希望将来能够创业经商,那么,他们在获取就业信息时就会关注不同的信息内容。

(四)满足需要优先

不管收集什么样的信息,有一点必须把握,那就是收集到的信息必须能够满足自己就业择业的需要。收集就业信息应力求做到"早""广""实""准",如图 2-1 所示。

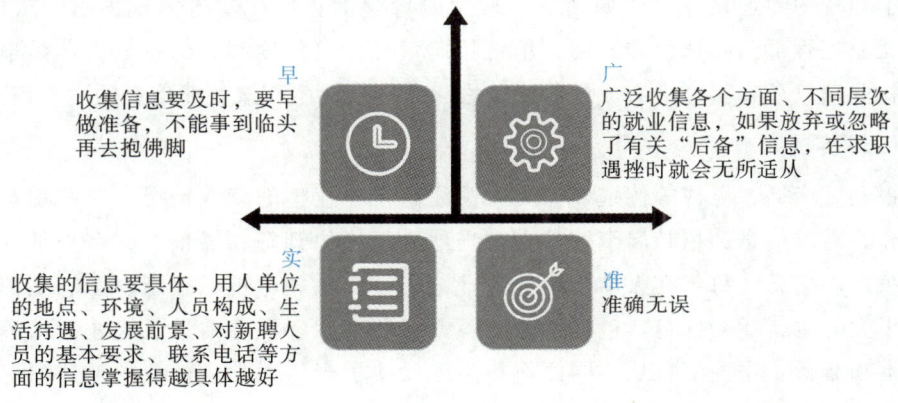

图 2-1 就业信息收集

三、获取就业信息的主要渠道

就业信息是高校明确就业定位、实现持续性良好就业的重要依据,是毕业生正确择业、就业的基本前提，是毕业生实现充分就业的基础，也是促进供需双方双向选择切实有效，维护就业市场秩序良好的必要保证。毕业生可通过政府主管部门和就业指导机构、学生就业主管部门、传播媒介（报刊、网络等）、大型供需招聘会、宣讲会及校园招聘会、高校毕业生就业服务周、网络招聘会等渠道获取就业信息。

(一)政府主管部门和就业指导机构

负责高校毕业生就业的政府主管部门主要是教育部和省教育厅，人社厅及各市的教育局、人社局等。上述部门通过各种途径搜集所在地用人需求等相关信息，通过各种渠道发布相关信息，为毕业生就业提供用人单位信息，为毕业生就业提供咨询与服务。为了适应毕业生就业制度改革，县级以上各级政府多数成立了毕业生就业指导机构，许多行业的主管部门设有专门机构来负责人才的引进和毕业生的推荐工作。这些机构的主要职责有制定所辖区域的毕业生就业政策、交流毕业生和用人单位的供求信息，为毕业生提供各种信息交流、就业咨询、人事代理等服务。其所提供的就业信息广，可靠性强，对于有明确就业意向（就业方向，就业地区）的毕业生最为有效。

(二)学校就业主管部门

各学校的毕业生就业办公室或就业指导中心的主要职能包括：为在读学生及毕业生提供职业生涯规划指导、就业政策咨询及指导；收集、整理、发布招聘单位的人才需求及就业信息；毕业生基本情况的收集、整理及发布；向用人单位推荐毕业生；筹备、组织、开展大型招聘会等。学校的就业主管部门与政府主管部门、毕业生就业指导机构、用人单位之间建立了长期密切的合作及沟通。一般用人单位是在掌握了学校的专业设置、生源情况、教学质量等信息后，才向学校发出需求信息，学校就业主管部门筛选分类的用人单位招聘信息，可信度高，信息量大，是毕业生获取就业信息最直接、最有成效的途径之一，是毕业生获取就业信息的主渠道。

(三)传播媒介

报刊、广播、电视等传统媒体历来关注高校毕业生的就业情况。一些用人单位的简介、需求信息、招聘启事等都会在当地主要媒体刊登、播报，或在报纸开辟专栏登载招聘信息。每年在大学生毕业择业之际，广播、电视、报纸、杂志上都有大量关于大学生就业的信息，包括就业政策、行业现状、职业前景、人才需求等方面的报道和分析。这些信息从不同侧面和角度反映了当年大学生就业的整体情况，受到招聘机构和求职者的认同和青睐。近年来，随着国家和社会对大学毕业生就业工作的重视，有关大学生就业的专业媒体不断增加。报刊、广播、电视等传统媒体发布的就业信息具有传播面广，竞争性强，时效性快等特点，是毕业生不可忽视的一条重要的就业信息收集渠道。

1. 报纸杂志

《中国大学生就业》杂志是由全国高等学校学生信息咨询与就业指导中心主办，全国唯一的大学生就业类刊物，是大学生就业战线的窗口，该刊物为半月刊。上半月刊侧重学生就业创业指导和就业战线的最新动态。下半月刊侧重大学生就业创业的理论研究和探索，刊登就业创业研究相关的纯学术性论文，分为《理论前沿》《人才培养与就业》《就业指导》《职业生涯规划》《创业创新》等栏目。

《中国就业》杂志由中华人民共和国人力资源和社会保障部主管、中国就业促进会主办，是我国劳动就业工作和就业服务战线唯一的国家级期刊，是政府劳动就业职能部门、各级劳动就业服务与培训机构、大中型企业劳动人事部门、人力资源研究与各服务机构及大专院校就业指导中心等必备的就业指导杂志。该刊物为就业服务战线的基层工作者搭建了经验交流的桥梁，为大中专院校毕业生、进城求职务工人员、广大求职者提供了就业服务与创业指导。

《毕业生就业指导》报是由教育部高校学生司和全国高校毕业生就业指导中心主办的，专门为毕业生就业服务的专业性报纸，定期为毕业生提供就业信息。

《人民日报(市场版)》主办的《大江南人才》也经常刊登有关用人单位的情况介绍和毕业生需求等信息。

值得注意的是，随着网络媒体和移动客户端的兴起，传统媒体也开发了相应的网络媒体和移动客户端，为求职者提供了更为便捷的服务。

2. 网络

随着互联网的普及，越来越多的用人单位、高等学校和其他一些企事业单位，在互联网上发布大量用人信息。一些网站以就业政策咨询为主，一些网站以提供就业需求信息为主，还有一些网站为应届大学生介绍求职经验，提供就业指导，帮助其进行职业生涯规划分析。网络求职是近年来在大学毕业生中比较流行的方式。用人单位和毕业生将招聘信息与求职信息上网公开，用人单位和毕业生可以通过网络进行互选、直接交流。

网络求职，最大的优势在于即使毕业生身处异地也能获得大量的招聘信息及就业机会，突破了人才信息与招聘信息难以沟通的种种限制，打破了单向选择的人才交流传统格局。随着我国就业工作信息化进程的加快，网上搜寻就业信息已成为如今大学毕业生最常用的求职手段之一。

(四) 大型供需招聘会

大型供需招聘会是人才供需信息的聚集地。目前各省(区、市)和各市、县每年都会定期或不定期举办各种形式的招聘会，为大学生提供择业、就业机会。

高校单独或联合举办的毕业生供需见面会、洽谈会，各地市举办的主要面向本地区的用人单位和毕业生的供需见面会及定期举办的人才市场招聘会，能在较短的时间内汇集众多用人单位和大量的需求信息，因而时效性很强，对于毕业生来讲，高校举办毕业生供需见面会的针对性更强。各地有关主管部门每年也组织几次大型供需见面会，有的还分季节、分专场(场次)，这些供需见面会组织正规、规模大，参加的用人单位多，信息量丰富。还有社会各级人才市场举办的与大学毕业生有关的招聘会，这类招聘会规模较大。

招聘会一般是由政府所辖人才机构及高校就业中心举办，主要服务于待就业群体及用人单位。招聘会一般分为现场招聘会和网络招聘会两类，日常所讲的招聘会通常指的是现场招聘会。常见的招聘会有应届生专场招聘会、大型综合招聘会、行业人才招聘会、中高级人才招聘会等。应届生招聘会即校园招聘会，一般由学校就业办或者省(区、市)毕业生就业指导中心于每年的9~11月或3~4月举办，主要面向即将毕业的应届生。大型综合招聘会一般选址在大型的展览中心或广场等集会场所，可以吸引百家甚至千家各种行业、类型公司前来现场招聘人才，通常情况下，参展人数以万计。行业人才招聘会即为特定行业的人才招聘会，如IT类人才招聘会等，前来的求职者多以该行业和职业类型为求职目标。中高级人才招聘会一般面向拥有3~5年以上工作经验的中高级人才，也称为"邀约式面试"，招聘会举办方通过电话、短信、网络等邀约面试人员在指定日期参会。此类招聘会参与企业通常拥有较高的知名度，有些企业具有猎头性质，供职人员的年薪较高。

现场招聘会上应聘者能与招聘人员进行面对面沟通，进一步了解单位和岗位的信息，同时能了解到一些职场和行业的相关信息。相应免去了应聘者简历的预考程序，直接进入正考。但此类招聘会如秩序控制不佳，易造成场面混乱、招聘类型分类不细等问题。

(五)宣讲会和校园招聘会

1. 宣讲会

宣讲会一般是指企事业单位在社会公开场合、校园等场所开设与宣传、拓展及招聘相关的主题讲座，主要向招聘对象传达相关组织、团体或企业的情况。宣讲会的形式也是多种多样的，一般是招聘组织宣讲情况再对宣讲对象的提问进行回答，地点大多选择在知名院校的礼堂、体育馆或者综合学术报告厅等。

宣讲会的主要内容涉及介绍用人单位、社会组织及团体的性质、影响、行业诉求、案例、业绩等信息内容，旨在宣扬自身文化、精神、目标等，提升自身的社会影响力，提高公众关注度，同时兼顾宣讲主体的社会责任义务，推进企业、社会组织及团体的社会认知度。

宣讲会分为现场宣讲、网络宣讲等形式。现场宣讲可以使企业和宣讲对象面对面进行交流，通过现场提问作答的方式增进彼此的了解，易于营造气氛促成理想的双边考察效果。其中校园宣讲会不仅是吸引大量人才的平台，也是企事业单位在未来主力消费群体中打造品牌影响力的舞台。校园宣讲会的内容直接影响大学生对企事业单位的印象和认知，一般来讲，参与校园宣讲会的企事业单位都是有备而来的，做了充分准备。

网络宣讲具有不受地域限制、图文并茂、可保存及无线复制传播等优点，为越来越多的企业所青睐。从2005年开始，很多企业就同各类网站合作举行在线宣讲会，大多数采取问答形式，由于互动效果较好且结果能得以保留，在线宣讲会现已成为多数企业校招采用的方式。2008年后，随着校招企业越来越多，参与的学生人数也呈直线上升。一些企业开始尝试举办在线视频宣讲会，通过视频宣传片、在线直播宣讲会等各种形式来扩大单位的校园招聘影响力。

2. 校园招聘会

高校校园招聘会是大学生就业的重要途径之一，它是针对本校应届毕业生向用人单位开设的专场招聘会。校园招聘会一般是高校根据本校当年毕业生人数、专业、层次等情况，来确定校园招聘会性质、规模、范围等，并有针对性地向用人单位发出邀请，在规定时间、地点组织相关行业的用人单位开展人才选拔，便于用人单位和毕业生进行"双选"，为毕业生提供了公平的招聘环境。参加校园招聘会的用人单位一般由学校主管就业工作的部门主动邀请，因此用人单位得具备一定的声誉，可信度较高，相对可靠，同时，降低了毕业生的应聘成本，校园招聘会受到高校应届毕业生的青睐。

一般来说，到高校参加校园招聘会的用人单位以民营企业居多，股份制企业其次，政府机关或事业单位较少。这些用人单位以招聘应用型人才居多，这也促使高校学生在校期间，注重提升专业素养、专业知识和专业技能，提高自身运用专业技能投入实践的应用性能力。

(六)高校毕业生就业服务周

"高校毕业生服务周活动"是人事部门组织开展的全国性、为高校毕业生提供就业服务的公益性活动。"高校毕业生服务周活动"是在人社部统一部署与安排下，由各级人事部门及人才中心、人才市场、人才信息网站、毕业生就业网站共同参加，在全国范围内以统一时间、统一名称、统一宣传的方式进行。其间，各地将举办现场招聘会，参会用人单位提供职位及拟招聘岗位等需求。此外，服务周期间将设置网站举办网络招聘会，发布用人单位、招聘职位、招聘岗位等信息。

(七)社会实践和毕业实习

大学生的社会实践和毕业实习的经历（环节），为他们提供了直接与社会、用人单位接触的机会。大学生通过参加社会服务、社会实践、毕业实习等，不仅开阔了眼界，积累了社会实践经验，提高了就业能力和就业竞争力，还能进一步加深对用人单位的了解与认识。一些在社会实践和毕业实习过程中表现突出的学生，会直接被该用人单位优先录用或者被用人单位推荐至相应的用人单位，提前就业。

(八)公众微信号

目前,在公众微信号上发布就业信息已极为普遍。广大青年学生越来越喜欢通过公众微信号查阅信息。

"中国大学生就业"微信公众号的账号主体是全国高等学校学生信息咨询与就业指导中心。该微信公众号全景展示了当前大学生就业创业动向和工作动态,并发布就业政策、职业规划,以业内前沿视角,提供求职、企业招聘、学历认证、职业测评等实用信息,为大学生求职创业提供全方位的服务。

但值得注意的是,在公众微信号上获取就业信息时,特别是通过非就业类官方微信公众号搜索就业信息时,大学生应结合学校就业指导相关课程所学知识、就业信息官方网站上发布的信息,甄别就业信息的真伪,谨防被虚假信息所骗。

四、选取适合自身的就业信息

(一)筛选就业信息

大学生应对通过各种渠道和途径获取的就业信息进行筛选处理,有目的、有针对性地进行排列、整理和分析,使需求信息具有准确性、科学性和有效性。筛选就业信息应注意以下方面。

1. 善于鉴别

大学生应保持冷静的心态。事实上,很多求职陷阱都有破绽。例如,以某种名义向大学生索取钱财,这是明显的可疑行为。但是,由于人在本能上有趋利避害的心理,往往在此时不容易保持冷静,产生一种侥幸心理,认为或许付出几百元就能获得职位。

通过多种途径获得的就业信息可能会显得杂乱无章,真假难辨,这就需要大学生进行科学的鉴别,学会识别真伪,将过时、虚假的信息剔除,确保信息的真实可靠。要从不同的角度正视和澄清疑点,全面了解信息的内容,尽可能掌握更多的情况,避免上当受骗。

2. 把握重点

对与己有关的有用信息要按重要程度排队,分清主次,这样可以避免在求职过程中走弯路。因为将时间花在一般信息上,会浪费精力,甚至错过机遇。信息并不是个人所独有的,而且具有明显的时效性,谁赢得了时间,谁就可能抢占主动,捷足先登。

3. 了解透彻

对于重要的信息,要注意寻根究底,争取对所掌握的信息状况有一个清楚的认识,有些情况还需要从多方面去做深入了解。详细掌握这些信息,大学生在随后的应聘过程中可处于主动,让招聘者从情感上首先接纳自己。

4. 适合自己

信息是否有价值,关键看它是否适合自己,这一点是筛选信息的核心。好高骛远、盲目从众、迷失自我,都是筛选信息之大忌。不顾自己的爱好和专长,一味考虑就业待遇和地点,即使侥幸在求职中取得成功,问题也会在以后工作中逐渐暴露出来。

(二)求证就业信息

对于那些已经筛选过的信息,毕业生还要做一些求证工作,以验证自己对于这些就业信息的真实性、时效性和价值性的初步推断。例如,可以通过电话咨询、网上查询、实地访问等方式了解用人单位各方面的情况,还可以通过对该单位比较熟悉的亲朋好友或学长等了解有关情况,以此来修正和补充有关的就业信息。

(三)归类就业信息

就业信息虽经筛选和求证,但仍纷繁复杂。毕业生不管是查询还是利用这些就业信息,都还不太方便,因此还需要对所有信息加以归类。毕业生不妨以就业信息的各种属性为依据,分门别类地加以整理,如按政策、趋势、岗位信息等分别归类。例如,与就业有关的岗位信息,则可以根据自己的就业意向,按其行业、薪资、前景、兴趣、离家远近等进行归类整理,必要时,可赋予各岗位信息不同的分值,最好能做成相应的数据库。通过归类,毕业生可以详细分析各种就业信息,并进行比较,最后做出决定。

(四)利用就业信息

只有充分利用那些可用信息并顺利完成求职择业的过程,才算达到了收集信息的目的。在求职过程中,大学生应学会利用好手中的就业信息,及时出击,全面提高,互通有无,在有限时间内找到一份令自己满意的工作。

课堂活动

求职准备度评估

求职准备度评估		
序号	内容	分数(1~10)
1	是否清楚自己的职业兴趣？	
2	是否清楚自己能够胜任的工作类型？	
3	是否盘点过自己的优势资源并有效应用？	
4	是否清楚获得用人单位招聘信息的各种渠道？	
5	是否了解用人单位的招聘流程、渠道和用人条件？	
6	是否明确自己将要申请的职位、企业、行业？	
7	是否掌握简历撰写的技巧并准备好简历？	
8	是否知道一般用人单位面试的流程、面试的常用方式，并知道如何应对？	
9	是否知道目标用人单位的笔试方式和重点内容？	
10	是否知道求职过程会有挫折和风险，并掌握了调整心态的方式方法？	

你的分数是(总分100分)：
80分以上为准备特别充足，60~80分为一般，低于60分为需要加强。

▶ 任务三　就业信息的处理和使用

一、撰写就业信息报告

大学生对就业信息进行收集、筛选后，最好能形成一份就业信息报告。

撰写就业信息报告要求对每一类适合自己的就业信息进行分析。一般来说，就业信息报告应包括以下几个方面。

（一）职业内涵

从宏观来看，就业信息报告包括职业名称、职业性质、职业内容、职业前景等。具体到每一个应聘单位来说，包括工作环境、工作地点、待遇福利等。

除了对上述职业及具体工作岗位的一般了解外，就业信息报告中还应介绍这份职业或具体的工作能满足自己哪些需要。这也为接下来根据具体的求职岗位撰写求职材料及做其他准备打下基础。

（二）人职匹配

在撰写就业信息报告时，要对自己进行一定的评估和分析。重点分析所求岗位与自己的个性、能力、生理条件等是否匹配。

（三）准入资格

就业信息报告要将那些特别重要的部分进行着重强调，例如，有些岗位对求职者的学历、职业资格等有明确要求，类似这种准入资格，一来是对自己的提醒，二来这些准入资格就是一种对相关能力高要求的体现。

（四）招聘数量

招聘数量即本地区所需的人才量或自己原就业地区的某职业的供需状况，具体用人单位的需求岗位及其数量。

（五）招聘手续

招聘手续一般包括招聘时间、招聘地点、招聘方式、联系方式等内容。

二、建立职业信息库

在有针对性的搜集职业信息后，下一步就是建立自己感兴趣的职业信息数据库，增强对职业的理性认识，为未来的职业生涯做准备。建立职业数据库的具体策略就是针对特定职业，采用各种方法，进行职业信息的采集与描述。通过记录具体的职业信息，大学生可以更好地了解和认识相关职业。

(一)职业描述

职业描述又叫职业界定,主要包括职业名称、职责、任职条件、从事该职业所需要的经验技能等。进行职业描述,建立职业数据库,应该遵循完整性、特征性、应用性、辩证性等原则。

(二)职业探索

职业探索通常可以采取查阅、参观、访谈、讨论、实习等方法,建立并管理职业信息库。

(1)查阅是指将个人希望了解的职业方向通过网络、书籍、报刊及有关声像资料进行初步查阅,对其入门所需的基本条件如学历、资格证书、身体条件等进行深入了解。

(2)参观是指到相关职业现场进行短时间观察,以便了解该职业的工作性质、内容、职业环境及氛围,获得实实在在的职业感受。

(3)见习是指到职业场所进行一定时间的打工、义务劳动或实习、实践,可以更深入、更真实地对职业的工作任务、工作要求、工作环境及个人的适应情况进行了解、判断,建立对职业的真切体验和认识。

(4)讨论是指与其他同学共享职业探索的结果。个人探索总有局限性,与其他同学一起讨论感兴趣的职业问题,共享职业探索成果,可以拓宽视野,弥补不足。

(5)访谈是指通过与相关的从业人员,特别是成功的人进行交流,了解相关职业的知识、技能需求、待遇和发展前景。将职业描述与经过职业探索后得到的所有信息进行汇总,并结合自己的实际情况加以筛选和分类,去粗取精、去伪存真、有目的、有针对性地进行排列、整理和分析,从而建立起自己的职业信息库,为职业发展做必要准备,将会为成功就业增加有力筹码。

以职业信息搜集与分析方法搜集职业信息,在时间上要注意动态性,以掌握用人单位发展过程中的变化和趋势;在空间上要讲求全面性,以了解各地区、各部门、各行业人才需求状态;在内容上要注意信息的广泛性,认真分析影响求职择业的各种影响因素。

(三)职业信息库

搜集和整理职业信息要深入分析职业,了解职业信息的基本要素,进而对职业信息进行加工和处理,建立职业信息库。

1. 职业信息包含的要素

①职业名称。

②职业性质。如是简单劳动还是复杂劳动。它反映该职业在职业结构及国民经济中的地位与作用。

③职业内容与特点。即回答该职业做什么、为什么做、怎么做等问题。

④工作环境。如工作在室内还是户外,用何种工具进行工作,工作时间的特点

及工作条件等。

⑤工作待遇。包括工资、奖金、保险、住房等。

⑥职业前途。如晋升机会、今后的发展方向与趋势、个人发展的可能性等。

⑦职业对从业者的要求。不同职业对人的要求是千差万别的，但都包括以下几个方面：对从业者体力、身高、相貌、健康及有无生理缺陷等生理素质的要求；对从业者兴趣、气质、性格、能力等心理素质的要求；对从业者思想作风、职业道德等思想素质的要求；对从业者学历、专业、知识结构等文化素质的要求。

除此之外，还应分析职业的地域特点、行业特点、单位特点和岗位特点。不同的岗位决定了该职业在职业活动中的不同地位和作用，该岗位人员的数目、年龄及文化程度的结构、专业的构成等，会对从业者的发展产生影响，甚至岗位的团体规范（包括非正式规范）都会对从业者的适应性产生影响。对这些问题了解得越多，求职择业的主动性和科学性就越强。

2. 职业信息的加工和处理

了解职业信息的基本要素后，接着就是对职业信息的加工与处理。在广泛搜集职业信息的基础上，要对职业信息进行整理、分析和排列，去伪存真，去粗取精，使信息具有准确性、全面性和有效性，更好地为求职择业服务。由于职业信息具有较强的时效性，必须不断更新才能保证职业信息的实用性。

课堂活动

整理高权重求职信息库

通过各种渠道和方法,搜集整理与个人求职目标相关的就业信息,择其精要,记录在表2-1和表2-2中。

表2-1 个人就业信息管理资料表

项目	招聘职位一	招聘职位二	招聘职位三
搜集时间			
单位名称			
单位性质			
招聘专业			
招聘人数			
学历要求			
所在地或网址			
联系部门或联系人			
联系电话			
电子邮箱			
备注			

表2-2 用人单位基本情况数据库

项目	用人单位一	用人单位二	用人单位三
单位名称			
单位性质			
单位规模			
招聘岗位			
专业要求			
学历要求			
特长要求			
时效性			
地域要求			
薪资待遇			

项目二 就业信息放大镜

将所有搜集到的就业信息由重要至次要作一个排序,从中选取对自己重要的信息进行分析,一般的信息仅供自己参考。这样有利于自己逐步明晰求职的重点目标。就业信息的排序方法,可以参考下述方法:将各影响因素按照优先考虑的程度赋予不同的分值(3~5分),分值越高表示重要程度越高,应放在优先考虑的位置,具体见表2-3。把自己的就业目标单位筛选出来,填在表2-4中。

表 2-3　就业信息排序考量因素划分表

单位名称	重要程度	匹配度
	一级(很重要) 5分	是否与自身专业和定位相符合
	二级(重要) 4分	是否产生认同感 能力是否符合要求
	三级(一般重要) 3分	是否符合自身期望

表 2-4　就业目标单位记录表

顺序	名称A	名称B	名称C
最想去的			
理想的			
比较满意			
一般单位			
保底单位			

课外实践

绘制你的工作花朵图

求职是一个个性化强和实践性强的行动过程,从自我认知、环境认知到求职定位都带有明显的个性,且必须亲历的行动过程。下面介绍一种比较经典的求职定位工具——"花朵图"。"花朵图"是美国职业指导大师、畅销书作家理查德·尼尔森·鲍利斯创造的职业规划经典工具之一。"花朵图"包括7个部分(见图2-2),花蕊部分是你擅长的技能,也是你的目标、事业和工作。围绕它们的是6片花瓣,按照相关性排序依次为：地理环境（哪里？），领域（兴趣或特殊知识决定），人事环境，价值、近期目标和远期目标，工作环境，薪水和责任级别。完成这个"花朵图"，识别它在哪一类环境中能繁荣起来，这一环境，就是你最理想的工作。

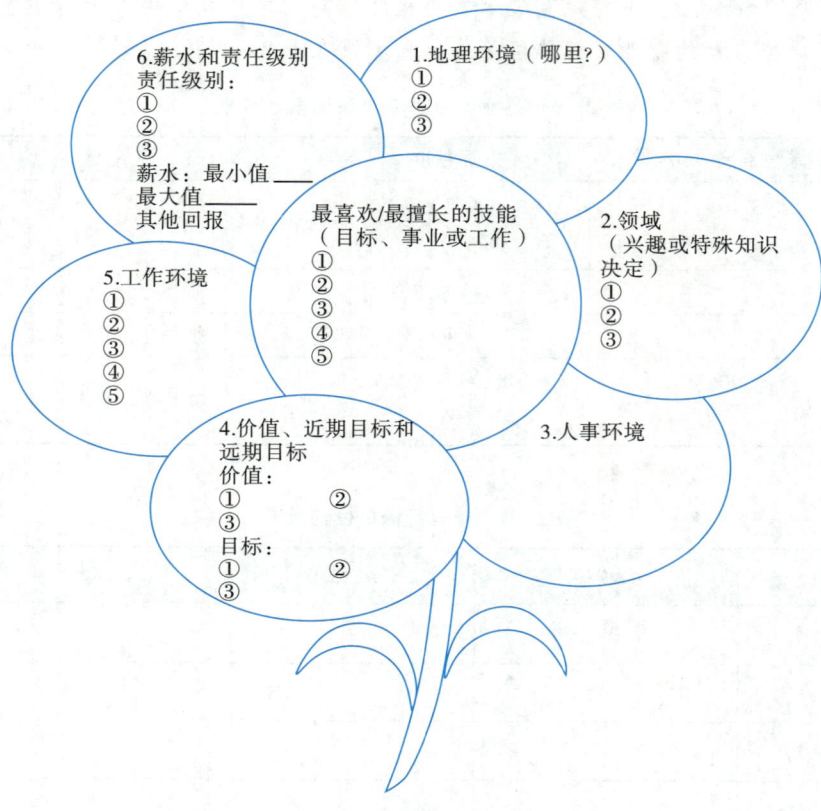

图2-2　工作"花朵图"

"花朵图"的具体做法如下：

第一步（花蕊）：盘点你的才能，了解自己最喜欢/最擅长的技能。

在这一部分，你需要明白：你最擅长的才能是什么？你的求职目标是什么。

认真阅读表2-5中"问题"栏的内容，并根据自己的情况将答案填写在"自己的答案"栏内。根据"自己的答案"栏的内容填写"这个答案中使用了哪些技能"栏。例如，你喜欢的工作是"策划活动"，在这个答案中使用的技能包括创意、组织和沟通等。

①综合"自己的答案"和"这个答案中使用了哪些技能"初步定位求职目标。定位的职业中应该涉及前面提到的这些技能，并与自己给出的答案能够有重叠部分。

②列出自己的求职目标（3～5个），并根据自己的倾向排序填写到表2-6中。

③将这3～5个求职目标填写在图2-2中的花蕊部分内。

项目二　就业信息放大镜

表 2-5　我最擅长的技能

序号	问题	自己的答案	这个答案中使用了哪些技能
1	你能做什么？		
2	你喜欢做什么工作？		
3	你擅长做什么工作？		
4	什么能引起你强烈的兴趣？		
5	你真正喜欢做的事情是什么？		

表 2-6　我的求职目标（按照自己的倾向排序）

排序	求职目标
1	
2	
3	
4	
5	

第二步：（第一片花瓣）：你喜欢什么样的居住环境。

这是一个非常关键的问题：如果你可以选择，你喜欢住在哪里？如果你喜欢现在的环境，或者深陷在现在的环境中，那么你可能永远不会知道未来是否有机会突然为你敞开大门。所以要做好准备，现在就开始这项练习吧。

你需要回答的问题是：如果可以选择其他地方，你最喜欢在哪里生活和工作？列出具体地名前，先列出一系列对你至关重要的地理环境因素，这是非常有必要的，请将随后的表 2-7 填满。

①列出你以前住过的地方（市镇或城市等），填入表 2-7 第 1 栏。

②列出每个地方你过去不喜欢或者至今仍不喜欢的因素。答案可能会重复。在每个地方，都要将能想起来的因素全部列出来。所有这些负面因素填入表 2-7 第 2 栏。

③将每一个负面因素都转换成正面因素。注意，未必转换成它的对立面。例如，"总是下雨"并不是转换成"总是很晴朗"，转换成"一年至少有 200 个晴天"更好些。当然，这由你自己决定。将所有正面因素填入表 2-7 第 3 栏。将你能想起来的第 1

栏中所列地方的正面因素也填入第3栏。

④将第3栏的正面因素，按重要性进行排序。例如，交通方便、四季如春、文化氛围等。按照确切的顺序在表2-7第4栏中列出排在前10位的正面因素。在排序过程中可以采取两两对比的方法。

⑤将优先选出的前10个正面因素告诉你认识的每一个人，问问他们，是否有一个地方能同时拥有这10个正面因素，或大部分正面因素。从他们建议的地方中，选择你最感兴趣的3个地方，按照自己的倾向排序。将这些地方填入表2-7第5栏。

⑥将表2-7第5栏中的3个地方填写在图2-2中"地理环境"的花瓣内。

表2-7 我的地理环境偏好(选择3个)

第1栏	第2栏	第3栏	第4栏	第5栏
我居住过的地方	负面因素	将负面因素变正面因素	我的正面因素排序	符合这些标准的地方
例如，北京 城八区 远郊区县 ……			1. 2. 3. 4. 5.	a. b. c. d. e.

第三步：(第二片花瓣)：领域，即你的最大兴趣或专业。

在这部分，你要详细了解自己最喜欢的专业或兴趣，可以通过以下步骤完成。

①认真阅读表2-8中"问题"栏中的10项内容，将你的答案填写在"答案"栏。

②将你填写好的10个答案根据兴趣倾向进行排序，将序号填写在"排序"栏中。

③将你选出的前3个答案挑选出来。这些答案(兴趣)对你而言意味着什么领域。

④将你的前3个答案填写到图2-2中"领域"的花瓣内。

表 2-8 我最喜欢的专业或兴趣（选择并排序）

问题	答案	排序
你的嗜好或兴趣是什么？		
你喜欢谈论什么话题？		
你喜欢阅读什么类型的杂志？		
你喜欢阅读报纸上的什么文章？		
你喜欢在书店的哪类书架前停留？哪方面的书令你着迷？		
你喜欢浏览什么网站？它们属于哪个专业？		
看电视，你喜欢看什么样的节目？哪个科目的教育节目？		
所学课程目录中，哪个你真正感兴趣？		
如果要写书，除自传外，你想写哪方面的？		
什么工作会让你全神贯注，废寝忘食？		

第四步（第三片花瓣）：你的职业倾向（人事环境）。

这一部分需要你通过寻找自己的霍兰德密码（见图 2-3），了解你的职业倾向（人事环境）。这部分内容可以在相关网站的人事测评工具中完成，请你将这部分的内容填写到图 2-2 中的"人事环境"的花瓣内。

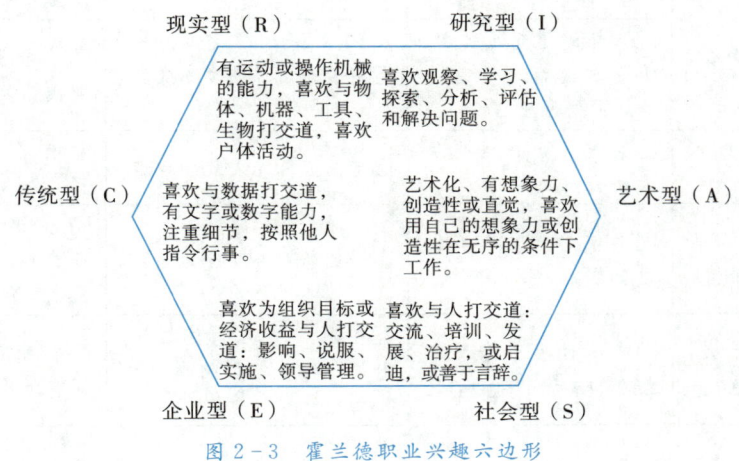

图 2-3 霍兰德职业兴趣六边形

第五步（第四片花瓣）：你最重视的价值与目标。

这个部分需要你澄清自己最重视的价值和目标，找出自己最重要与最关注的 3 个价值和目标。每一天、每件事或每次与人打交道的过程中你做过的有意义的事和好事，这些事往往能够被自己或他人记住。你可以通过以下步骤完成这个部分。

①认真阅读表2-9中的内容，选出你最关注的价值，并在这些项目前用"√"做好标记。

②在标记的项目中按照你的倾向选择10项最重要的价值，并按照自己认为的重要程度进行排序。

③将你的前3个价值填写到图2-2中"价值、近期目标和远期目标"的花瓣内。

④想一想有生之年你想做什么，这会让你更明确现在的职业选择方向。然后，认真阅读表2-10中的内容，这些内容中是否有你一生希望完成的事情，在这些项目前用"√"做好标记。

⑤在标记的项目中按照你的倾向选出10项最重要的目标，并按照自己认为重要的程度进行排序。

⑥将你的前3个目标填写到图2-2中"价值、近期目标和远期目标"的花瓣内。

表2-9 我最重视的价值(选择10个)

□帮助那些需要帮助的人	□修理破损的东西	□能给世界带来更美的事物	□组织团队，使其在领域、行业或者社区中脱颖而出
□不遗余力地帮助他人	□能做到别人失败或放弃的事情	□能给世界带来更多的正义、真理和道德行为	□好的决策者
□是一个很好的听者	□改善事情，使之更好、更完美	□智慧和同情心的增长是我的目标	□被人视为领导者，能够为自己的所作所为负责
□擅长执行命令，完成任务	□与坏的思想、哲学、力量和流行趋势做斗争，并能胜出	□有梦想，并使梦想成真	□在我的领域、行业或社区中有地位
□精通某些技术和领域	□影响人，并取得巨大反响	□能从零开始发展和建造	□有名气，被人认可，为人关注
□能做到别人认为不可能的事情	□具有影响力，能促进变革	□开创新业务并善始善终	□在名声、地位、资格或者薪水方面更上一层楼
□无论做什么，都做得很出色	□能给世界带来更多信息和真理	□在别人发现潜力之前，利用、创造并影响形势和市场	□在物品、金钱方面有所收获
□我的其他目标：			

表 2-10　我希望完成的最重要目标(选择 10 个)

□衣服	□交通	□个人咨询和指导,处理家庭或人生当中的不协调
□食物	□法律服务	□求职和就业,找到理想的工作
□住房	□儿童发展	□人生或者工作计划,规划职业或有意义的人生
□语言	□身体健美	□学习和培训
□个人服务	□保健服务	□娱乐,满足人们娱乐、高兴、机智和美丽的需要
□财务	□医疗	□精神,了解自己的灵魂和价值及原则
□购买	□心理保健	□动物和植物
□其他目标,上面未列出但我喜欢的		

第六步(第五片花瓣):你喜欢的工作环境。

在这一部分,你需要明确"在什么样的环境下你的工作效率最高?"这与环境对植物生长的影响相似,西汉《淮南子》中说:"橘生淮南则为橘,生于淮北则为枳,叶徒相似,其实味不同,所以然者何? 水土异也。"其意即为土壤环境改变了植物的特性。同样,人们在特定条件下能够发挥优秀,在另一种条件下则不能正常发挥。这与工作条件的关系很密切。获得答案最简单的方法是,从以前学习或工作中不喜欢的东西开始,将它们列到表 2-11 中,可以参照第二步中表 2-7 的填写方法。

①列出以前曾经学习或工作过的地方,在校大学生一般没有工作经历,但有实习或社会实践经历,可以选择这些地方,填入表格第 1 栏。

②在 A 栏中填入"不喜欢的工作条件"。例如,管制太多、经常加班、工作场地过于拥挤等。

③根据你个人的倾向,按照重要性进行排序,填写到 B 栏中。

④想一想 B 栏中列出的负面因素的"正面"形式,填入 C 栏。不用是绝对的对立面。例如,管制太多的"正面"形式不是没有管制,"适度管制"更为妥当。

⑤将你认为能提高工作效率的 5 个因素填写到图 2-2 中"工作环境"的花瓣内。

表 2-11 我的地理环境偏好(选择 3 个)

我曾经工作过的地方	A 栏(一) 不喜欢的工作条件	B 栏(一) 不喜欢的工作条件排序	C 栏(+) 提高工作效率的关键因素
	过去在这样的条件下工作时,工作效率下降	将 A 栏中条目,从最不喜欢的开始排序	将这些因素的对立面,以一定的次序排列

第七步(第六片花瓣):薪水和责任级别。

薪水是定位理想的工作和职业必须预先考虑的因素,而薪水往往与责任级别是对应的。完成这个部分需要你完成以下几个步骤。

①在定位的理想的工作中,你希望承担的工作级别是什么?请在表 2-12 中选择 2~3 项,并用"√"做好标记。

②用 2~3 个词总结你的答案,将你总结的 3 个词填写到图 2-2 中"薪水和责任级别"的花瓣内。

③你的目标薪水是多少?在这里,你必须考虑最小值和最大值。最小值是你必须赚取、勉强度日的最少收入。最大值可以是你能想象的天文数字,但如果列出与你现在的能力和经验相符的数目,可能更有用。也就是说,这个最大值是你实际上能得到的,而不是虚夸的,如果非常低,列出你今后 5 年希望赚到的数目。

④请先阅读表 2-13 中的内容,并将每项内容进一步细化,最后计算出各项的预算金额。例如,服装项,可以细化为购买服装、洗衣服等费用。

⑤将以上 15 项预算金额相加,把结果填写在"每月所需总额"栏内。薪水如果低于这个值,你将不能接受这份工作。

⑥将你总结的 3 个词填写到图 2-2 中"薪水和责任级别"的花瓣内。

⑦除了钱之外,你还希望从工作或职业中得到其他回报吗?按照你的倾向在表 2-14 进行选择,请将所选内容填写到图 2-2 中"薪水和责任级别"的花瓣内。

项目二　就业信息放大镜

表 2-12　我希望承担的工作级别(选择 3 个)

□老板或者首席执行官（这意味着你要开自己的公司）	□经理人或者在老板之下执行命令并且发布命令的人	□团队的领导人
□团队中平等的一员	□与伙伴协助	□独自工作，作为一名雇员、一个公司的咨询顾问或者经营一个人的公司

□其他级别，上面未列出但我希望承担的级别：

表 2-13　我一月内的所需开支(理想预算、最低预算)

单位：元

住房：	交通：
食品：	保险：
服装：	医疗：
娱乐：	通讯：
教育：	税金：
账单和债务：	存款：
供养其他家庭人员：	养老金：
其他临时支出：	
每月所需总额：	

表 2-14　我还希望从工作或职业中得到的其他回报

□冒险	□挑战	□尊敬	□影响
□欢迎	□名誉	□权力	□与同事竞争
□做领导的机会	□决策的机会	□使用专业技能的机会	□帮助他人的机会
□其他：			

好书推荐

1. 简·博克，莱诺拉·袁：《拖延心理学》，中国人民大学出版社.

2. 阿维纳什·K. 迪克西特，巴里·J. 奈尔伯夫：《策略思维：商界、政界及日常生活中的策略竞争》，中国人民大学出版社.

项目三　打造击中人心的求职简历

本章要点

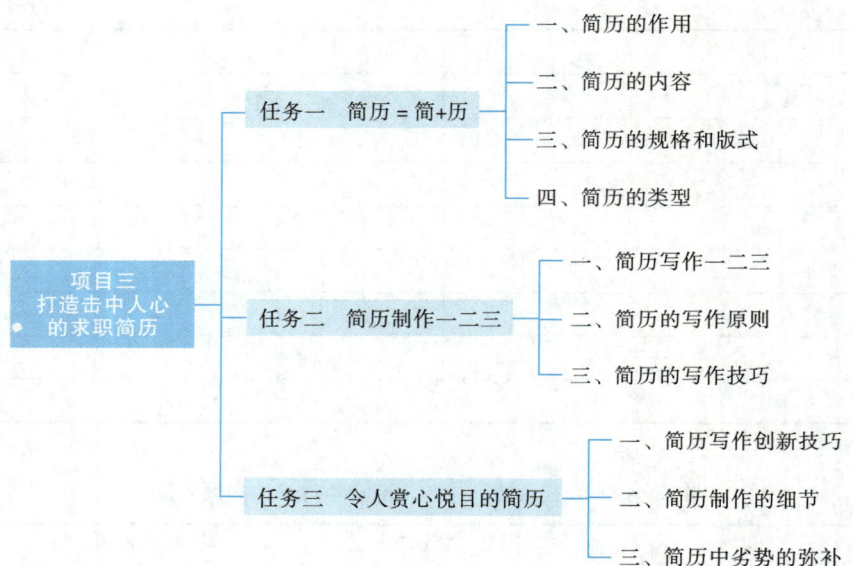

学习目标

1. 知识目标

理解简历的作用和构成要素。

了解简历的写作技巧和写作原则。

2. 技能目标

掌握简历的写作技能，提升书面沟通能力。

掌握简历优化与投递技巧，提升"命中率"。

能够根据自身需要优化和创新简历。

项目三 打造击中人心的求职简历

3. 素质目标

在制作简历的过程中坚持诚信的价值准则，树立长期职业发展思维。

生涯智慧

才德全尽谓之圣人，才德兼亡谓之愚人，德胜才谓之君子，才胜德谓之小人。

——司马光

案例引入

越长的简历越好吗

黄霞（化名）是环境工程技术专业一名大三的学生，即将面临求职的问题。求职的第一步便是写好一份简历。

黄霞拿着自己熬夜写的一份简历到处投递，却屡屡碰壁。他认为这是他写得最好的一份简历，为了让用人单位能够全面了解自己，他的简历整整有十多页，他把自己从出生到大学的经历全都写上了。甚至为了能让招聘单位的 HR 一眼相中他，他还用 PS 做了一个非常漂亮的封面。这么用心地打磨简历，黄霞始终想不明白为什么没有企业给他发面试邀请。在经过十多次的失败后，黄霞去询问老师。

在老师的帮助下，黄霞清楚地知道了自己在制作简历时犯的错误。

首先，黄霞的简历篇幅过长，企业单位的 HR 面对众多应聘者，不可能用大量时间去看十多页的简历，他们最想看到的是与岗位需求相关的能力和经历，其他无关信息根本没时间看。调查显示，招聘单位的 HR 浏览一张简历的平均时间是 15～30 秒，在这段时间内，如果抓不到重点就没有耐心看了。黄霞后来取其精华，将简历控制到了 1 页，删去了多余的内容，同时保留了一些重要的细节。

其次，黄霞的简历封面太花哨了，给人一种华而不实的感觉，当招聘单位 HR 打开简历时往往会觉得简历内容配不上封面。所以黄霞后来制作了一个简洁大方的封面。同时黄霞之前的简历使用的照片是随手拍的生活照，不够正式，显得不够认真。所以黄霞后来拍了一张蓝底穿西装的证件照放上去。

经过这些调整，黄霞不仅获得了不少公司的面试邀请，而且很快获得了自己想要的岗位。

任务一　简历＝简＋历

一、简历的作用

简历，被喻为求职的"敲门砖"。个人简历是求职者向用人单位推荐自我的书面材料，简历的优劣很大程度上影响着求职的成败。一份优秀的简历是求职者取得面试资格的通行证，会给用人单位留下一"简"钟情、简而有"力"的印象。制作一份高水平的简历并有效投递简历，是成功求职的开端。简历制作得好与差、简历投递方式是否得当，都直接关系到求职者能否进入后续的招聘环节。

顾名思义，简历可以定义为"简单"＋"经历"，是求职者的一张名片，将教育背景、实习情况、实践经历、所获荣誉等人生经历浓缩在一张 A4 纸上，突出"我为什么适合这一岗位"这一要点。

求职与招聘对应的是求职者与招聘方互相了解、互相匹配的过程。对求职者来说，写简历的目的就是要在有限的空间和时间中将自己与招聘方职位需求最相关的个人特质展示给招聘方，吸引招聘方的关注，从而获得笔试、面试的机会。所以，求职者在写简历、投递简历前应先做到知己知彼（图 3-1），方能在求职过程中百战不殆。

图 3-1　求职中的知己知彼

相关测算表明,对于招聘单位的 HR 来说,为了加快简历筛选速度,阅读每份简历的平均时间在 30 秒以内。那么,如何在这短短的时间内让自己的简历吸引 HR 的目光,给 HR 留下深刻的印象,并在众多应聘简历中脱颖而出,则成为所有求职者在简历制作时必须面对和思考的问题。只有做到知己知彼,将自己的特点及优势与招聘方的要求一一对应,在简历中充分突出与招聘方具体职位要求所匹配的专业素质、经验技能等,才能增加简历通过筛选的概率。

二、简历的内容

简历主要包括个人基本信息和个人具备的能力和经历两个部分。

(一)个人基本信息

个人基本信息包括姓名、求职意向、照片、联系方式等,见表 3-1。

表 3-1 个人基本信息

个人信息	准备内容	雇主感兴趣的内容
姓名	自己名字	
求职意向	了解求职岗位的必要信息和能力要求,简历后续内容都以此为标准	具体的岗位,越细越好,最反感岗位模糊或者岗位多投
照片	根据雇主要求和岗位内容选择一张适合的照片	主要看求职者的气质和岗位是否匹配,形象气质佳占优,雇主没有要求贴照片时可以不贴
联系方式	邮箱和手机即可	能快速联系求职者的方式

(二)个人具备的能力和经历

个人具备的能力和经历最好有证明,包括教育信息、校内实践活动和其他特长等,详见表 3-2。

表 3-2 个人具备的能力和经历

能力和经历	准备内容	雇主感兴趣的内容
教育信息	你的专业是什么?	生产或研发型岗位参考求职者的专业和应聘岗位是否符合,营销类岗位基本不关注
	取得过什么学位?	对于学位要求,主要看求职者的学历水平
	学习成绩如何?	对于技术型岗位,看求职者的 GPA;对于成绩无要求的岗位,可以略过
	学习方面得过什么奖吗?	奖项是否和岗位能力相匹配,是否有含金量?
	获得过什么样的证书和认证?	证书和认证是否和岗位需要能力匹配
	所毕业学校?	学校的类型会成为参考的一个标准,重点学校会加分

续表

能力和经历	准备内容	雇主感兴趣的内容
校内实践	销售方面的实践：你做过销售类的职位吗？做过的话，取得过什么成就？	求职者在销售实践中体现出来的能力，学习到的知识，取得的成就是否和岗位符合（营销型岗位看重）
	行政方面和管理：你做过行政或者管理过业务部门吗？如果做过的话，取得过什么成就？	求职者在该类实践中体现出来的能力，学习到的知识，取得的成就是否和岗位符合（运营型岗位看重）
	项目预算或者管理：做过项目预算或者管理吗？	求职者在项目预算或管理中体现出来的能力，学习到的知识，取得的成就是否和岗位符合（运营型岗位看重）
	活动策划或后勤管理：组织过任何活动或会议吗？	求职者在策划或管理中体现出来的能力，学习到的知识，取得的成就是否和岗位符合（运营型岗位看重）
	电脑水平：你会用哪些系统、软件和硬件？水平如何？开发过软件、应用吗？	基本的电脑操作能力和专业电脑开发能力，参加过什么项目，获得什么成就（技术型岗位比较看重）
	出版物及演讲嘉宾：在任何报纸、杂志、论文集上发表过文章、论文吗？在任何会议上担任过演讲嘉宾，或者进行过公众演讲吗？	考查求职者的表达能力和专业能力
其他特长	有没有什么和大多数同学不一样的经历或者特长？	主要看求职者的能力和才干是否有和岗位匹配之处

三、简历的规格和版式

无论简历内容多么丰富，如果没有使用好的规格和版式，也会造成简历最大效益的丧失，因为 HR 更希望看到疏密有致、主次分明的简历，所以大学生在制作简历时，除了要思考简历的内容外，还要特别留意简历的规格和版式。

（一）中文简历的规格及版式

1. 中文简历的规格及版式

(1)简历的篇幅。对应届毕业生来说，简历的篇幅最好控制在一页 A4 纸以内。如果简历内容实在无法精简压缩至一页 A4 纸以内，那么务必保证将第二页充满三分之二以上，同时，要注意将最相关、最能体现自己优势的信息放在第一页。

(2)字体和字号。在中文简历中，小标题和题头部分的姓名可以用黑体，正文部分一般采用宋体、微软雅黑。尽量避免在一份简历中使用多种字体，少用斜体和下划线。但是可以适当用粗体来进行突出强调,但也不宜使用过多粗体。

中文简历上的姓名一般用大号字,通常为二号字。教育背景、工作或实习经历等每项要素的标题可以用五号黑体字来强调,正文内容通常用五号字。简历写完后,检查所有要素的字体是否协调一致。

(3)留白。虽然说简历以一页为最佳,但不要将简历内容安排得太满太挤,看上去密密麻麻,适当设置页边距留白会让简历更加美观,给人留下更好的印象,也能让招聘单位的 HR 在浏览简历时减少视觉压力。

(4)整齐。在描述工作实习经历、社会实践经历等具体内容时,最好使用项目符号来对齐,注意使用统一的项目符号。

(5)用纸及打印。打印简历时,建议使用 80 克以上的纸张,尺寸为 A4。打印简历时要使用黑白打印,不要选择彩色打印;最好选择激光打印,尽量避免喷墨打印。另外要注意,投递的简历要使用打印版,避免使用复印版。

(二)英文简历的规格及版式

有些学生去外企应聘,可能会涉及英文简历的撰写。关于英文简历的规格及版式,大家可以参考表 3-3。

表 3-3 英文简历的规格及版式

要点	注意事项
字体	Times New Roman、Verdana 居多,字体不宜超过两种
字号	用 10 号(小五)字号比较妥当
页边距	上下一样,2~3 厘米;左右一样,1.2~2.5 厘米
行距	不宜过小,以方便阅读为原则
格式	整份简历的格式要保持一致;最左边的项目符号到左页边的距离保持在 3.8~5 厘米
篇幅	尽量保持在一页,要有留白,空白处与纸张的比例保持 1∶4 比较理想
纸张	有质感的纸(至少 80 克);颜色为白色、米色或鹅黄色;要单面打印;大小为 A4 纸;建议使用激光打印

四、简历的类型

简历类型的划分标准很多,可以按求职领域、是否有工作经验,或者简历的语言等来划分。但无论是何种简历,从内容布局来说,都可分为时序型、功能型和混合型。

(一)时序型简历

时序型简历是从最近的经历开始,逆时逐条列举个人工作实习经历、教育经历等。这种简历清晰、简洁,便于阅读。一份按时间顺序排列的简历应包括求职意向、经历和学历等部分。这种格式的简历能够演示出持续和向上的职业成长及发展的全过程。关注的焦点在于时间、工作实践持续期、成长与进步及成就。对应届毕业生来说,按时间顺序写的简历一般适用于以下情况:申请的职位非常符合自己的教育背景和实习实践经历;有在知名公司实习的经历;实习实践经历具有持续性,且能很好地反映相关工作技能的不断提高。

(二)功能型简历

功能型简历又称为技术型简历,在简历的开始就强调技能、资质、能力及成就,但是并不把这些内容与某个特定的雇主联系在一起。功能型简历强调自己的资历与能力,并对自己的专长和优势加以一定的分析和说明。工作技能与专长是功能型简历的核心部分。一份功能型简历一般包括目的、成绩、能力、工作经历和学历等。功能型简历一般适用于以下情况:跨专业求职,但具有申请职位所需的相关技能和素质;缺乏在著名公司实习的经历或者缺少荣誉奖励,又希望突出在管理、沟通等方面的能力。

功能型简历最大的不足,就是会使招聘单位 HR 怀疑求职者是否想通过删除时间等细节来隐藏些什么。对应届毕业生来说,采用这种类型的简历格式可能会造成教育课程、技能词汇的简单罗列而缺乏相应的具体事例做支撑,同时缺少对相关技能掌握程度的描述。

时序型简历与功能型简历的格式各有千秋,对没有工作经验的应届生来说,一般比较适合时序型简历。

(三)混合型简历

混合型简历是时序型和功能型的结合运用。其主要内容一般按照以下方式进行:在开头处写明求职目标之后,列明个人的基本情况,再写自己所具备的能力、技能、资质和潜力等,在之后的工作或实习经历中,按照从现在到过去的时间顺序,列明自己所实习的单位,从事的工作岗位、工作内容、取得的业绩等。

混合型简历的主要优点是既按照时间顺序列明自己的实习经历、项目经历,显得脉络清晰,又把自身所具备的优势、能力和应聘职位的主要要求结合起来,能让 HR 印象深刻,抓住要点,锁定目标。

对应届毕业生来说,可以根据自身情况及应聘职位的要求适当采用混合型简历。但要注意一点,与功能型简历面临的问题相同,运用混合型简历不能只是简单地罗列技能词汇,而应结合具体的经历来说明对相关技能的掌握程度。

项目三 打造击中人心的求职简历

撰写成就故事

结合你的求职目标和岗位要求,回忆过去学习生活中令你有成就感的具体事件然后对其进行分析。只要符合以下两条标准,就可以被视为"成就":

(1)你喜欢做这件事时体验到的感受。

(2)你为完成它所带来的结果感到自豪。

在撰写成就故事时,用"STAR"法则来编写,每一个故事都应当包含以下要素:

情景(S):当时的形势,面临的障碍、限制、困难;

任务(T):达到的具体任务目标,即需要完成的事情;

行动(A):采取的行动;

结果(R):取得结果及对结果的量化评估(证明你的成就的任何衡量方法或数量)。

成就故事例文:

项目	故事1	故事2	故事3
情境	家里贫穷,没有接触电脑,上计算机课完全不明白	大二寝室同学都拿到奖学金而自己没有拿到,心理沮丧决定大三争取拿到奖学金	暑期在超市做兼职,担任售货员
任务	掌握计算机文化基础知识	大三拿到学校奖学金	适应销售零食工作,并取得一定销售成绩
行动	认真学习课本,不懂就向同学和老师请教,上网查找资料,经常去学校机房实践并请教机房老师	上课认真听讲并做好课堂笔记,课后完成老师布置的作业并及时跟老师和同学请教不懂的问题,考前做好系统复习	加强对销售零食简单的学习,向其他有经验的店员请教,熟悉商品的规划和陈列
结果	掌握计算机基础知识,通过了考试	大三成功拿到奖学金	销售额有了明显的增长,成为一名称职的销售员

撰写你的成就故事：

项目	故事 1	故事 2	故事 3
情境			
任务			
行动			
结果			

▶ 任务二 简历制作一二三

一、简历写作一二三

一份简历的最基本信息可以概括为：一个中心、两个基本点、三种经历和其他奖励及技能。除了这些客观信息，还可以写出自己的爱好特长及自我评价。下面我们按照这个概括，一步一步开始真正的简历写作吧！

(一) 一个中心

一个中心指求职意向。简历中写明求职意向，目标明确，投其所好，表达求职者钟情某个职位的决心和态度，但同时会在某种程度上限制其求职范围。如果简历中不写求职意向，人力资源经理很难在极短的时间内为求职者匹配一个合适的职位，或者没时间去想这个问题，机会就白白溜掉了。一般建议应届毕业生制作简历时要写上求职意向。

求职意向也许只是简历开始短短的一行字，但要向招聘单位的 HR 展示出求职者对这个职位的无比向往和珍惜，第一时间吸引他的眼球。针对自己所应聘的公司和职位具体书写求职意向，明确告诉招聘方自己在寻找什么样的工作机会，包括职位类型、角色定位等，给招聘方一个印象：你就是这个职位的最佳人选！

在撰写求职意向时，要充分表明自己在该方面有优势和特长。求职意向要切中要点，不要空泛，比如"给我一个机会，还您一个惊喜""寻求一份可以获得挑战与丰厚报酬的工作"等，这些都是无用的工作目标。求职意向可以直接写职位，或者拥有某方面技能和经验，想要在哪些领域或方面实现自己的价值。

求职意向是一份简历中最重要的部分，是整份简历的中心思想，要充分体现求职者的价值和潜力，而不是对未来公司和职位的要求。

一份简历只能有一个求职意向，如果有多个职业目标，那么最好分别撰写不同的简历。

错误示例

1. 求职意向：能吃苦耐劳，适应各种环境，要求能提供基本福利保障，签订正式合同协议，有发展空间。

2. 求职意向：本人积极上进，为人开朗大方，在校期间与同学关系融洽。学习上刻苦努力，成绩优秀，具有扎实的专业基础和较强的实践动手能力。工作认真负责，责任感和集体荣誉感较强，积极投身于校内外的各项实践活动。寻求在各企事业单位文书、广播传媒、公关等相关文职。

优秀写法示例

1. 求职意向：销售方面的初级职位。最终目标：销售部门经理。
2. 求职意向：计算机软件开发工程师，熟练掌握××等语言。

(二) 两个基本点

1. 个人信息

这部分内容的主要作用是方便招聘单位的 HR 知道简历是谁的，如果对这位应聘者感兴趣可随时联系到。个人信息应该简单、清晰，没有多余信息。

姓名和联系方式（手机、固定电话、邮寄地址、邮箱）是必须信息，要写在简历最前面、最醒目的位置，方便查找。性别、年龄、政治面貌、籍贯、民族、照片等可根据应聘单位的性质和职位要求来取舍，一般来说，国企、事业单位倾向于个人全面信息，外企则没有这方面要求。

例如：

王××
某市某区某路 2 号学生宿舍 123 室，110101
(86)135 - 6450 ＊＊＊＊　　(024)8988 - ＊＊＊＊
info@biyesheng.com

2. 教育背景

高校毕业生的教育背景应置于简历中比较醒目的位置，一般按照时间逆序来写，通常从大学阶段开始写。教育背景中必需的信息包括就读的时间段、学校、学院或专业、学历、主修专业、辅修专业、相关课程、研究项目、成绩排名等要素可以根据实际情况有选择地填写。

(1) 就读时间段：每段教育经历都要有起止日期，时间段需要衔接。
(2) 学校：如果毕业院校有特色，那么校名可以加粗显示。
(3) 专业：如果所学专业和职位对口，那么就加粗强调。如果是跨专业求职，那么辅修经历就非常重要。要注意规避劣势。

(4)相关课程：一般列出三四门相关课程即可，成绩还不错的话，可以标注相应成绩。

(5)排名情况：如果所学专业排名比较靠前，就可写上排名，如"排名：年级前10％"。

(三)三种经历

1. 工作实习经历

工作实习经历是简历中最重要的一部分内容，也是招聘单位的HR在浏览简历时重点查阅的部分，该部分能够系统反映个人能力、素质、特点、个性等重要信息。如果已有的工作实习经历与应聘的职位或者公司业务需求相关，那通过简历筛选的概率就大。

1)工作时间

工作时间是招聘单位的HR判断应聘者实际工作经验丰富与否的一个标准。先写目前的工作，再写以前的工作。一般放在行首或行尾。如果工作时间较早，或者工作时间在两年以上，或者为了拉长工作时间，可以只写年份。如果工作时间较短，但公司的知名度或者与应聘公司相关度比较高的话，供职过的公司名称放在行首位置，工作时间放在行尾。

2)公司名称

公事名称可加粗，可以是营业执照上的公司全称，也可以是公司简称，以为人熟知的名称来写。例如，IBM家喻户晓，但它的全称INTERNATION BUSINESS MACHINE却很少有人知道。

3)公司简介

对于招聘单位的HR不熟悉的某些行业的公司、新公司或小公司，可以适当用一句话简要介绍。外籍人力资源经理可能不太知道中国的公司，也可以介绍一下。

4)部门名称

公司名称之后注明职位所属部门，加粗显示。如果在同一公司经历不同部门和职位，就分别介绍在不同部门的工作内容和业绩。如果并不了解自己之前实习工作所在的部门名称，建议按照一般公司常设的部门名称，来为自己的实习工作划定一个部门，一般公司常设有人力资源部、市场部、采购部、销售部、技术部等。

5)职位名称

职业名称可加粗显示。这是招聘单位的HR浏览简历时的一个关键词。如没有正式的职位名称，也不要轻易用"实习""实习生""兼职"之类的词来代替，应根据具体的工作、实习内容及对应的部门性质，在真实的基础上，为自己的实习职位定义一个有具体意义的职位名称，如销售代表、业务助理等。不要夸大职位头衔。

6）工作实习具体内容

工作实习具体内容包括主要工作和职责，工作结果与主要成就，从工作中学到的技能与素质提升等。很多人在写工作经历时容易出现两个问题：一是按照时间、地点、单位的模式简单罗列，叙述平淡无奇；二是像写记叙文一样对每段工作经历都浓墨重彩地描述，重点不突出。所以，要记住，在写工作经历时要用短句，避免用大段的文字描述。

工作实习具体内容编写要注意以下方面。

（1）描述方法得当，可按"PAR"法则描述，采用问题（Problem）、采取的行动（Action）、工作业绩（Result）的框架来描述，也就是工作目标、内容，所扮演角色，工作业绩。

例如，网络推广实习生实习经历描述对比：

工作实习经历
2021.3—2021.9　深圳某信息科技有限公司　市场部　市场推广专员　深圳
- 通过电话对目标高校就业办老师进行访谈，联系了200多所高校的就业办老师。
- 通过电话方式拜访企业客户，调研招聘需求，达成合作意向。

工作实习经历
2021.3—2021.9　深圳某信息科技有限公司　市场部　市场推广专员　深圳
- 公司经营的网站应届生求职网（http：//www.××××.com）是中国排行第一的专门面向大学生及在校生的求职招聘网站。
- 独立负责网站与目标高校、企业的合作推广技术的实施。
- 对全国约400家重点高校就业网进行调研，确定200多所目标院校就业办老师名单，并负责和这些老师联系沟通、进行访谈，保证2~3次后续跟踪，完善网站制订的高校合作计划文案。
- 通过电话访谈方式对700多家企业进行招聘规模、渠道及目标生源等校园招聘需求调研，撰写长达5000字的调研报告，并根据调查结果对企业有针对性地推介网站服务项目，最终与625家目标企业达成合作意向。

（2）工作成就要用数字来说话，尽量具体化，不要使用"许多""大概"等。数字既包括成本、收入、预算等钱的因素，也包括提高时间效率，规模数量等。例如，"开发了销售和市场项目，使购物中心的利润提高了33个百分点。在行政法规听证会上，作为法律代表为客户公司进行辩护，胜诉率达80%以上。"

（3）将看上去含金量不高的内容，尝试用相关的专业术语来包装，显得比较专业。要善于用一些比较强势的动词突出自己的成绩，例如，在KFC收钱和记账，可以写成"主要负责现金收支项目的管理与账目申报工作"。

2. 项目经历

项目经历反映求职者某个方面的实际动手能力、对某个领域或某种技能的掌握程度。一般在应聘IT类职位、研究所研究员或高校老师等职位时，这类经历比较重要。在现实中，可能研究生阶段参与项目的经历会比较多，本专科生较少或者几乎没有。

项目经历属于工作经历的一部分，具体描述时应该借鉴工作实习经历的描述注意事项，注重项目成果、相关技能关键词的强调。

3. 社会实践经历

大学生的社会实践丰富多彩，有的学生参加学生会、学生社团等，有的参加支教、三下乡等暑期社会实践，有的参加各种形式的商业比赛。描述方法与工作实习经历类似，社团名称对应公司名称，社团职位对应工作职位，也应该参照与职位相关原则，将与职位要求相关的内容重点来写，不相关的轻描淡写或者不写。例如：

> 社会实践
> 2022年4月　组织开展主题为"保护环境　杜绝浪费"团风活动
> 获得成绩：该次主题团风活动被××大学校团委评为"2008年度××大学十佳团风活动"
> 活动期间主要负责的工作如下：
> - 宣传本次活动的主题；
> - 负责组织本次活动的主题座谈会，扩大活动影响；
> - 组织问卷调查，整理调查结果；
> - 分析调查数据，并提出相应的解决方案；
> - 配合学校后勤部门做好宣传及引导"改变消费方式，减少浪费"等工作。

（四）奖励情况

这部分的书写也需要很强的技巧性，要特别注意奖励的级别及特殊性。因为几乎每份简历上都会有这样或那样的奖励，招聘单位的HR对奖学金、优秀学生、优秀干部等奖项，都司空见惯了。所以仅仅罗列一堆奖励名称是没有太大意义的，如果能把所获奖励的难度以数字或者获奖范围来表示，突出所获奖项的含金量，就会增加简历通过筛选的概率。

例如：

> 奖励情况
> 省级：深圳市政府奖学金、深圳市高等学校优秀毕业生。
> 校级：一等奖奖学金（前2%）、二等奖奖学金（前5%）。

对于一些比较特殊或者比较罕见、能够反映自己某方面特殊才能的奖励，可以放在简历靠上的位置,例如挑战杯、全国职业技能大赛等,可以在教育背景部分单独显示。对于大量的性质、级别类似的奖励,可以按照类别,分门别类地描述。

(五)英语、计算机及专业技能

在以上所有的信息书写完毕后,别忘了锦上添花,对英语、计算机及专业技能做一些单独描述。如果自己会的东西很多,一定要遵循相关性原则,重点描述那些与应聘职位最相关及对未来工作最有用的能力,无关的应考虑从简历中删除。

1. 英语技能

英语技能可通过不同方式展现。一般常见的有英语方面标准化的考试成绩,如 CET-4/6、BEC、TOFEL、GRE、GMAT 等。有时从工作经验中能够推导出相关能力,例如"工作语言为英语","给国外客户做陪同翻译"等就可反映出口语能力强。除了听说,英语读写能力反映在日常文档报告、邮件的交流等书面层次。

2. 计算机技能

要根据应聘要求,有选择地列出相关软件操作技能,如计算机的等级证书。

3. 专业技能

那些与专业相关的技能、资格、认证证书等可反映求职者的专业技能,相应的证书能为应聘加分不少。

(六)其他个人信息

1. 个人爱好

一般来说,不建议在简历中写个人爱好,除非是公司的申请表有明确要求。

如果要写就写强项,弱项一定不要写。因为如果招聘单位的 HR 关注求职者的个人兴趣,就可能与其闲聊,若发现求职者并非个中好手,很可能会失望,最糟糕的情况是会影响求职者的信用。同时,个人爱好不要罗列太多,两三项即可。个人爱好要具体化,不能只是"音乐""读书""运动"等概括性的词汇。

有时可以通过个人爱好来体现自己所具有的某种素质和能力,也许正可以和应聘的职位需求匹配。例如,足球、篮球、排球等大球运动能体现团队协作精神,棋类运动能体现思维缜密、逻辑性强,并且具有战略意识,演讲和辩论则能较好地反映沟通、表达能力。

2. 自我评价

自我评价最好不要写,除非是公司的申请表有明确要求。

如果企业的申请表注明了这一项,那么应该结合应聘职位的特点,分别用一句话来总结各项素质。例如,应聘销售岗位要强调自己的沟通能力、抗压能力;应聘行政岗位要强调责任心强、细心谨慎,然后用一句高度概括性的话,对各项素质做例证。

3. 让劣势也变得吸引人

许多人在写简历时总会发现自己这里或那里不足,缺东少西,对自己的劣势束手无策。大学生可通过下面的举例找出自己应对劣势的方法，保持简历的真实性和吸引力。

劣势	处理办法
成绩一般	突出相关的高分课程；突出工作实习、社会实践经历
英语缺证	用相关活动和英语工作环境来证明
非名校毕业	展示学术活动、培训计划，强调从事高学历者负责的工作经历
工作经验不足	突出实习和兼职经历，社团活动，强调自己的成就和快速学习能力
专业不相关	找不要求专业背景的工作，强调辅修、选修课程，突出个人技能
太年轻	不刻意要求薪水、工作条件、工作量，敢于挑战和承担责任
工作经历中断	短期的跳过，长期的简要解释
应届毕业生	强调最近的教育与培训，相关课程与实践活动，研究相关工作技能和最新知识，制作功能型简历

二、简历的写作原则

(一)诚信原则

大学生根据自己的能力和理想，寻找工作岗位和用人单位的过程，主要包括制作简历、面试、签订劳动合同(就业协议)等一系列活动。在用人单位看来，简历"注水"、证书造假、随意违约是最不能接受的。

简历"注水"只可能让求职者通过第一关的筛选，在接下来的面试环节，简历很有可能就是交谈的提纲，当问到简历中杜撰的经历或奖励时，求职者势必会紧张不安，语焉不详，难以通过面试。而证书造假暴露的可能性更大，现在很多用人单位在签约前都会对学历等证书进行审验。随意违约的行为，不仅使自己的诚信受损，而且给所在学校的声誉造成不良影响，一些用人单位明确表示，从此不到该生所在的学校招聘。

(二)关键词说话

数字与比例是简历中的关键词，是描述专业技能或成就的动词词组，也是 HR 在"扫描"而非"审查"简历中关注的对象。如"班级成绩排名前 5%，学分绩 3.7"会比"学习成绩优异"更有说服力，"独立完成编辑 30 份报告"会比"具备较强的文字写作能力"更生动形象。

在写简历前，应该针对应聘的职位、公司甚至行业，想一想需要在简历中加上哪些关键词，这些关键词可以分别对应简历的哪部分内容，以什么样的描述方式来呈现。

从内容来看，简历中的关键词可以分为两个方面：一是相关的技能及素质能力；二是相关的教育培训及实习、工作经验。

从普遍性和特殊性的角度来看，简历中的关键词也可分为两个方面。一是一般性关键词。这类关键词表示的技能或者素质通常为大多数工作所需要，如团队合作能力、策划能力、计算机能力（Word、Excel等软件的使用）、英语能力（CET-4、CET-6）、沟通能力等。二是职位相关关键词。不同职位对应聘者的相关技能和素质的要求会有差异，一般与职位的工作内容和工作性质相关。

如何才能获取、正确判断简历中该用什么关键词呢？企业招聘信息中对职位的职责描述及应聘要求就是最好的分析关键词的来源，求职者要学会解读招聘信息中出现的字面信息和隐藏在字面信息背后的关键词，然后结合自己的经历，在简历的对应部分呈现这些关键词。

如果在应聘的职位中没有详细的职位职责及职位要求的说明，那么可通过查找其他公司类似职位的招聘信息说明来进行分析。将关键词整理出来之后，应结合自身的背景和经历，在简历中突显相关的关键词。对于与职位相关的关键词，可以在教育背景、实习经历、培训经历及职业技能中来体现。英文书写及表达能力可以通过英语证书或者其他英语考试证书体现，办公软件的操作能力则可以在计算机技能中体现。

（三）行为词说话

在描述过去经历的时候，无论是实习兼职经历还是社会实践经历，都需要把自己做的事情用清楚详细的、表示动作的词语（即行为词）叙述出来。形式上一般建议采用行为词开头的短句群。同样一段实习经历，是否掌握行为词的描述方法，其经历描述的效果也大相径庭。

工作经验

2022.10 至今　广州锤子简历科技有限公司　数据分析师

• 负责新零售事业群的数据分析和业务管理，包括品类销售数据、流水波动、KPI完成程度的测算回归和分析，同时根据数据制定季度预算模型，为月度、季度零售任务重点提供数据和分析支持；

• 审阅和分析日/月常规数据报表，建立数据分析维度和定向分析方向，协同产品、运营部门进行数据测试，并评估销量数据完成度，同时完成数据报告，为一线门店销售/库存计划提供理论优化方案。新方案使日均流水提升6个百分点以上；

• 跟进产品新版本的需求梳理和产品设计，通过A/Btest等方式为产品设计提供数据支持，在APP新版上线后跟踪留存数据，为后续APP优化提供方案。

2018.08—2019.09　广州锤子简历信息有限公司数据分析师

• 使用Cognos Analytics、Python等工具进行数据分析，监控日常数据并对日常数据进行分类整理，同时结合市场信息分析每周输出数据报表，为产品部提供APP

项目三　打造击中人心的求职简历

迭代相关支持，V1.63版本采用数据报告建议后，用户留存时长提升30%以上；
• 搭建数据监控体系，对业务发展相关数据进行重点分析，及时发现产品问题并追踪解决，同时寻求产品增长点；
• 进行用户行为分析，结合竞品及优秀产品经验，增加新的用户分析维度，同时协同运营部进行运营活动数据分析，后续打造了3个曝光量百万级的运营活动。

行为词实际上就是关键词当中的一类动词。所以，行为词的分析及获取方法与关键词类似。以下是部分常见的行为词：

(1)表示个人成就的：简化、实现、执行、提升、创造、完成、改造、改进、激励、扩大；

(2)表示指导、教授他人的：建议、阐明、指导、传授、辅导、教导、协作；

(3)表示行政管理能力的：引导、详细制订、分配、建立、呈递、供应、支持；

(4)表示领导能力的：主持、发起、指派、制订、处理、决定、指挥、分配、监督；

(5)表示人际沟通能力的：说服、沟通、报告、拜访、建议；

(6)表示组织、计划能力的：计划、组织、分配、参加、指导、管理；

(7)表示创新、创造能力的：建立、设计、发明、发起；

(8)表示研究、逻辑分析能力的：评估、调查、核实、检查、研究、搜索、观察。

(四)数字说话

写简历时一定要善于挖掘自己所有经历中能够用数字说话的部分，因为相对大段的文字描述，数字更能突显个人亮点，吸引HR的眼球。如前所述，无论是教育经历、实习经历还是社会实践经历，用数字都是最能说明成果、业绩的，也是最令人信服的。所以，如果求职者的经历中有可以用数字来表示的部分，一定要用数字的形式来表达。

工作经验
2020.08 至今　锤子简历科技有限公司　UGC 内容运营实习生
• 运营 APP 内的 UGC"话题"功能，每天提出一个学习、教育类话题、搜集素材、撰写引导文案、配图、上线话题、总结 UGC 进行二次传播，最高话题活跃度达到 APP 全站流量的 1/5；
• 采编学习类文章、教程等，整合成适合微信公众号发布的内容，并撰写标题和导读，共发表文章 20 多篇，平均阅读量两万多，最高阅读达到 6 万以上；
2019.05—2020.08　锤子简历信息有限公司　内容运营实习生
• 负责在线教育类 APP 专栏的内容撰写、审稿和更新，平均每周撰写 3 篇专栏文章，平均阅读量两万多；

- 统计用户专栏阅读数据并归纳用户感兴趣的话题，同时话题调整写作方向，阅读量成功提升20%。

项目经验
- 负责给校园官方微信公众号撰文，每星期平均贡献3篇图文，平均阅读量3000；
- 使学校官方微信号一年内新增粉丝5000多，增长超过20%；
- 文章平均阅读量提升18%，阅读完成率提升7%；
- 经授权获得本校公众号的运算数据，通过Google Analytics和微信公众号官方工具分析该校园公众号的运营模式和用户画像；
- 通过得到的分析报告优化文章的文字、图片等，提升用户阅读完成度约14%；
- 使用Visually将该报告的数据做可视化处理，在班级中公开展示，被评为优秀报告。

可以用百分数来说明个人成绩优异，例如"年级前5%""帮助部门销售业绩提升20%"，也可以用具体的实数来表示为某个组织或机构（如实习的公司、学校的学生会或者社团）工作所作的贡献，如"拉到赞助1200元"等。凡是能用数字体现成就、亮点的部分，一定要使用数字来表达。

(五)结果说话

不仅要在简历中写清自己做过什么，而且要通过描述做得怎么样，来向招聘单位的HR证明自己具备相关的素质、能力与经验。一般来说，用结果说话的都更能得到HR的青睐。所以，在写简历的时候，要贯彻"结果说话"的思想，尽可能多地通过客观的成绩、业绩、成就来向HR传递这样一个信号——自己是能够胜任所应聘的职位的。

(六)相关性原则

简历一定要根据应聘的职位来定制，不能同样的简历投给所有的招聘单位。之前提到的无论是"关键词说话"，还是工作实习经历中的描述一定要与职位相关，都是在反复强调这样一个原则：简历的每一部分内容都需要尽可能与应聘的职位相关。

如何在简历中贯彻相关性原则？一般包含两个层面。

一是根据简历中各大要素与职位的相关程度进行顺序调整或者取舍。在简历的各大要素中，个人信息与求职意向一般放在最前面，其他要素可以根据其突出的程度与申请的职位的重要性来进行排序。例如，对申请财务咨询职位的学生来说，如果自己熟练掌握各种财务软件或者获得ACCA、CPA资格，那么可以将专业技能要素放在其他要素前面，从而突出自己相对其他应聘者的核心竞争力。如果自己有丰富的财务类实习经历，且相对其他简历要素来说，实习经历更为突出，那么就应该将实践或实习经历要素放在其他要素前，从而强调自己的优势。

二是根据每个简历要素中的内容与职位的相关性程度进行顺序调整。简历中同一要素项目下的不同内容，也需要根据与职位相关程度来进行顺序调整或者取舍。例如，如果应聘市场营销的职位，就应当将家教经历、兼职英语教师经历从实习经历描述中剔除，更多地强调培训课程推广经历、手机销售代表等与职位相关的经历。

以上两个方面实际上都是将与职位相关的内容调整到简历靠上的位置。按习惯来说，简历表上的2/3部分为HR重点浏览的部分，所以，要尽可能将自己简历中与职位最相关的信息放在前面，这将减少HR搜索简历关键信息的时间，从而增大简历通过筛选的概率。

简历制作完成后，别忘记反复修改和查缺补漏。最后，送给求职的同学们一首"简历查错歌"：简历首查错别字，语句通顺在其次；时间经历逻辑通，信息精准要三思；不做假账讲实事，前后标点要一致；行距统一外观美，对齐功夫有人知。

三、简历的写作技巧

简历的撰写要遵循一些原则，并掌握一些必要的技巧。简历的写作技巧可简单概括为"四要""四不要"，见表3-4。

表3-4 简历撰写"四要""四不要"

"四要"	"四不要"
真实客观	不要过长
突出个性	不要太花哨
简洁明了	不要太谦虚
内容具体	不要有错误

（一）"四要"

1. 简历要真实客观

简历要遵循实事求是的原则，写自己的真实情况，不可弄虚作假。不真实的简历即便通过筛选进入面试，也会在面试或者后续的工作中露出破绽，影响个人的信誉。

2. 简历要突出个性

简历应该突出求职者的特点，每个人都有区别于他人的特点，个体的期望和能力也各不相同。针对不同的用人单位和岗位，要根据企业和岗位的具体要求，突出自己的个性，获得用人单位的关注和青睐。需要注意的是，简历中撰写的个人兴趣和特长要与意向职位相关。

3. 简历要简洁明了

很多求职者在撰写简历时辞藻过于华丽，频繁地使用形容词和修饰语，这样的简历不仅难以打动用人单位，还会给人以不专业的印象。在撰写简历时，要多使用动宾短语和短句，语言文字简洁精练，措辞恰当，篇幅短小精悍，不可华而不实、篇幅拖沓冗长。

4. 内容要详尽具体

简历的目的和作用是让用人单位了解求职者的实践经历、具有的专业能力、拥有的综合素质。在撰写简历时，要详细、具体，不能仅简单地罗列大纲，没有实质性的内容。在简历撰写和内容表述的过程中，要罗列事实，不使用抽象、空洞的语句，要以客观的态度、具体的事实、真实的数据对各项内容进行说明。例如，应聘有关销售方面的工作，要在简历中写明自己在销售方面的实践经验，罗列自己担任过的销售工作，具体写清自己从事的是哪类产品的销售工作，在工作中取得的销售成绩。总之，要让用人单位看出求职者能够胜任工作的能力。在简历内容详尽具体的基础上，可以追求一定程度的创新。

(二)"四不要"原则

1. 简历不要过长

企业在举行招聘时，会收到大量的求职简历，相关工作人员对每份简历的浏览用时很短。所以，简历的篇幅不要过长，保持在1~2页A4纸即可。

很多求职者为了充分说明自己的教育背景和获得的荣誉，在简历中加入成绩单、荣誉证书和资格证等，使简历的篇幅过长。正确的做法是，简历上列出自己的成绩、荣誉，在获得面试机会后再提交这些资料。

2. 简历不要太花哨

除了应聘设计、美术、广告、装饰等相关的职业，一般的简历不必过于花哨。过分追求简历样式的标新立异有时往往会带来不利的影响。实际上，出色的简历并不是因为色彩丰富、版式花哨，而是因为求职者具有胜任工作的、超过其他人的综合能力。

3. 简历不要太谦虚

简历内容实事求是，不代表要将自己的一切，特别是缺陷和弱点也一并写入简历。简历不可过分谦虚，过度的谦虚会降低求职者的竞争力，使用人单位对求职者胜任职位的能力产生怀疑。要突出自己在专业知识、专业技能、实践经验等方面的优势和特长，扬长避短，在简历中表明自己能够胜任岗位、优于其他求职者的优势和能力。

4. 简历不要有错误

简历上不要出现文字、用词和语法、排版等方面的错误，这些错误会给用人单位留下不认真、不专业的印象。用人单位会认为简历中存在错误的求职者在工作中也难以认真负责。因此，大学生在撰写简历时，要反复检查修改、精心设计和编排。

项目三 打造击中人心的求职简历

课堂活动

简历制作

姓 名		性 别		
出生年月		民 族		
籍 贯		健康状况		
政治面貌		联系电话		
最高学历		专 业		
教育经历				
工作（实习）经历				
个人专长				
自我评价				

任务三　令人赏心悦目的简历

一、简历写作创新技巧

(一) 为目标单位量身定做

认真分析应聘单位的情况，研究招聘主管的心理愿望，再结合自己的情况写简历。在简历中出现招聘主管最想看到的几个要素，是最容易打动人心的个性化简历。例如，小王想应聘到某图书公司工作，他把自己的简历按公司图书的样式来制作，封面展示的是该企业的 LOGO、企业名称、企业主导色等 VI 系统元素。当招聘主管看到简历上的这些元素时，产生情感的共鸣，很大程度上加深了对简历主人的认同感，希望能够见到这位应聘者进行面谈，那么小王的简历就不会被随手扔在茫茫的简历堆里。有了招聘主管对简历的认同，也就增加了求职成功的概率。

(二) 结合应聘岗位来创意

简历从求职者应聘岗位需要的职业技能和职业修养的角度进行创新。例如，小李想应聘某公司的网站设计工作，他仔细了解该公司和该职位的要求后，发现公司正在对原网站进行改版。他利用自己所掌握的专业知识，提出了网站改版的思路，并精心设计了网页。当招聘人员看到这样的简历时，很快判断出小李具备招聘岗位要求的能力、水平和职业意识，马上通知他前来面试。

(三) 从所学专业上创新

各个专业有其专业特点和专业语言，从专业角度出发进行求职简历创新，可以通过简历体现专业素养。例如，小张是动画专业毕业的，在应聘动画师时，他把求职简历做成了视频动画版，表现出极好的专业意识和专业素养。简历是一个传递信息的工具，目标就是获得面试机会。创新并不是一件困难的事情，但要注意简历创新要把握好方向，切不可偏离目标，更不要离谱得让人难以接受。能有效帮助求职者获得面试机会的简历才是好的简历。

二、简历制作的细节

(一) 版本

根据求职的需要，简历的版本一般有 WORD、PDF、纸质等版本。其中 WORD 版是最基本的格式，适用于很多场合；PDF 版能够弥补 WORD 易带病毒的缺点，又比较美观；纸质版是参加各类现场招聘会必不可少的版本。

(二) 篇幅

一般来说，对简历篇幅影响最大的是工作经历要素，工作经历丰富的人，可能要写到2~3页，工作经历相对较少的人，一般1~2页为宜。对于高校应届毕业生来说，简历内容最好压缩到一页纸。有时对简历进行压缩是很困难的，一方面是难以区分取舍，另一方面可能是舍不得删除。如果经过压缩，简历还是在一页半左右，千万别草率了事，可通过增加简历栏目，或增加栏目下的内容等方法将简历扩充至两页。

(三)重要内容

(1)坚持"重点优先"的原则，重要信息要出现在第一页，重要因素要提前。

(2)写项目标题(如个人信息、教育背景、求职意向等)时可以加粗，按重要性从大到小排序分行列出，也可以加上项目符号。但是同一篇简历中不能使用太多种类的项目符号，避免过于花哨，给人留下不够简练的印象。

(3)在简历中，可以使用加粗字体来强调某些内容。英文简历中，可以将公司或机构的名称大写加粗，但为强调而使用的大写字母或黑体字要适量。加粗字体应该遵循相关性原则，特别强调与所申请工作相关的信息。

(四)照片

使用的照片需要认真选择，如果对方没有要求，建议大家尽量不要使用照片。贴在简历上的照片最好是单纯背景的正式职业照，切忌贴生活照、艺术照等。

(五)字体

一份简历中字体不应该超过两种。中文简历正文部分一般采用宋体，小标题和题头部分的姓名可以用黑体。英文简历，"Times New Roman"和"Palatino Linotype"都是值得推荐的字体，也可以适当使用斜体(用来突出个人曾担任过的职位)，但不要太多。在有数字的情况下，要注意数字字体和英文字体相匹配。

(六)字号

简历的标题中文通常用小三或四号，英文用14或16号；项目标题可以用五号黑体字来强调；正文文本最好用五号字。如果为了扩充简历版面，也可以用小四号字。在简历写完之后，要仔细检查所有项目的字体是否协调一致，做到雅观、得体。

(七)留白

有些高校应届毕业生牢记着"简历一般是一页"的教条，拼命把简历的所有内容都挤到一张纸上，密密麻麻，让人看得头昏眼花。试想一下，当HR面对成百上千份简历时，在短时间内，是会选择一份版面拥挤不堪，看起来非常吃力的简历，还是会选择留有适当空白，让人一目了然的简历呢？

(八)对齐

联系方式，如姓名、电话、邮件、住址等信息可以是左对齐、居中或者右对齐，千万不要几种方式并用，让人无所适从。

（九）一致

简历的各项内容写完后，要统一进行行距和缩进量调整，确保所有文字的格式是一致的，不要出现对不齐的现象，重点检查缩进、大写、字体、行距的一致性。

（十）纸张

首先，一般选用 A4 大小的纸张，纸张的重量至少应该有 80 克或 100 克左右，这样使纸张看起来比较有质感，尤其是申请自己比较向往的单位和职位时，这样可以让招聘方感受到求职者对工作机会和职位的重视。

其次，纸张的颜色最好为乳白色，看起来干净、柔和。有人会认为使用彩色纸张更能在一堆白色简历中脱颖而出，殊不知对于招聘单位的 HR 来说，彩色纸可能比较刺眼，有哗众取宠的感觉，大可不必。

（十一）打印

出色的简历要求每页着墨均匀，轻重一致，不要出现条纹或污迹。不要选择彩色打印；不要选择喷墨打印；尽量少用复印的简历。

三、简历中劣势的弥补

对应届毕业生来说，缺乏相关工作经验是求职困难的一个主要原因。对一些学生来说，还存在着一些"硬伤"，例如，学习成绩不够好、缺少公司实习经历、应聘的职位与专业不相关、缺少英语证书等。那么在这样的不利条件下，该如何调整自己的简历，让 HR 看到自己的优点呢？实际上，求职者可以借用中国传统拳法——太极拳里的一个招式"借力打力"来"修饰"自己的简历，在保持简历真实性的基础上，最大限度地展示自己的优势，淡化劣势。以下详细分析如何规避各种劣势。

（一）学习成绩不够好

首先明确一点，大多数单位在招聘应届生的时候，学习成绩固然是一个很重要的考核指标，但不是决定性的。因为多数单位更看重的是应届生的综合素质及能力。学习成绩好只能说明应聘者在学习课堂知识方面有独特的方法，并不能说明其他方面也很优秀，况且"高分低能"者也不乏其人。

学习成绩的"好"与"不好"是一个相对的概念，而不同的行业、不同的单位对成绩的要求也是不一样的，如一些专业性较强的公司，例如 IT 类公司，更看重职位相关课程的成绩，而不一定是总成绩。如果你的学习成绩一般，建议可以从以下两个方面来准备简历。

第一，突出相关的、高分的课程。建议将相关的、相对高分的课程写到简历里，而将不相关的、相对低分的课程从简历中删除。例如，某管理学专业学生应聘财务会计类职位，其总成绩并不突出，可在教育背景中选择列出相关的高分课程。

第二，突出实习兼职、社团或学生会经历。实践经历也可证明综合素质，大多数情况下比突出成绩更有效。

(二)缺少公司实习经历

对一些学生来说,不缺少公司实习经历,缺少的是与应聘职位或行业相关的实习经验。而对大多数学生来说,除了学校的经历以外,没有任何公司的实习经历,可以从以下方面弥补自己没有公司实习经验的劣势。

第一,突出社团、学生会等实践活动。可以将在学校参加的社会实践活动作为工作经历、实习经历来描述。如果在学校担任过社团、学生会等干部,有独立或带领团队合作安排社团活动的经历,那么从某种程度来说,也体现了沟通能力、团队合作能力等企业看重的能力。不过并不是每项社团经历对求职者都有帮助,建议大家在处理这个部分的时候,要根据应聘的公司和职位慎重地进行选择和调整。

第二,强调个人技能、培训经历和快速学习能力。强调自己已掌握的知识、工具,或参加的培训经历,并同时以真实、详细的例子来证明自己具有极强的学习能力,能够有效地弥补所欠缺的工作、实习经验。例如,可以将自己论文中应用的研究方法、所使用的软件等作为个人技能及经验的证明；某同学应聘财务助理，职位说明中要求应聘者能熟练操作财务管理软件，该同学可将学习的财务软件课程作为培训经历来重点描述，展现自己的个人技能及快速学习能力。

（三）应聘的职位与专业不相关

实际上，现在越来越多的应届毕业生所找的工作与自己所读的专业并不相关。因为越来越多的企业开始放宽了对专业的限制，甚至不限专业，所以这一条对求职者的影响已经越来越少（当然，个别技术类专业因为门槛较高，还是要求专业对口的）。如果是跨专业求职，那么简历该如何写？建议大家从以下几方面来考虑。

第一，突出双学位/辅修专业/选修课程。虽然有些职业对专业性要求不强，但如果学生具有一定的相关专业背景，在求职中自然能更胜一筹。现在很多大学都开设了辅修专业课程，这对跨专业的学生应聘是很有帮助的。所以，准备跨专业求职的学生，有必要尽早规划就业方向，在专业课以外选修或辅修相关课程。

第二，突出外语能力、个人技能。在跨专业求职中，工作能力是最重要的考量，外语能力、计算机能力、与职位相关的专业技能、沟通表达能力、团队合作精神等都是简历中应该突出的内容。

第三，可以突出实习、社会实践经历。如果能及早洞察自己未来求职要跨专业，那么平时就应该多参与相关的实习及社会实践，用实践经历来说话。

（四）缺少英语证书

大多数单位招聘应届毕业生，对英语的要求至少是通过国家大学英语四级考试，有的单位要求更高一些。对外企来说，英语是工作中可能经常要用到的语言，所以如果是应聘外企，相关的英语证书是必须的。但如果只有国家大学英语四级证书，而实际的英文口语水平比较高，那么可以借实习经验来体现自己的英语能力。例如，可在某项实习经历中说明"工作语言为英语"，增强说服力。

项目三 打造击中人心的求职简历

课堂活动

自信是最重要的广告

1. 活动目标

了解树立自信的重要性;提出培养自信的方法,通过活动体会其意义。

2. 活动组织

(1)暖身活动:面对面。

将所有人排成两个同心圆,随着歌声同心圆转动(内外圈的旋转方向相反),歌声一停,面对面的人互相握手,歌声再起,活动继续进行。

(2)消除自卑,建立自信。

第一步:讲述培养自信的方法。

A. 挺胸抬头

B. 面带微笑

C. 大声说话

第二步:训练活动。

训练1:目光炯炯

两人为一组对坐,目光对视一分钟,轮流说出自己的一个优点,态度要肯定,大声说三遍。

讨论:说优点时每一遍的感觉有何不同?

训练2:假如我是雇员

想象这样一个情景:一个雇员找上级要求升职,上级问:你怎么敢问这个问题?假如你是这位雇员,会以怎样的方式提出要求升职这一问题,之后又如何作答?

请大家两人为一组,分别表演雇员和上级的角色,要求第一次上级表示接受,第二次不接受。

3. 活动总结

_____

_____

_____

课外实践

简历挑错游戏

为了让大家检验一下自己对简历水平的评审能力,请在10分钟之内从同学的初版简历中挑出13个失误之处。

这个练习可帮助参与者明确简历要素,提高简历制作水平。要明白写完简历并非大功告成,简历完成后要进行仔细修改,因为有错别字或语法错误的简历,通常是最容易被淘汰的。

阶段1:
每个参与者从给定简历中挑出13处失误,时间为5分钟。

阶段2:
每个参与者和同伴讨论他们的选择,时间为10分钟。

阶段3:
组织者结合简历要素及制作要求进行讲解,时间为10分钟。

总结:
如果你不能在规定时间里将错误全部挑出来,表明你的写作能力有待提高,你自己在写作简历中恐怕也会犯同样甚至更多的错误。有经验的招聘经理能在5分钟之内挑出所有错处。如果把你的简历和一个与你背景相似的人的简历放在一起,谁的错误更多便一目了然,用人单位对你的取舍也将不言而喻。

好书推荐

1. 孙武著,陈曦译注:《孙子兵法》,中华书局.
2. 司马光:《资治通鉴》,中华书局.

项目四 进入目标企业的面试制胜法

本章要点

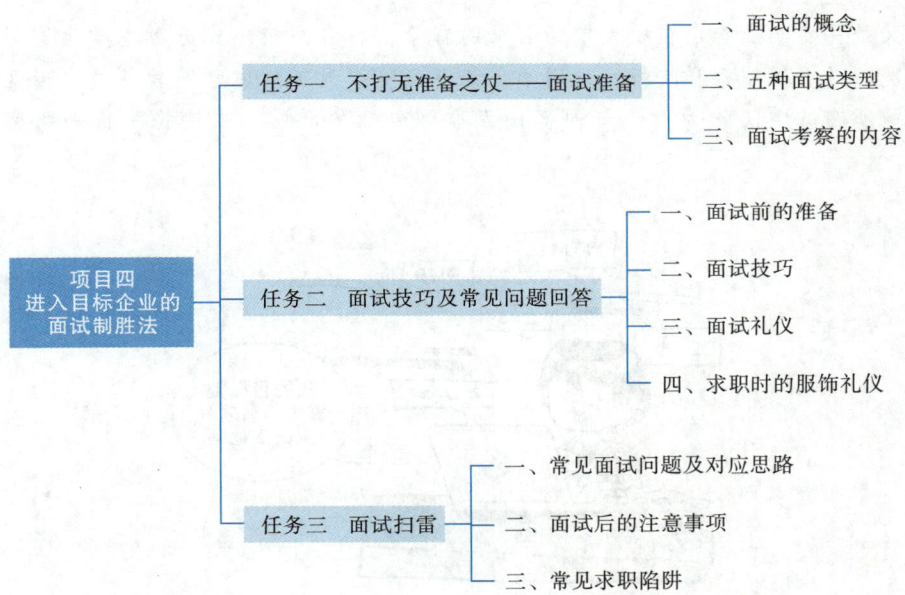

学习目标

1. 知识目标

了解面试的常见类型，熟悉面试场景。

熟悉面试考察重点，做到心中有数。

2. 技能目标

掌握面试规则，提高求职面试能力。

掌握面试礼仪，提升职业沟通素养。

3. 素质目标

积极做好面试的各种准备，强化"预则立"意识；积极塑造良好的职业形象，传承礼仪之邦的传统文化。

生涯智慧

知行合一，行胜于言。

——王守仁

案例引入

普通人的面试制胜法

又是一年毕业季，在扩大市场需求的背景下，各高校也充分考虑学生实习及就业情况，开展了校招和院招。朱同学是某高职院校人工智能学院软件技术专业的学生，她所在的学院作为时下最热门的互联网专业的学院，很快将举行一场盛大的院招。

院招于 11 月开展，朱同学在 9 月得知此消息后，便买好了合身得体的职业套装，开始练习化适合自己风格的淡妆。朱同学在大二时就制定了职业目标——从事软件测试职业，她在院招开始前就通过招聘信息筛选招聘软件测试岗位的公司并开始了解心仪公司的业务产品等。朱同学编写简历时围绕软件测试的学习、项目经历，根据不同行业大类进行标题区分和修改，提前打印好，在做完这一系列准备后，她在校招当天如愿获得了多家公司的二面邀约。

在面试前，朱同学会提前一天踩点并计算路程时间，保证面试当天按时到达面试地点。朱同学提前了解面试公司的业务产品，复习面试中可能涉及的软件测试知识。虽然是应届毕业生，但她认为技术行业的知识应该早学早掌握，尽量避免二面时回答不上问题。

朱同学在校期间担任过学生党务部门干部及班长等职务，语言应用谨慎，沟通力强，因此更容易获得面试官的青睐。朱同学因年级排名靠前的专业成绩、出色的表达能力及过硬的专业知识，顺利通过了多家公司的面试、笔试，获得多家公司抛来的橄榄枝，打消了自己没有高学历不好就业的顾虑，获得反选企业的机会，并成功踏上自己所规划的职业道路。

▶ 任务一　不打无准备之仗——面试准备

一、面试的概念

面试是用人单位设计，通过多种方法，在特定场景下面对面地科学测评应聘者的基本素质、发展潜力、实际技能及其与拟录用职位的匹配性，为人员聘用提供重要依据的考试。

面试是毕业生在求职就业时面临的一个重要环节。研究表明，80%以上的组织的招聘与录用工作是借助面试这一甄选手段来完成的。面试是一个互动过程，对于招聘单位来讲，面试是在阅读了应聘者提交的自荐信、个人简历等相关材料的基础上更深入地考察和了解应聘者的素质，为录用决策提供依据；对应聘者来说，面试相当于抛开简历等书面材料站在主考官面前，通过自己的言谈举止来展现自己的才能和素质，让招聘单位相信自己是最适合的人选，同时可以通过主动咨询更多地了解招聘单位的用人政策和运作情况。一般参加应聘的不会是一个人，所以面试过程也是应聘者竞争的过程，这更需要应聘者善于突出自己的长处，争取最后的胜利。

二、五种面试类型

在校园招聘中，企业采用的面试形式越来越丰富，面试流程也越来越复杂，其目的是提高面试筛选的准确度和效率，降低招聘成本等。应届毕业生，有必要了解企业招聘的面试形式和面试流程，结合自身的实际情况做好面试准备，以便在面试中灵活应对，展现出良好的状态，博得面试人员的青睐。

按照面试的开展形式及手段、面试的内容、面试考核的重点等，企业在校园招聘中采用的常见面试方式有以下几种（见表4-1）。

表 4-1 面试类型及其特征

面试类型	主要特征
电话面试	面试人员通过电话对应聘者进行提问的面试。一般发生在笔试之后，在面对面的面试之前经常采用的面试手段，针对某些特定问题进一步了解
视频面试	面试人员与应聘者利用连通了互联网的电脑，通过视频摄像头和耳麦进行即时沟通交流的招聘面试行为
结构化面试	面试人员通过设计面试所涉及的内容、试题、评分标准、评分方法、分数等对应聘者进行系统的结构化的面试。其主要目的是评估应聘者工作能力的高低及是否能胜任该岗位工作
无领导小组面试	无领导小组面试是一种测评技术，采用情景模拟的方式对考生进行集体面试。面试人员通过给一组应聘者一个与工作相关的问题，让他们进行一定时间的讨论，在这个过程中，多个应聘者需要合作完成某个项目——可能是实际商业环境下的有见地的案例讨论，也可能是集体游戏
情景模拟面试	面试人员设置一定的模拟场景，要求应聘者扮演某一角色并进入角色情景中去处理各种事务及各种问题和矛盾

（一）电话面试

出于面试效率、成本等因素的考虑，特别是招聘单位与招聘地点不一致时，招聘方会采用电话对应聘者进行初步的筛选面试。在求职材料递出后，特别是投递了外地用人单位的毕业生就要随时准备目标公司的电话面试。

应聘者在电话面试前应提前准备好提纲，以从容应答。正式电话面试前，要将对方单位名称、岗位及自己感兴趣的职位等信息弄清楚。如果面试人员表示占用时间很短，应聘者不要紧张，理清思路，先做简短的自我介绍，之后有条不紊地回答提问。

一般电话面试，首先，面试人员会确认求职简历的真实性。此时，应聘者要冷静快速地回答问题，回答过程中的任何犹豫都有可能给对方造成说谎的印象。因此，最好将简历放在手边，可以看着内容回答提问。其次，电话面试人员会针对应聘岗位问一些专业技术方面的问题，如应聘者专业技能、对应聘职位的看法，有时会问得更细。对于这些问题，千万不要慌张，抓住问题要点，要尽量显示出自己对专业术语非常熟悉，并能用简短的语言表达清楚，重点突出，不要回答得含糊不清。

电话面试时，如果可能最好在手边放上纸和笔，记录面试人员的问题要点，便于回答。在电话面试过程中不要机械地背诵自己准备的材料。回答问题时语速不必太快，发音吐字要清晰，表述要简洁、直截了当、充满热情，使谈话有趣而易于进行，快了反而会弄巧成拙。如果问题没听清楚，要有礼貌地请面试人员重述一次，如有必要，可以要求面试人员改用其他方式重述问题，不要不懂装懂，答非所问。

(二) 视频面试

应聘者参加视频面试，在用人单位安排的面试时间前，要提前安装好摄像头和耳麦等相关设备，并检查电脑、网络、摄像头、耳麦、灯光等设备的使用情况，以保证视频面试按时、正常进行。

视频面试不能看到应聘者更多的姿态、动作，因此应聘者的发型、服饰等给面试官留下的印象更深刻，要尽量做到干净整洁、朴实大方、和谐得体，符合自己的身份，给面试官一个良好的印象，调整好摄像头，把自己最具风采的一面展示给面试官。

视频面试更多通过语音聊天来展示自己，因此应聘者要特别注意语言表达，口齿清晰，表达有条理。视频面试过程中有可能出现没有听清或者视频突然断掉的情况，要非常有礼貌地解释清楚，此时应聘者的反应也许会成为面试官判断的标准。

视频面试过程中的一颦一笑，一举一动都有可能成为面试官判断应聘者的依据，应聘者不要有过多的小动作，在面试过程中，眼睛要直视对方，目光游移不定会影响面试官对其判断。

(三) 结构化面试

结构化面试又称标准化面试，是通过设计面试所涉及的内容、试题、评分标准、评分方法、分数等对应聘者进行系统的结构化的面试。其主要目的是评估应聘者工作能力的高低及是否能胜任该岗位工作。用人单位会根据岗位的特点确定面试的具体内容模块、测评流程、安排和要求，如面试达到的目的、职位的具体要求等。目前，公务员和外企使用此类面试比较多。

> 结构化面试举例
> 1. 简单寒暄
> 你怎么过来的？
> 2. 看或听
> 应聘者的仪表风度、精神面貌、行为礼仪等。
> 3. 口头表达能力
> 请你先用几分钟简单介绍一下自己吧。
> 4. 兴趣爱好
> 平时常看些什么书？最喜欢的课余活动是什么？
> 5. 上进心与自信心
> 谈谈你在担任学生干部的经历中认为成功的事例及成功的因素是什么？

6. 灵活应变能力、工作态度等
你在选择工作中更看重什么？
（若薪酬不排在第一，问）——可不可以说说你在薪酬方面的心理预期？（待回答完毕后）那你刚才的意思也可以这样理解：薪酬方面可以适当低于你的心理预期，对吗？（若薪酬显得不可让步，可问）有人说挣未来比挣钱更为重要，你怎样理解？
（若薪酬排在第一，问）——有人说挣未来比挣钱更为重要，你怎样理解？
7. 责任感与归属意识
如果你的班级在一项比赛中处于竞争劣势，你有什么想法和行动？

（四）无领导小组面试

无领导小组面试是一种集体面试的测评技术，它通过给一组应聘者一个与工作相关的问题，让应聘者进行一定时间的讨论，来检测应聘者的组织协调能力、口头表达能力、辩论能力、说服能力、情绪稳定性、处理人际关系的技巧等方面的能力和素质是否达到拟任岗位的要求。

1. 开放式问题

开放式问题的答案范围可以很广、很宽。主要考察应聘者思考问题是否全面、有针对性、思路清晰、有新的观点和见解。

2. 两难问题

两难问题是让应聘者在两种互有利弊的答案中选择其一。主要考察应聘者分析能力、语言表达能力及说服力等。

3. 多项选择问题

此类问题是让应聘者在多种备选答案中选择其中有效的几种或对备选答案的重要性进行排序，主要考察应聘者分析问题实质，抓住问题本质方面的能力。

4. 操作性问题

操作性问题是给应聘者一些材料、工具等，让他们利用所给的这些材料，设计出一个或一些由考官指定的物体，主要考察应聘者的主动性、合作能力及在实际操作任务中所充当的角色。例如，给一些材料，要求应聘者相互配合，构建一座铁塔或者一座楼房的模型。

5. 资源争夺问题

此类问题适用于指定角色的无领导小组讨论，是让处于同等地位的应聘者就有限的资源进行分配，从而考察应聘者的语言表达能力、分析问题能力、概括或总结能力、发言的积极性和反应的灵敏性等。例如，让应聘者担当各个分部门的经理，并就有限数量的资金进行分配，因为要想获得更多的资源，自己必须要有理有据，必须能说服他人。

(五)情景模拟面试

情景模拟面试,是指设置一定的模拟场景,要求应聘者扮演某一角色并进入角色情景中去处理各种事务及各种问题的面试。考官通过对应聘者在情景中所表现出来的行为,进行观察和记录,以测评其素质潜能,看其是否能适应或胜任工作。

情景模拟面试举例

1. 你在办理业务时,一位客户当众指责你办事效率低、拖拉,并扬言要投诉你,你该怎么办?

参考回答:

面对客户的批评指责,我会以虚心的态度,及时予以解决。

首先,我会虚心接受这位客户的批评,向他表示我一定会加快办事的效率,请他先消消气,不要着急。其次,我会在保证工作质量的前提下,加快自己的办事效率,如果确实办事的人较多,我会向领导申请,增加一个办事窗口,减少客户的排队等候时间,最大限度地方便客户办理业务,努力做到让客户满意。再次,在办完业务之后,我会主动联系这位客户,感谢他,欢迎他多给我们提出宝贵的意见和建议,如果我们的努力还是不能让他满意,我尊重他投诉的权利。最后,我会对自己的工作进行认真反思,查找自己工作效率低的原因,然后,积极改进,不断提升自己的办事效率,努力为客户提供更加高效、便捷的业务服务,树立我单位良好的服务形象。

2. 你是火车站安检人员,有个女乘客身材瘦小,不能把行李抬上安检架,此时有个男乘客进来要求提前进入,其他乘客也纷纷提出要求,你怎么办?

参考回答:

作为火车站安检工作人员,我的工作就是做好安检工作,保障火车站站内安全,同时要维护好乘客的进站秩序。发生题干中的情况,我会妥善处理,做出如下安排。

首先,对后面乘客进行情绪安抚,维持秩序。用扩音器向大家说明情况,进站速度会马上解决,让大家耐心排队。对该名男乘客耐心说明,希望他能理解一下前面女乘客,而且马上解决问题。同时,请在场的其他同事帮助该名女乘客把行李抬上安检架,并让安检架另一头同事帮忙把行李抬下去,避免因行李太重拿不走而造成人员拥堵。其次,恢复秩序,做好后面的安检工作,严格按照规定要求每一位进站乘客都要将其随身携带的包裹进行安检。最后,总结经验,在以后的安检工作中,要主动观察,对老弱病残孕,以及行李重、多的乘客及时给予帮助,避免发生类似情况;向上级领导建议,在客运高峰时期,对出行不便的乘客开通专门的安检通道,保障各类乘客的出行需求。

三、面试考察的内容

了解面试官在面试中到底要测试什么，可以有意识地提前做好相关准备。面试的考核要素一般有以下几项。

（一）基本素质

1. 仪表举止

仪表举止主要指应聘者的衣着、精神状态、风度气质等。研究表明，仪表端庄、衣着整洁、举止文明的人，一般做事有规律，注意自我约束，责任心强。因此应聘者应该注意着装得体，举止文雅大方，表情丰富，回答问题要认真、诚实。

2. 道德品行

道德品行主要考察应聘者的责任感是否强烈，能否令人信任地完成工作；考虑问题是否偏激；情绪是否稳定；对于要求较高深的业务能否适应。应聘者回答时应该突出自己的自信心、坚强的意志和强烈的责任感。责任心强的人一般都会确立与事业有关的奋斗目标，并为之积极努力，且不安于现状，工作中常有创新。上进心不够的人一般都安于现状，无所事事，不求有功，但求无过，对什么事都不热心。

3. 求职动机

了解应聘者为何希望来应聘单位工作，对哪类工作最感兴趣，在工作中追求什么，判断应聘单位所能提供的职位、工作条件等能否满足其工作要求和期望。

4. 自我控制能力与情绪稳定性

自我控制能力在工作中显得尤为重要，主要表现在两个方面。一方面，在遇到上级批评指责、工作有压力或是个人利益受到冲击时，能够克制、容忍、理智地对待，不因情绪波动而影响工作；另一方面工作要有耐心和韧劲。

5. 工作态度

工作态度主要考察两个方面：一是了解应聘者过去学习、工作的态度；二是了解其对应聘职位的态度。如果在过去学习或工作中态度不认真，在新的工作岗位就很难能勤勤恳恳、认真负责。

面试时主考官还会向应聘者介绍本单位及拟聘职位的情况与要求，讨论有关工薪、福利等问题，以及回答应聘者可能问到的其他一些问题。

（二）相关能力

1. 口头表达能力

用人单位一般会观察应聘者能否将要表达的内容有条理地、完整地、准确地转达给对方；引例、用语是否确切；发音是否准确，语气是否柔和；说话时的姿势、表情如何。面试中应聘者是否能够将自己的思想、观点、意见或建议顺畅地用语言表达出来。考察的具体内容包括：表达的逻辑性、准确性、感染力、音质、音色、

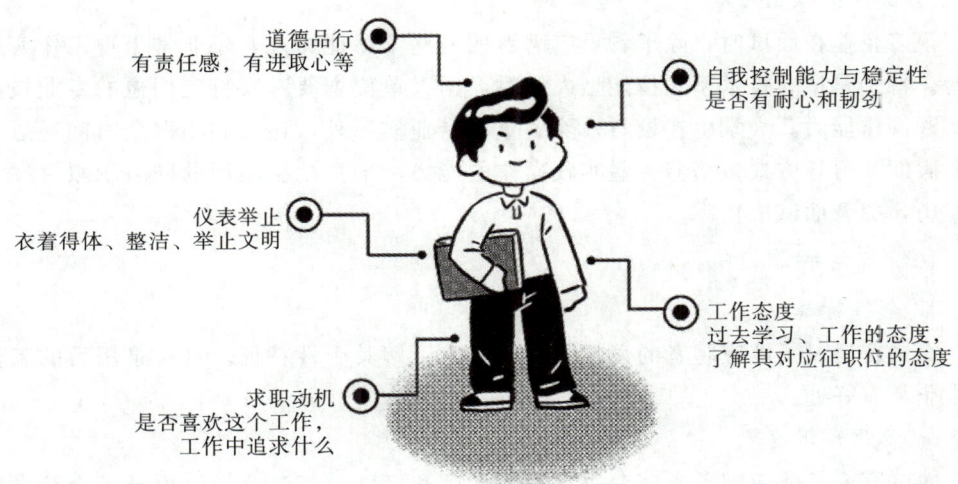

音量、音调等。

　　2. 综合分析能力

　　用人单位在面试中考察应聘者能否对主考官所提出的问题通过分析抓住本质，并且说理透彻、分析全面、条理清晰。

　　3. 思考判断能力

　　用人单位一般观察应聘者能否准确、迅速地判断面临的状况；能否恰当地处理突发事件；能否迅速地回答对方的问题，且回答简练、贴切。

　　4. 反应能力与应变能力

　　用人单位主要观察应聘者对主考官所提问题理解是否准确，回答是否迅速、准确；对突发问题的反应是否机智敏捷，回答恰当；对意外事情的处理是否妥当等。

　　5. 学习能力

　　所谓学习能力是指理解并接受新事物、新观念的能力。担任任何职位都必须具有良好的学习能力，因为世界每时每刻都在发生变化，不断有大量的新事物、新观念涌现出来，而要使自己跟上时代发展的步伐，必须及时接受并理解与自己所任职位有关的新事物和新观念，只有这样才能不断提高自己的工作水平，创造性地完成职位规定的各项职务。

　　用人单位首先看应聘者是否具有掌握和学习新知识、新技能的强烈愿望和兴趣；其次要看应聘者是否掌握了一些基本的学习技能、技巧和方法。只有具有良好的学习方法，才能在尽量短的时间内掌握尽可能多的新知识、新技能。

　　6. 人际沟通能力

　　面试人员通过询问应聘者经常参与哪些社团活动，喜欢同哪种类型的人打交道，在各种社交场合所扮演的角色，可以了解其人际交往倾向和人际沟通能力。

7. 实践操作能力

很多企业在面试时，除了看重应聘者的一些学习能力外，还非常重视工作实践经验。特别是招聘技术型和技能型人才时，用人单位主要考察特定岗位的专业技能和实践操作能力。大学生在校时，除了重视专业实习外，还可利用课余时间通过兼职、假期实习等方式多培养一些实践操作的能力，丰富社会阅历的同时积累一些工作经历，提升面试成功率。

(三) 与应聘职位的匹配度

1. 个性特征

面试官通过了解应聘者的兴趣、爱好等来了解其个性特征。这对录用后的工作安排非常有好处。

2. 专业知识

面试官要了解应聘者掌握专业知识的深度和广度，其专业知识更新是否符合所要录用职位的要求。作为对笔试的补充，面试对专业知识的考察更具灵活性和深度，所提问题也更接近招聘岗位对专业知识的需求。

3. 工作实践经验

一般面试官会根据应聘者的个人简历或求职登记表做相关的提问，了解应聘者有关背景及过去的工作情况，以补充、证实其所具有的实践经验。通过对工作经历与实践经验的了解，还可以考察应聘者的责任感、主动性、思维能力、口头表达能力及遇事的处理能力等。

无领导小组讨论

1. 活动目的

感受新型面试方法——无领导小组讨论，了解面试的过程。

2. 评分规则

素质评分：10分制，1分表示最差，10分表示最好。

总评分是对应聘者的总体评价，是所有分数的总和。

匹配度指应聘者对该岗位的适合程度：①不适合；②基本适合；③适合；④优秀。

3. 说明

(1) 积极主动：主动承担任务（记录、计时、汇报等）、主动发言、主动沟通，记住团队成员。

(2) 逻辑思维：思考问题全面细致，条理清晰，结构完整，报告逻辑性强。

(3) 团队合作：积极与团队成员分享自己的观点和想法，讨论不一致的观点，懂得妥协，尊重队友和他们的观点，最终达成共识。

(4) 组织协调：参与讨论的主动性，控制和引导讨论的能力，协调不同意见的能力，容纳不同意见，综合提炼同类观点的能力等。

(5) 沟通能力：有效地表达自己的想法和意见，意见表达连贯且获得别人理解和支持，同时用心倾听他人意见，并及时调整和回应。

(6) 影响能力：让人觉得可信，善于提炼，把大家的意见引向一致，用智慧而非强势来影响他人。

(7) 分析能力：从本质角度来分析问题，紧扣问题，不要跑偏，运用逻辑思维与创新思维，提出角度新颖但能够执行的方案。

(8) 情绪管控能力：懂得管控自身情绪，能处理自己的负面情绪，也懂得影响他人情绪，善于察觉并激励他人，自信乐观地达成目标。

4. 无领导小组讨论题目

1) 面包与记者

假设你是某公司的业务员，现在公司派你去偏远地区销毁一卡车的过期面包（不会致命的，无损于身体健康）。在行进的途中，刚好遇到一群饥饿的难民堵住了去路，因为他们坚信你所坐的卡车里有能吃的东西。

这时报道难民动向的记者也刚好赶来。对于难民来说，他们肯定要解决饥饿问题；对于记者来说，他要报道事实；对于业务员来说，你要销毁面包。

现在要求你既要解决难民的饥饿问题,让他们吃这些过期的面包(不会致命的,无损于身体健康),又不要让记者报到过期面包的这一事实,请问你将如何处理?
(说明:面包不会致命;不能贿赂记者;不能损害公司形象。)

2)海上救援

现在发生海难,游艇上有八名游客等待救援,但是现在直升机每次只能够救一个人。游艇已坏,不停漏水。寒冷的冬天,刺骨的海水。游客情况:

将军,男,69岁,身经百战;外科医生,女,41岁,医术高明,医德高尚;大学生,男,19岁,家境贫寒,参加国际奥数获奖;大学教授,50岁,正主持一个科学领域的项目研究;运动员,女,23岁,奥运金牌获得者;经理人,35岁,擅长管理,曾将一大型企业扭亏为盈;小学校长,53岁,男,劳动模范;中学教师,女,47岁,桃李满天下,教学经验丰富。

请将这八名游客按照营救的先后顺序排序。

5. 观察记录与评分

请仔细观察无领导小组讨论中各位应聘者的表现,将观察记录、评分情况填在表4-2、4-3中。

表4-2 无领导小组观察记录表

应聘者	发言次数	善于提出新的见解	敢于发表不同意见	坚持自己正确意见	善于提出新的见解	支持肯定别人意见	消除紧张气氛	说服或调解	创造发言气氛
1号									
2号									
3号									
4号									
5号									
6号									
7号									
8号									
9号									

表 4-3　无领导小组讨论评分表

项目	1号	2号	3号	4号	5号	6号	7号	8号	9号
沟通表达									
积极主动									
团队合作									
逻辑思维									
决策能力									
计划能力									
组织协调									
创新能力									
情绪控制力									
人际影响力									
核心素质总分									
形象气质									
行为举止									
精神面貌									
印象总分									
总体评分									
匹配度									

任务二　面试技巧及常见问题回答

一、面试前的准备

(一)长期准备

在面试过程中，招聘人员会通过提出问题、设计模拟情景等方式来考察和评价应聘者的素质和能力。其中，一些素质和能力是可以通过短期的训练获得、提高的，还有一些则需要靠应聘者的长期培养和积累才能获得，如专业知识的积累、外语水平、专业技能、道德品质等。

(二)准备面试着装

面试人员会对应聘者的穿着打扮进行评估，所以第一印象对于面试的成功与否十分重要。因此，应聘者在参加面试之前，要准备合适的职业套装，面试单位另有特殊要求的除外。简单、正式的职业套装是参加面试最保险、最不宜出错的着装选择。

(三)了解用人单位及招聘职位、行业状况

应聘者通过多种方式了解用人单位的情况，有助于面试准备充分、有的放矢。参加不同行业用人单位的面试，需要了解的内容也有所不同。但总体来说，需要了解用人单位的发展历史和现状、主要业务、运营情况、组织架构、产品品牌、企业文化、重点客户、最近的活动和动态，以及以往招聘的笔试和面试情况等。

了解用人单位招聘的职位和职位要求的原因在于：不同类型的职位对应聘者的能力和素质的要求各有不同，这些要求在其招聘信息中会进行明确说明。应聘者在参加面试之前一定要了解目标职位的情况和具体要求，把握重点，早做准备，这样不仅能在面试中着重展示与目标职位要求相符的优势和特长，而且能了解目标职位是否真正适合自己。具体来说，招聘职位的说明一般包含两个部分：一是对人才的需求；二是岗位的工作内容和工作职责。应聘者要结合具体岗位的工作内容和职责，在面试时向面试人员展示自己的优势，以及能够胜任工作的能力。

此外，还要了解行业现状，如行业的发展趋势和发展空间、行业内领先的企业等，并且对行业发展有自己的想法和见解。这样在面对诸如"为何选择这个行业"的面试问题时，才能侃侃而谈，展现自己对行业的了解以及对行业未来发展趋势的深刻见解，从而让面试人员相信自己的行业选择和职业生涯发展规划是成熟且理性的。

(四)复习职位要求的相关专业知识

对于一些技术型和技能型岗位的面试，应聘者除了要进行常规面试应该准备的

内容之外，还应该针对面试中可能被问到的专业知识、专业技能等方面的问题进行提前准备和复习。即便这些知识已经在准备笔试的阶段复习过，在面试前进行再次巩固也是十分必要的。

(五)准备面试问题及面试英语

大多数用人单位的面试是采用问答方式进行的，即面试人员进行提问，应聘者对提出的问题进行回答。虽然在面试过程中不能刻板、机械地背诵问题的答案，但是在进行面试之前，可对面试人员有可能提出的问题进行思考和罗列，并准备好答案，这对面试成功也是十分有效的。另外，部分应聘者需要参加英文面试，在面试前最好能将可能问到的问题及自己组织的答案用英文写下来，这样回答时语法准确、结构清晰、有条理、有逻辑，语言流利顺畅。应聘者可以从两个方面准备英文面试的问题：一是根据自己投递的简历内容来预测面试人员可能提出的问题；二是准备一些面试中的常见问题，或与用人单位、目标岗位相关的开放性问题等。

(六)用STAR法准备面试问题

面试人员在面试过程中常会提到这样的问题：你最成功的一件事或者你最遗憾的一件事是什么？当遇到这样的面试问题时，应聘者可使用STAR法来进行回答。

所谓STAR法，就是结构化陈述经历过的典型事件或案例的方法，主要包括4个环节，如图4-2所示。

若想使STAR法发挥更好的效果，就可以在回答过程中"多讲一点点"，即STAR-L。在依次介绍完S-T-A-R后，可以向面试官多讲一点，说明自己在事件过程中学到了什么，可从反思(R)、应用(A)、预防(P)几个不同的维度回答。

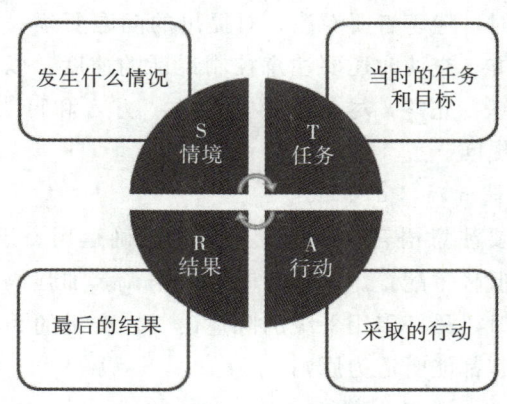

图4-2 STAR法示意图

反思(Reflection)，自己在事件中采取的行动及对事件结果的反思和从中得出的感悟。

应用(Application)，自己将在事件中获得的成功经验迁移到其他的情境后获得的改变和提高。

预防(Prevention)，若事件的结果不够理想，可以强调自己吸取事件中的经验教训，避免未来在同类事件中再发生失误。

STAR法，即将叙述过程逻辑化，让陈述变得清晰且有条理，这样的表述能够让面试人员全面、准确地了解应聘者所经历的事件。而将表述进行加强的STAR-L法，尤其是RAP的组合更有利于应聘者的描述，无论事件的结果还是事件本身都是有价值的。其中，R是应聘者通过事件有关内心的收获，AP是应聘者有关外部环境的收获(A是成功经验的收获，P则是经验教训的收获)。在陈述中加入L，可以使STAR法更完整，可以向面试人员展示应聘者的反思和学习能力，有助于应聘者顺利通过面试。

(七)心理准备

大学毕业生在面试之前应该进行心理方面的准备，调整心态，克服过度紧张的不良情绪，充满信心，这样才能在面试过程中向面试人员更好地展示自己的知识水平和能力。

二、面试技巧

(一)语言技巧

面试中应聘者的语言表达反映其成熟程度和综合素质，所以对应聘者来说，掌握语言表达的技巧是非常重要的。

1. 认真聆听，流利回答

主考官介绍情况时，应聘者要专注，对提出的问题要逐一回答，口齿清晰，发音准确，语言文雅大方。交谈时还要注意控制说话的速度，以免磕磕绊绊，影响语言的流畅；回答要简练、完整，尽量不要用简称、方言和口头语。在对方谈话时，应聘者可适时点头或提问。

2. 语气平和，语调恰当，音量适中

应聘者在面试时要注意语言、语调、语气的正确运用。语气是指说话的口气，语调则是指语音的高低轻重配置。打招呼时注意语调，加强语气并带拖音，以引起对方注意。自我介绍时，最好多用平缓的陈述语气，音量的大小要根据面试现场情况而定，以每个主考官都能听清为原则。

3. 注意听者的反应，及时调整

应聘者面试不同于演讲，而更接近于一般的交谈，应随时注意听者的反应。例如，听者心不在焉，可能他对应聘者的这段话没有兴趣；侧耳倾听，可能应聘者的讲话声音过小，对方难于听清；皱眉、摆头，可能应聘者的语言有不当之处。根据对方的这些反应，应聘者要适时地调整语言、语调、语气、音量、修辞等，以便取

得良好的面试效果。

(二)行为技巧

面试从应聘者进入面试人员视线那一刻就已经开始了。被面试的不仅是应聘者的语言,还有应聘者的个人行为表现,而后者往往被应聘者忽视。一项研究表明,个人行为表现给人的印象7%取决于用词、38%取决于音质、55%取决于非语言交流。所以,面试时一定要特别注意非语言交流,自始至终保持斯文有礼、不卑不亢、大方得体的言谈举止。

1. 眼观六路:眼神交流

忌:目光呆滞地盯着别人看,这样会让面试官感到很不舒服。

宜:与对方保持目光交流,但目光要稍微有些移动;如果有不止一个人在场,说话的时候要经常用目光扫视一下其他人,以示尊重和平等。

2. 耳听八方:主动聆听

忌:像木头桩子一样故作深沉、面无表情;抢着说话,或打断对方的讲话。

宜:在听对方说话时,要不时做出点头同意状,表示自己听明白了,或正在注意听;不要打断对方。

3. 举手投足:自然放松

忌:折纸、转笔,或乱摸头发、胡子、耳朵等,用手捂嘴说话。

宜:双手自然放置,心情放松。

4. 稳如泰山:坐有坐相

忌:紧贴着椅背坐,全身瘫倒在椅背上,或是坐得太少,战战兢兢地只坐椅边。

宜:一般以坐满椅子的三分之二为宜。

三、面试礼仪

一个人的良好形象不仅仅表现在相貌和身材等方面,穿着打扮和举止在很大程度上也反映出一个人的修养。在面试中,恰到好处的表情和举止,代表着应聘者良好的个人素养,会给主考官留下较好的印象。

(一)初次见面时的礼仪

1. 准时赴约

应聘者应提前10分钟左右到达面试地点,既给自己留出缓冲、放松的时间,还可以给用人单位留下良好的第一印象。守时守约在人们的日常生活中已成为起码的礼数,迟到失约是面试中的大忌,因为这不但会表现出应聘者没有时间观念和责任感,而且会让面试官觉得应聘者对这份工作没有热忱,从而对其第一印象大打折扣。

如果临时发生了意外情况不能按时赴约或不能参加面试,应聘者必须及时向用人单位表达歉意,并预约另一个面试时间,力求得到用人单位的谅解,争取得到补试的机会。

2. 礼貌通报

到达面试地点后，不可慌慌张张贸然进入，先在门外冷静一会儿，松弛一下紧张的情绪。进门前，一定要有礼貌地通报负责面试的人员。如果门关着，有门铃按一下短声，无门铃则轻叩门两三下。如果久按门铃不放或使劲敲门，就会给对方留下缺乏修养的印象。当听到允许进入的回答后，再轻轻地推门进入。进门不要紧张，将门轻轻关闭，动作要得体，表情要自然。

3. 正确称呼

进入面试场所后，要主动向招聘人员打招呼，如"您早""您好"，尽量与招聘人员之间产生一种和谐的气氛，从而消除自己的紧张感，使接下来的谈话自然、不拘谨。打招呼离不开对对方的称呼，有时打招呼本身就是从称呼开始的，而且在面试过程中及结束告别时会多次涉及。在面试这种重要的场合，称呼必须正确得体。如果招聘人员有职务就采用姓加职务称呼的形式，如"王经理""张处长"等；如果职务较低，可不采用职务称呼，以老师相称为好；如果对方职务是副职，应采用就高不就低的称呼，即以正职相称。

4. 热情握手

握手是一种礼貌，也是一种常见的社交礼仪。应聘者要有礼貌地问候，谦恭有礼，伸出右手，双目注视对方，面带微笑，上身略前倾，头微低。

5. 谈吐文明

面试过程中要注意自身的谈吐形象。说话要和蔼可亲，普通话力求标准。要尊重考官，不要打断对方的发问，不要随意插话，更不能贬低别人，抬高自己，要彬彬有礼，不要轻易反驳，要不时地点头表示赞同。谈吐谦虚、诚恳、自然、亲和、自信。

6. 适时告辞

面试是有限定时间的谈话，不可久留。在高潮话题结束之后或者是在主考官暗示之后，应聘者可主动告辞。面带微笑，亲切握手，充满热情地告诉面试官自己对此职位感兴趣，和面试官握手并致谢，然后离开。

（二）仪容礼仪

1. 着装

应聘者的服饰打扮应给人一种整洁、大方、庄重的感觉。男性着装应体现出整洁、干练的气度；女性着装应表现出朴实、端庄的风格。服饰的大方得体、不妖不俗能反映出大学生风华正茂，有知识、有修养、青春活泼，具有独特魅力。

2. 化妆

女性切忌浓妆艳抹，过于妖娆不符合大学生的形象与身份，妆容以自然、健康为标准。男性胡子要刮干净,给人以干净、阳光的感觉。指甲要修剪整齐,保持干净。不要喷过多香水,淡淡的清香容易让人产生愉快的感觉。

3. 发型

发型不仅要与脸型配合,还要和年龄、体型、个性、衣着、职业要求相配合,这样才能体现出整体美。女性染发切忌颜色夸张、怪异,男性忌长发。应聘者应聘的职业不同,发型也应有所差异,但不管设计什么发型,都应该保持头发的清洁。

(三)形态礼仪

应聘者给招聘单位的第一印象是非常重要的,要做到仪态大方得体,举止温文尔雅。在面试中,恰当使用非语言交流的技巧,可达到事半功倍的效果。

除了讲话之外,无声语言也是重要的表达方式,主要有手势语、目光语、身体语、面部语等,它们通过仪表、姿态、神情动作来传递信息,在交谈中往往起着有声语言无法比拟的效果,是职业形象的最高境界。形体语言对面试成败非常关键,有时一个眼神或者手势都会影响到整体评分。

1. 面部表情

微笑很重要,它是自信的第一步,是一种令人感觉愉快的面部表情。适当微笑能呈现出一个人的乐观、豁达、自信。它可以缩短人与人之间的心理距离,为深入沟通与交往创造温馨和谐的气氛。赏心悦目的面部表情使应聘者的成功率远高于那些目不斜视、笑不露齿的人。

2. 眼神

眼睛是心灵的窗户,恰当的眼神能体现出智慧、自信以及对用人单位的向往和热情。正确的眼神表达应该是礼貌地正视对方,目光平和而有神,专注而不呆板;切忌斜视、下视、仰视,更不能有飘荡、心不在焉,甚至挑逗的意思;注视的部位最好是考官的鼻眼三角区,如果有几个面试官在场,说话的时候要适当用目光扫视一下其他人,以示尊重;回答问题前可以把视线投在对方背面的墙上,思考约两三秒钟,不宜过长,开口回答问题时,应该把视线收回。

3. 手势

说话时做些手势,加大对某个问题的形容力度是很自然的,可手势太多也会分散人的注意力,所以只能在需要时适度配合表达。有些应聘者由于紧张,双手不知道该放哪儿;有些人过于兴奋,在侃侃而谈时挥动双手,这些都不可取。不要有太多小动作,切忌抓耳挠腮、耸肩,为表示亲切而拍对方的肩膀等。

4. 站姿

站姿是人体最基本的姿势,是一种静态美。面试中,宜采用标准的站姿,即双腿并拢,两手下垂相握。不宜两腿岔开,手背在后面,或采用"稍息"状等。若与人握手,上身略前倾,腰略弯曲,表示谦恭。

5. 坐姿

良好的坐姿是给面试官留下好印象的关键要素之一。进入面试室后，考官说"请坐"后方可坐下，坐下时应道声"谢谢"。坐下时不要靠着椅背，上身挺直，这样显得精神抖擞；全身稍稍放松，否则会显得坐姿僵硬；女生两腿应该并拢，身体可稍稍倾斜；别抖动双腿或将双手交叉于胸前。应该很自然地将腰伸直，并拢双膝，把手自然地放在上面。

6. 行姿

两眼平视前方，抬头并梗脖；上体正直、收腹、挺腰；身体重心落于两足的中央，不可偏斜。迈步前进时，重心应从中部移到足的前部；腰部以上至肩部应尽量减少动作保持平稳；双臂靠近身体随步伐前后自然摆动，手指自然弯曲朝向身体。行走路线尽可能保持平直，步幅适中。

（四）服饰礼仪

参加面试的服饰要求一切为了配合应聘者的身份。面试时，合乎自身形象的着装会给人以干净利落、有专业精神的印象，男生应显得干练大方，女生应显得庄重俏丽。

1. 总体原则

着装要体现仪表美，同时兼顾以下原则。

1）整洁大方

整洁的衣着反映出一个人振奋、积极向上的精神状态，而脏乱的服饰会显得人颓废、消极、精神空虚。因此，衣服要勤换、勤洗、熨平整，裤子要熨出裤线；衣扣、裤扣要扣好，裤带要系好；穿中山装应扣好风纪扣；穿长袖衬衣衣襟要塞在裤内，袖口不要卷起，短袖衫衣衣襟不要塞在裤内。如果衣冠不整、不洁、不修边幅，会显得本人懒惰、邋遢、缺乏修养，可能会使对方产生不愉快、不信任的感觉，导致关系的疏远。

装饰必须端庄、大方，要让对方感到可亲、可近、可信，乐于与之交往。在面试前，应事先收拾打扮一下，把脸洗干净，头发梳理整齐。男士应刮胡子，女士还可化一点淡妆。一般来说，女服色彩丰富，款式优美，面料较讲究，显示出秀丽、文雅、贤淑、温和等气质。男服则要求线条简洁有力，色彩沉着，衣料挺括。

2）整体和谐

服饰礼仪中所说的服饰，不完全是指我们日常生活中的衣服和装饰物，而主要是指在装后构成的一种状态，包括它所表达的人的社会地位、民族习惯、风土人情及人的修养、趣味等因素。所以不能孤立地以衣物的好与坏来评价人在着装之后的美与丑恶，必须从整体综合的角度来考虑和体现各因素和谐一致，做到适体、入时。

适体，就是追求服饰与人体比例的协调和谐。服饰是美化人体的艺术，服饰只有与人体相结合，使服饰的色彩、式样、比例等均适合人体本身的高、矮、胖、瘦、从而把服饰与人体融为有机统一的整体。因此，过肥或过紧的衣衫，过小或过大的裤腿、过高的高跟鞋以及不得当的颜色搭配等，都会扭曲人的形体、影响人的形象。

入时，就是追求服饰和自然界的协调和谐。人与自然相适应，根据四季的变化穿着衣物，不但很合乎时宜，而且还可保证人体健康。一般来说，冬天衣服的质地应厚实一点，保暖性强一点，而春秋衣服的质地则应相应薄些。可以设想，在寒冷的冬天穿着单薄，浑身颤抖，在炎热的夏天穿着厚实，满头大汗，出现在面试场所的那种难堪模样。

2. 男生面试时的服饰礼仪

1）西装

男生应在平时就准备好一至两套得体的西装，不要到面试前才去匆匆购买，那样不容易选购到合身的西装。应注意选购整套的两件式的，颜色应当以主流颜色为主，如灰色或深蓝色，这样在各种场合穿着都不会失态，在价钱档次上应符合学生身份，不要盲目攀比，乱花钱买高级名牌西服，因为用人单位看到应聘者的衣着太过讲究，不符合学生身份，对应聘者的第一印象也会打折扣的。

2）衬衫

以白色或浅色为主，这样较好配领带和西裤。平时应注意选购一些较合身的衬衫，面试前应熨平整，不能给人"皱巴巴"的感觉。崭新的衬衣穿上去会显得不自然，太抢眼，以至于削弱了招聘主管对应聘者其他方面的注意。这里要提醒一点，面试时应聘者所穿的西服、衬衫、裤子、皮鞋、袜子都不宜给人以崭新发亮的感觉，不然会给招聘主管刻意而为，不真实的印象。

3）皮鞋

皮鞋以黑色为宜，且面试前一天要擦亮。

4）领带

男生参加面试一定要在衬衣外打领带，领带以真丝的为好，上面不能有油污，要平整，平时应准备好与西服颜色相衬的领带。

5）袜子

袜子的颜色也有讲究，穿西服时袜子必须是深灰色、蓝色、黑色等深色，这样在任何场合都不失礼。

6）头发

尽量避免在面试前一天理发，以免看上去不够自然，最好在三天前理发。男生女生都应在面试前一天洗干净头发，避免头屑留在头发或衣服上，保持仪容整洁是取得用人单位良好第一印象的前提。

此外，男生要将胡须刮干净，并且在刮的时候不要刮伤皮肤，指甲应在面试前一天剪整齐。

3. 女生面试时的服饰礼仪

1）套装

女生应准备一至两套较正规的套服，以备去不同单位面试之需。女式套服的花样可谓层出不穷，每个人可根据自己的喜好来选择，但原则是必须与准上班族的身份相符，颜色鲜艳的服饰会使人显得活泼、有朝气，素色稳重的套装会使人显得大方干练。记住这个原则，针对不同背景的用人单位选择适合的套装吧。

2）化妆

参加面试的女生可以适当地化点淡妆，但不能浓妆艳抹，过于妖娆不符合大学生的形象与身份。

3）皮鞋

鞋跟不宜过高，过于前卫，夏日最好不要穿露出脚趾的凉鞋，更不宜将脚趾甲涂抹成红色或其他颜色，丝袜以肉色为雅致。

4）皮包

女生的皮包要能背的，与装面试材料的公文包有所区别，可以只拿公文包而不背皮包，但不能把公文包里的文件全部塞在皮包里而不带公文包。

5）手表

面试时不宜佩戴过于花哨的手表，给人过于稚气的感觉。面试前应调准时间，以免迟到或闹笑话。

男女生都不能在面试时穿 T 恤、牛仔裤、运动鞋，一副随随便便的样子。女生一定不要在服饰上给人错误的信号，例如，过于花枝招展的打扮可能带来许多不必要的麻烦，对求职本身毫无益处。

课堂活动

自我介绍训练

1. 活动目的

(1) 了解自我介绍在面试中的重要性，做好充分准备。

(2) 通过模拟训练，掌握自我介绍的技巧，提升面试自信心。

2. 活动方法

(1) 请学生结合给出的招聘背景信息，分析自身优势。

(2) 给出 5 分钟，让学生整理发言思路。

(3) 请学生上台做面试自我介绍（有条件的话，可录像）

(4) 让其他同学为其打分评价。

(5) 老师点评总结。

(6)学生反思与改进练习。
①我的"故事"是否有趣?
②它令人信服吗?
③还有什么需要补充的?
④如何使我的回答变得更好?

3. 自我介绍建议思路

面试的自我介绍,重点是要告诉面试官,你适合这个工作岗位,你具备什么样的个人特点、学历、培训经历、工作经历而能够满足招聘单位的需要。

(1)首先报出自己的姓名和身份,让对方认识你。

(2)可以简单地介绍学历、工作经历等个人基本情况,让对方了解。接下来由这部分个人基本情况自然地过渡到一两个自己学习或实习期间圆满完成的事件,以实例来形象、精晰地说明自己的经验与能力,突出自己的优点。例如,在学校担任学生干部时成功组织的活动,或者如何投入社会实践中,利用自己的专长为社会公众服务,或者自己在专业上取得的重要成绩及出色的学术成就。

(3)要着重结合职业理想说明应聘这个职位的原因,让对方接受。可以谈对应聘单位或职务的认识、了解,说明选择这个单位或职务的强烈愿望,还可以谈如果被录取,将怎样尽职尽责地工作,并不断根据需要完善和发展自己。

4. 自我介绍注意事项

(1)眼神——坚毅,要敢于与人直视,不要飘,不要翻白眼。
(2)笑容——微笑让人感觉愉悦、感觉自信而放松。
(3)声音——大而稳,语速中等,普通话要标准,吐字要清晰,忌用方言。
(4)情绪——避免情绪起伏波动,以免产生负面影响。
(5)开始与结束注意个人礼貌和基本修养。
(6)时间控制在2~3分钟为宜。

任务三 面试扫雷

一、常见面试问题及应对思路

一般而言,面试的主体过程由面试官的提问和应聘者的回答组成。面试的问题虽然千变万化,但还是有规律可循的,如提问的领域基本围绕动机、优势、劣势、经验、能力等展开,而且,其中有些题目可以说是必问题目,虽然在实际面试中不一定以原题出现,但提问意图或思路体现于面试过程中,对于这类题目,应届毕业生应给予高度重视,在平时可多多训练,面试才能游刃有余。我们对面试中经常出现的一些典型问题进行了整理，并给出相应的回答思路和参考答案。学生们无须过分关注分析的细节，关键是要从这些分析中"悟"出面试的规律及回答问题的思维方式，达到"活学活用"。

1. 请自我介绍一下

思路：这是面试的必考题目，介绍内容要与个人简历相一致，但不能照着简历念一遍了事，而应在简历内容基础上有所升华和提高，在表述方式上尽量口语化，切中所应聘职位的核心能力，不谈无关、无用的内容。要想有一个有重点、有特色的自我介绍，可以套用"3W"模板。

第一个"W"（Who），你是谁？

这部分要简单直接。通用模板：我是来自××大学××专业的应届毕业生××。

第二个"W"（What），你是来干什么的？

主要介绍自己应聘的是什么岗位，为什么想来应聘这个岗位。这部分讲求关联和诚意。不需要太长，一两句即可。例如，今天应聘的是产品运营岗，因为喜欢贵公司的某一产品，关注到公司，被公司的文化吸引，希望能成为其中一份子。

第三个"W"（Why），你为什么能胜任？

这部分是重点，讲求人岗匹配，有理有据。结合岗位要求重点（组织协调能力、创新思维、熟练掌握××技术等）将自己的经历与之进行匹配，然后再分点阐释。当然，要注意详略得当，形式可以参考总分总结构：先说具备什么能力/特点/优势，紧跟一件能证明这一点的案例，依次说完，最后总结一句"我相信我可以胜任××岗位，谢谢"。当然，根据面试官的时间要求，应聘者要随机应变，学会适当增减内容。

2. 你有什么业余爱好？

思路：业余爱好能在一定程度上反映应聘者的关注点和价值取向，这是招聘单位问该问题的主要原因。在回答时，不能简单地说自己没有业余爱好，也不要说自己那些庸俗的或情趣不高的爱好，如"我喜欢打网络游戏""我爱好逛街""业余爱好抢红包"等。一个人的爱好可能会很多，要尽量选择那些积极向上、能体现个人能力或情感的爱好，如读书、写作、演讲、辩论、电影、户外运动等。

3. 谈谈你有哪些缺点？

思路：每个人都有优点和缺点，所以不要说自己没缺点，不然会给人以狂妄自大的感觉。不要把那些明显的优点说成缺点，这会给人虚伪之感，例如，"我最大的缺点就是维护原则""我最大的缺点就是追求完美""我最大的缺点就是为按时完成工作而忽略锻炼身体"。不宜说出严重影响所应聘职位的缺点，如你应聘财务等对耐心细致要求较高的工作，就不宜说自己的缺点是粗心大意。可以谈一谈自己真实存在的又无伤大雅的缺点，谈完之后可以再加一些自己为克服这个缺点而采取了哪些努力。

4. 你为什么来我们单位面试？

思路：这个问题是在问应聘者对行业、对招聘单位的了解及其职业规划，而不是其他，所以不能回答"你打电话叫我来的"。建议从行业、企业和岗位这三个角度，同时结合自己的职业生涯规划来回答。

5. 对这份工作，你觉得会有哪些困难？

思路：不要大包大揽，吹嘘自己完成工作没有任何问题，这会给面试官留下"这人不靠谱"的印象。其实，真正的信心不在于没有遇到困难，而在于遇到困难后能够真正解决它。回答这个问题，可以结合自己的弱势，提一至两点困难即可，之后给出可靠的解决方案，并亮明态度——工作中出现一些困难是正常的，也是难免的，但是只要有坚韧不拔的毅力、良好的合作精神以及事前周密而充分的准备，任何困难都是可以克服的。

6. 如果我们录用你，你将怎样开展工作？

思路：这个题目很考验应聘者的实际经验，如果应聘者有相关的实习或实践经验，那么可以结合自己的实践，以及老师、领导平时是怎么做的，给出综合的办法；如果没有相关经验，那么最好尝试采用迂回战术来回答，如"首先听取领导的指示和要求，然后就有关情况进行了解和熟悉，接下来制订一份近期的工作计划并报领导批准，最后根据计划开展工作"。

7. 我们为什么要录用你？

思路：这个问题表面上看起来不太友好，但其实是一个非常好的展示自己优点的问题。回答这个问题，应聘者最好站在招聘单位的角度，招聘单位一般会录用这样的应聘者：基本符合条件、有足够的信心、有能力完成好工作，所以回答也可以围绕这几点进行。在回答时要抛开学生思维，其实对用人单位来说，最看重的就是能为单位创造价值，所以，聚焦于自己如何能为用人单位创造价值来回答。在面试前对该单位有充分了解，可以针对目前困扰着单位发展的问题来回答。

8. 你如何能够胜任这个岗位？

思路：这类问题考察的是人岗匹配度。有的学生会问："我也这么答的，怎么感觉面试官并不满意呢？"可能他只是简单地把跟岗位能力匹配的经历列举了一遍。

建议采用金字塔作答法，先说结果，再解释形成这个结果的条件，或者是产生这个结果的原因。运用金字塔法作答，一是表达会更有逻辑性，二是能让面试官直接获取应聘者的核心能力。

例如，首先，我能够熟练运用××技术，我曾经在××比赛或××项目中担任××角色，负责了××工作；其次，我具备较强的组织协调能力，我曾经担任3年的班长，组织我们班各类活动×场，其中最难忘的是曾经组织了一场元旦联欢会，从活动策划、组织协调都是我主要负责的等。

9. 你对薪金有什么期待？

思路：回答"越多越好"，这是人之常情，但是用人单位该给多还是少，肯定都是有缘由的，基本上是围绕个人价值和能力来的。所以，如果你对行业、对用人单位有相当程度的了解，那么可以直接说出自己的期待（可以是一个范围），以避免真正入职时，发现薪金与自己的期待相去甚远。如果没有把握，或者很希望入职这家单位，那么可以找师兄师姐了解一下该单位的基本薪酬，或了解一下本校此专业毕业生的平均薪资，提出一个合理的薪酬期待。

10. 你有什么想问我的吗？

思路：这个问题一般在面试的最后提出，不宜回答"没有"，不要问一些与工作完全无关的个人问题，如"你们公司的装修是哪家公司做的"，也不要只问一些仅关乎个人利益的问题，如"入职后公司有哪些福利""加班费能按时发吗"之类的问题，这类问题会令面试官产生反感。应尽量多问一些与工作相关、与个人成长相关的问题，如"为了更好地完成工作，我需要接受哪些培训""作为新人，遇到困难如何求助"等。

总结：同一个面试问题并非只有一个答案，而同一个答案也并不是在任何面试场合都有效，关键在于应聘者掌握了规律后，对面试的具体情况进行把握，有意识地揣摩面试官提出问题的心理背景，然后谨慎回答。

二、面试后的注意事项

面试是一个不断认识自我、不断修正职业目标的过程。每参加一次面试，都要有一个相对完整的思考和总结：今天的表现怎么样？哪个部分的表现还可以，哪个部分的表现还需要加强？为什么会出现这样的问题？建议求职者从以下几个方面进行总结。

第一，要仔细梳理应聘的单位及岗位需求，做好细节记录。实践中发现，很多求职者由于频繁地穿梭于各个面试场地，对面试过的单位、岗位和职位一团混乱，一旦收到电话录取通知，不能一一对应，这是很不礼貌的表现。

第二，要尽可能地留下应聘单位的联系电话、电子邮件或者联系人，以便后期联系。如果可能的话，努力记下面试时与自己交谈的人的名字和职位，面试结束时，可以礼貌询问是否能够添加对方微信，便于后续沟通和联络。

第三，面试是对应聘者专业知识、综合素质的全面考察，要及时地发现自己的弱项，注意扬长避短，但对自己回答得不太好的问题也要仔细梳理，争取在以后碰到类似的问题时能有一个更好的表现。

第四，并不是所有的面试都会有回应，不必过于焦虑某个单位的应聘结果，调整好心态应对下一次面试，相信自己的实力。

第五，合理安排自己的面试机会，智慧取舍。并不是所有的面试时间都会照顾到求职者的时间，时间冲突在所难免，所以求职者要依据自己的求职目标、求职进度、求职成功率合理地做出时间分配和安排，重点突破。

第六，面试之后，可以用微信、邮件或者电话的方式对对方表示感谢，也可以在用人单位合理决策期限之内适当询问，重申自己的优势，表达自己热切想要加入的想法，偶尔会有惊喜。

三、常见求职陷阱

毕业生在就业过程中，会面临各种竞争和挑战，也有可能遇到各种各样的求职陷阱。

(一)虚假招聘陷阱

一些用人单位在招聘会上为了招到条件较好的毕业生，便夸大或隐瞒自己的真实情况。例如，故意扩大用人单位规模和岗位数量，进行虚假宣传；把招聘职位写得很吸引人。有些用人单位为了造成轰动效应，便在媒体上发布招聘消息，甚至大张旗鼓地举办招聘会，把招聘当成形象宣传。而有些人借招聘之名，获取毕业生的联系方式进行诈骗。

(二)收费陷阱

在就业市场，有的用人单位利用毕业生求职心切的心理，巧立名目向毕业生收取各种不合理费用，如风险抵押金、违约金、培训费、服装费等。有的单位开出一些诱人的条件，如留在某大中城市工作，解决这些大中城市的户口问题等，以吸引毕业生的目光。然后在面试的过程中，又表示为了增加双方的信任，毕业生在工作之前必须缴纳一定的押金。等毕业生交完押金，工作一段时间后，单位的有关人员就表示，工作岗位有调整，需要将毕业生派到偏远地区，如果毕业生不愿意去，就以不服从单位安排为由拒退押金。

我国劳动合同法第九条规定：用人单位招用劳动者，不得扣押劳动者的居民身份证和其他证件，不得要求劳动者提供担保或者以其他名义向劳动者收取财物。

(三)试用期陷阱

劳动合同的试用期是指用人单位和劳动者为了相互了解而选择、约定的考察期。在这段时间里，用人单位考察劳动者的工作能力，劳动者也考察用人单位的情况，是双方互相了解适应的过程。但是有的用人单位却利用试用期大做文章，主要表现如下：试用期过长或与签订的劳动合同期限不符；要求毕业生在试用期内承担违约责任；在试用期内无正当理由辞退毕业生；以见习期代替试用期；续签劳动合同时重复约定试用期；将试用期从劳动合同期限中剥离；仅仅订立一份试用期合同；试用期工资低于当地的最低工资标准；试用期内单位不缴纳社会保险费等。

由于试用期的工资、福利待遇和正式录用后差异较大，而招聘的费用又微乎其微，有的用人单位抓住毕业生急于找工作的心理，通过无休止的试用来获得最廉价的劳动力。

(四)传销陷阱

传销是指组织者或者经营者发展人员，通过对被发展人员以其直接或间接发展的人员数量或者销售业绩为依据计算和给付报酬，或者要求被发展人员以交纳一定费用为条件取得加入资格等方式获得财富的违法行为的经营方式。目前该经营方式已受到国家的严令禁止。传销者的首选对象常常是急于找工作的人，特别是刚刚毕业的大学生，先是帮忙找工作，然后以高薪为诱饵，投其所好，骗其进行非法传销活动。求职者一旦进入陷阱，便被限制人身自由，被迫从事传销。传销组织者还采取扣留身份证、控制通信工具、监视等手段不让受骗者离开，强迫他们联系亲友前来，或者寄钱寄物从中牟利。

(五)就业协议书陷阱

就业协议书是明确毕业生、用人单位在毕业生就业过程中权利和义务的书面协议。就业协议书一经签订，对双方都具有约束力。按照有关规定，就业协议书不能代替劳动合同或聘用合同，因为有可能会使毕业生和用人单位之间产生纠纷。毕业生签订就业协议书过程中常遇到的陷阱包括用人单位不与毕业生签订就业协议书；用人单位不根据就业协议书的约定与毕业生签订书面劳动合同；用人单位不将就业协议书中的承诺写入劳动合同；用人单位与毕业生签订"霸王合同"。

就业协议书是转递毕业生人事关系的依据，如果不签订该协议，毕业生的档案、户籍等人事关系就无法转入工作单位及所在城市。而这些关系的办理涉及毕业生切身利益，如办理社会保险、购买经济适用房、评审职称等。因此，用人单位不与毕业生签订就业协议书对毕业生的工作、生活、职业发展是不利的。毕业生应主动要求用人单位解决这些问题，并可通过当地的人才交流中心协助用人单位办理人事档案、户口等关系的接收。

(六)智力陷阱

有的用人单位假意对毕业生进行面试、笔试。在面试、笔试时，把本单位遇到的问题以考察的形式要求毕业生作答或设计，待毕业生利用专业优势通过面试、笔试后，再找各种理由拒绝毕业生，将毕业生的劳动果实据为己有。这就是常见的智力陷阱。

制订求职计划

1. 活动目标

分析求职要素和个人就业条件,制订个人求职计划。

2. 活动内容

(1)讨论求职必备条件。

(2)分析个人求职条件。

(3)制订个人求职计划。

要求:根据训练内容,结合训练要点,采用自我分析与撰写个人求职计划相结合的方法进行,共分3个阶段。

3. 活动步骤

步骤一:讨论求职必备条件

(1)分组。每组5~8人,选出一位小组记录员,记录小组发言情况。

(2)小组讨论。针对成功就业条件分析表规定的内容,讨论需要哪些必备条件。

(3)代表发言。小组代表上台板书小组讨论结果,并作简短解释性发言。

步骤二:个人就业资源分析

(1)填表。填写个人就业资源分析表。

(2)总结要点。

①对个人占有的就业资源要中肯,既不夸大也不遗漏,本着实事求是的态度;

②无论是谁,都会面临就业资源匮乏的问题,因此,如何结合自身的情况,制订一个切实可行的求职计划,显得尤为重要;

③对个人就业资源有了中肯的分析,再做求职计划就心中有数了,但还应当从保守的角度做下面的计划。

步骤三:撰写个人求职计划

(1)撰写求职计划。依据个人就业资源状况撰写求职计划。

(2)互相点评。互相点评求职计划,随机抽取两份计划进行公开点评。

(3)观摩。选出优秀的求职计划,张榜观摩。

(4)根据个人就业意向和求职目标,制订并完善自己的月度求职计划,填写在表4-2中。

表 4-2 毕业生求职计划表

目标	___月	___月	___月	___月	___月
确定职位					
了解职位需求					
投递简历					
参加面试					
电话询问反馈					
确定OFFER					
签订三方协议					

课外实践

模拟面试

为增强求职意识，提高求职技能，提升就业竞争力，大学生可以以班级为单位组织模拟面试，通过模拟面试，掌握面试流程、礼仪等，以最佳的状态面对今后的面试。

活动内容：准备好简历、着装、面试问题、其他道具等在教室里模拟招聘全过程，邀请师兄师姐或老师担任面试官，求职学生依次应聘。面试过程中回答面试官提出的各种问题，结束后由面试官点评，其他同学也可参与评议。

面试问题（仅供参考）：

1. 谈谈你自己（请介绍一下你自己）。
2. 你对我们单位了解吗？为什么愿意应聘这个工作？
3. 请你用两分钟描述自己的优势和不足。
4. 说说你曾做过的最满意的一件事。
5. 你的适应能力如何？
6. 你希望得到的薪酬是多少？
7. 你想找一份长期的还是临时的工作？
8. 五年内你给自己制定的目标是什么？

好书推荐

1. 司马迁著，韩兆琦译注：《史记》，中华书局.
2. 路遥：《平凡的世界》，北京十月文艺出版社.

项目五　在职场，做最好的自己

本章要点

- 项目五 在职场，做最好的自己
  - 任务一　有效的时间管理法
    - 一、时间管理的重要性
    - 二、时间管理的定义和方法
    - 三、大学生时间管理能力的培养
    - 四、时间管理的误区
  - 任务二　建立良好的人际关系
    - 一、人际管理的重要性
    - 二、人际交往的原则
    - 三、人际关系管理的方法
  - 任务三　建立正向沟通模式
    - 一、高效沟通
    - 二、如何培养沟通能力
  - 任务四　如何与团队协同工作
    - 一、协作——职业化的核心
    - 二、团队合作的意义
    - 三、培养团队精神
    - 四、团队合作的技巧
  - 任务五　干一行爱一行的劳模精神
    - 一、劳模精神概述
    - 二、坚持弘扬劳模精神
    - 三、做新时代的劳动模范

学习目标

1. 知识目标

明晰时间管理和人际管理的重要性和原则。

了解职场中高效沟通的重要性，了解团队合作的技巧。

认识并认真体会劳模精神。

2. 技能目标

掌握时间管理和人际管理的方法，提升时间管理的能力。

掌握高效沟通的能力，能够根据团队目标来完成工作。

3. 素质目标

培养良好的团队精神、敬业精神和服务意识，提升个人在未来职场中的核心竞争力。在日常生活中，自觉践行并弘扬劳模精神，争当劳模。

生涯智慧

青年有着大好机遇，关键是要迈稳步子、夯实根基、久久为功。

——2014年5月4日，习近平在北京大学师生座谈会上的讲话

案例引入

提升职业素养，打造职场核心竞争力

江同学，就读于某高职院校，现在某市城市交通规划设计研究中心从事数据分析工作。作为职场新人，江同学始终铭记辅导员在就业课上教导的职场秘诀——提升职业素养，打造职场核心竞争力。职业素养即在工作生活中坚持培养的好习惯。

第一点，建立良好的时间观念，建立有效的时间管理系统。没有人喜欢不守时的人，守时在职场来说是重中之重。初入职场的我们切忌迟到，上班迟到会给同事们留下非常不好的印象，能早到就早到，不要卡点打卡，预留好突发事件的处理时间。比如第一天到公司报道，与公司约好了几点到，就要在这个时间点之前到达。最好提前一天通过导航工具预计好第二天出行所需时间，还有最重要的一点要设置好闹钟（并且要检查清楚闹钟是上午的时间）。除了有时间观念，还要合理安排自己的工作时间。上级可能不是将当天的所有工作任务都一次分配，而是陆陆续续安排，这个时候，最好拿个本子记下来每一项工作以及每一项工作的交付时间，再按照不同工作的急缓程度来排序，按照顺序依次完成自己的工作。每天工作结束后，要及时总结自己完成了多少工作，还剩下多少工作，做好第二天的工作安排。

第二点，学会沟通，做到事事有回应。上级安排工作后，要主动与上级确认工

作内容。遇到无法解决的问题，可以上网搜索或查阅其他资料，实在无法解决的时候，要主动询问其他同事，请前辈做示范或者自己做一个例子请他们看是否合适，以便更好地开展工作。

每天下班的时候应向上级主动汇报当天的工作内容、完成情况，是否需要其他同事的协助等。要做一个积极主动的人，不要做一个"拍三下才走一步"的人。做好自己的工作，摆正自己的态度，才能更快适应职场模式。这两点虽看起来很平常，却是非常重要的职场素养。

任务一　有效的时间管理法

一、时间管理的重要性

大学生强调时间管理的重要性和紧迫性，是基于以下三个方面的原因。

(一)生涯规划概念的兴起

今天的社会为人们提供了更多的机会，相应的机制也正变得富有弹性。人们可以根据自己的兴趣、能力和机遇更换职位或职业，以追求多彩的人生经历。人的职业和职业发展，是由片段的时间贯穿而成的，也就是说时间是生涯的单位。随着生涯规划越来越受到人们的重视，为了掌握生涯发展的各个阶段，以追求成功的人生和事业，大学生就必须学会有效的时间管理。

(二)休闲意识的加强

在物质匮乏的时代，所有人必须每天勤于工作，以改善生活。但是随着生活水平的提高，以及工作压力的剧增，人们的休闲意识不断增强，休闲时间的安排就显得极为重要。要安排休闲活动，就必须在有限的时间内，对时间做有效的利用，以把空出的时间用于休闲。休闲时间对当代大学生尤为重要，不仅学习效率不高，而且还会影响心理健康。

(三)追求完美生活的愿景

人生除了工作之外，还有爱情、友情、亲情等，成功的人生，并非只是事业上的成功，而是生活各个层面的完美结合。因此，如何分配时间，做到全面兼顾，这就需要有效的时间管理。大学阶段正是为今后工作打基础的时期，对时间进行有效管理，可以学到更多的本领和能力，为今后工作增加机会，生命也会更加精彩。

二、时间管理的定义和方法

(一)时间管理概述

1. 时间

现在是什么时间？这是日常生活中再简单不过的问题。如果把词序颠倒一下，再问：时间是什么？恐怕大多数学生会顿觉茫然。"浪费时间就等于浪费生命""时间就是金钱"，父母老师从小就教育学生，要珍惜时间。那么，究竟时间是什么？

社会学中，人们把时间看作是不依赖于任何其他事物而独立存在的、无休止地均匀流逝的客体；在物理学中，时间被表述成一条有起点、有单位、有指向、无始无终的直线；在哲学上，时间是指物质运动过程的持续性、间隔性的矛盾统一和物质运动状态的顺序性。伏尔泰认为，时间就是世界上最长又最短、最快又最慢、最能分割又最能扩大、最不受重视又最受惋惜的东西。

时间有几个显著的特征：

第一，不变性。时间是一个常数，是固定不变的，也是公正的，对任何人来说每日均为 24 小时。

第二，不可存储性。时间不像资金、土地、技术、设备、信息等其他资源那样可以存储，一旦被浪费就无法追回。

第三，无可替代性。对其他资源而言，当某种资源缺少时，可以用另一种资源去替代，而时间则不能替代，没有了就是没有。

第四，伸缩性。时间可以转瞬即逝，也可以发挥最大的效力，也就是说，人们在占用时间的数量上是相等的，但在利用时间的效率上是不等的。

由于逝去的时间不能重回，因此，探讨时间、认识时间，最终的目标都是为了珍惜并合理安排时间。

2. 时间管理

曾经有一家咨询公司对 100 名经理人做过一次调查，结果表明：

仅有 1 人认为有足够的时间；10 人认为需要 10% 的额外时间；40 人认为需要

25%的额外时间；其余的人认为需要多于50%的额外时间。

从这个数据可以看出，许多人每天都要面对一个困境，有很多的事情需要做，但是没有充足的时间去完成。然而，究竟真的是时间不够，还是时间没有被合理使用甚至被浪费了呢？解决问题的关键，就是时间管理。

时间管理是指为提高学习和工作效率而对时间进行合理计划和控制，有效安排及运用的管理过程或行为。

正确理解时间管理的概念，应从以下几个方面出发：

(1) 本质——时间管理的本质不是要把所有事情做完，而是更有效地运用时间；不是完全地掌控，而是降低变动性。

(2) 原则——时间管理的中心原则是努力集中必要的批量时间潜心做最重要的工作。

(3) 内容——时间管理除了决定该做些什么事情之外，另一个很重要的内容是决定什么事情不应该做。

(4) 目标——时间管理的最终目标，不仅是以高效的方式去管理时间，而且是用它来谋求创造性发展。

(5) 功能——时间管理最重要的功能是通过事先规划起到提醒与指引的作用。

3. 时间管理与职业发展

当学历、知识等各种基本素质相差无几时，什么能让人脱颖而出呢？那就是职业化能力和职业化的习惯。其中，时间管理就是现代高效能人士的最基本的职业习惯，也是学生们的必备修养和能力。

(1) 科学规划时间，提高行动效率。时间是一个限制性的因素，而不是一项活动，尽管每个人都可以按照自己的需要选择做什么、不做什么，但是，由于人们对时间的分配与利用不同，人生创造的价值也各不相同。科学合理地使用时间是职业化能力的一个重要标志。时间作为一种独特而重要的资源，虽然无法开拓或积存，但却可以通过对其进行有效的管理来提高学习效率和工作效率，进而提高生活品质。

(2) 适应外界变化，避免浪费时间。对时间的管理实际上是一项自我管理，在快速变化的知识经济时代，注意力太容易被分散，太多的信息、太多的工作、太多的变化、太多的打扰，还有来自个性本能的影响，使学生们对时间管理的态度及行为在自觉与不自觉中养成了一种习惯。有些习惯出自主观意愿，而有些习惯则出自客观的无奈。时间管理活动将个人的时间科学分配、统筹兼顾，在提高效率的同时，还能够适应外界变化，避免各种干扰，从而极大程度地减少了时间的浪费。

(3) 形成良好习惯，增强个人竞争力。习惯是行为的自动化，不需要特别的意志努力，不需要别人的监控，在什么情况下就按什么规则去行动。习惯一旦养成，就会成为支配人生的一种力量，它可以主宰人的一生。一旦学会了时间管理，并且逐渐养成了合理规划时间并优先做好要事的好习惯，那么在未来职场上的竞争力将大大增强!

(二)大学生时间管理的原则

所谓时间管理实际上就是自我管理,时间管理的重点不在于如何管理自己的时间,而在于如何善用时间来管理自己。管理大师彼得·德鲁克曾说:时间是世界上最短缺的资源,除非善加管理,否则一事无成。

每位学生每周用于阅读和学习的时间以及用于社交与休闲活动的时间的比例,将是大学学业成败的关键。学生们如果花费过多的时间在社交与非学习活动上面,那么用于学习的时间将不足,进而影响整个学业成绩。因此,大学生的时间管理本质在于合理安排学习与休闲时间。大学生进行时间管理应恪守以下原则。

1. 掌握自己的时间周期

不同的时间周期,产生的效能不一样,利用高效能的周期,自然能提高时间利用的效率。学生们应尝试找到自己的最佳工作时间,也就是"最高效能时间",一般这个时间是上午的 9 点至 11 点、下午 2 点至 4 点以及晚上的 6 点至 8 点,当然,也有例外。不管你是"早起鸟儿型",还是"猫头鹰型",都应该根据自己的时间效能周期,有效运用高效能时间,提高学习效率。

2. 了解自我与时间的匹配

每个人都有自己的兴趣、爱好、价值观等,受这些个性因素的影响,对时间的态度也会不一样。例如,个性急、强势的人,比较能够掌握时间的流动,能够积极抓住时间的节点;个性慢、踏实的人,比较能够静下心来运用时间,把事情做好。因此,学生们在进行时间管理的同时,有必要充分了解自己的个性,分析自己的优缺点,采取更为有效的时间管理方案。

3. 做好自我管理

自我管理是时间管理成败的关键。时间的最佳创造者是正确的管理,只有学会管理好自己,才能够成为时间的主人,进而管理好时间。

(三)大学生时间管理的方法

有效的时间管理分为三部分,包括事前的评估、着手行事、事后进行总结。

1. 计划前准备

(1)设定目标。能否管理好时间,与自己要达到的目标是相适应的,明确的目标是时间管理的前提,所欲设定之目标应具体可行,并缩小目标范围,逐一完成。即目标要具体,如"我想要什么时候过英语四级、六级"等;目标必须是可衡量的,如"我四级、六级要拿多少分"等;目标是可能实现的,如"大二之前一定要通过四级"等;目标是切合实际的,如不能要求大一一开始就达到托福、雅思的水平等;一定要设定时间表,如"大二通过四级,大三通过六级"等。

(2)目标分类。将自己工作按轻重缓急分为四个等级,安排各项学习和工作优先顺序，粗略估计各项学习、工作时间和占用百分比。第一级是最重要的事情，第四级是可以改天做的事情，每天将完成的事情打"√"并制作明天的"计划表"。

（3）列出计划。制定自己的日程表，将每周或者每日应该做的事情列下来，随时提醒自己。

（4）设定期限。对每项活动都设立一个期限，并尽量遵循。有期限时间表，能够提醒自己依序完成各项事情，避免忙碌无序。

2. 计划进行中

（1）集中精神。集中注意力，才能做到事半功倍。为了确保集中精神，应注意休息，做到劳逸结合，有一个好的精神状态，提升注意力、记忆力等。

（2）80/20法则。用80%的时间，去做最重要的20%的事情；用20%的时间去完成，其他次重要的80%的事情。

（3）要事第一。时间管理的关键不仅是排出日程表上的优先次序，而且要排出自己认为最值得去做的重要的事情，优先去做，要事第一，有利于达成最终的目标。时间管理的基本方法，如图5-1所示。

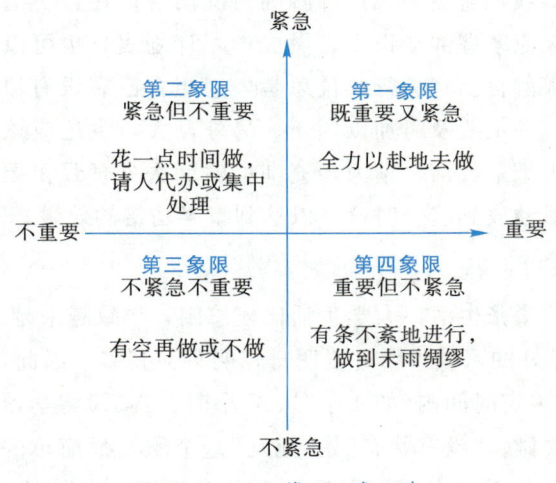

图5-1 时间管理四象限表

3. 计划结束后

目标达成之后，适当地作自我检讨。找到成功与阻碍学习或浪费时间的因素，对往后的学习才有帮助。

三、大学生时间管理能力的培养

科学合理地使用时间对大学生来说尤为重要。然而，我们时常会看到一些学生上课迟到，寒暑假没有规划，得过且过、零散时间不懂得充分利用等现象，这些都是没有进行时间管理的表现，是对宝贵时间、年轻生命的浪费。时间管理能力是大学生在学习、求职、就业等各方面都非常重要的能力，培养时间管理能力，不仅是为了适应时代的发展，也是个人成才的必然要求。大学生培养时间管理能力，应做到以下五个方面。

（一）做好大学期间的总体计划

通过和老师或高年级同学沟通，大学生可提前了解大学期间每学期具体的教学任务和教学进度，保证自己在制订计划时与学校的教学秩序不冲突。大学生应当主动关注学校的教学计划，知晓每个学期安排了哪些教学课程，避免学习盲从和浪费时间。有些学生不清楚教学具体安排，自己报名参加了一些培训和社会实践，结果二者发生冲突，打乱了计划，既影响成绩，也没有达到培训或实习的目的。清楚教学安排，就能避免这种情况的发生。

（二）做好每天的学习计划和工作计划

大学生要抓住每一天的时间，为自己制订系统的学习计划和工作计划。系统学习和记录自己感兴趣的知识，积少成多、增长见识。准备一本时间记录本，以备随时检查自己的待办事项，避免临时抱佛脚的情况出现；在台历上标注自己每天应该做的事情，写出每天应掌握的知识点，做成学习计划表，也可以在手机或电脑上设置闹铃，以便及时提醒自己；进行换位思考，想想自己有没有浪费别人的时间，如果有此类情况出现，一定要及时加以纠正。另外，大学生还应该根据自己的实际作息规律，选出每天思维最灵活、精力最充沛的时间去处理最重要的事情。例如，可以将背单词等脑力活动放到这个时段，以达到事半功倍的效果。

（三）克服"拖延症"

不同于中学时的紧张生活，大学生活比较悠闲，导致越来越多的大学生出现"拖延症"，这是一种不好的习惯。明日复明日，明日何其多？因此，大学生要推行"限时办事制"，规定在限定时间内（如4小时、8小时、当天）将学习或工作完成，并且在制订计划后立即去做。"没有状态"是"拖延"这个陋习最简单的借口，要知道，状态不是等出来的，而是干出来的。另外，大学生要学会说"不"。计划赶不上变化，这是大学生经常遇到的情况。例如，自己计划周末学习，但朋友邀请玩游戏，在这种情况下，要学会恰当地拒绝，这是时间管理中摆脱变化和纠缠的一种很有效的方法。当然，拒绝时要讲究技巧，不宜直截了当，而要委婉，要用他人觉得合理的理由拒绝。不要被无关紧要的人和事缠住，也不要在不必要的地方留太久，不要将整块的时间拆散。

（四）分清"重要"和"紧急"的事情

有些大学生总是在抱怨时间很紧张，一天忙忙碌碌，却又不知道在忙些什么事情。这种忙碌只是一种假象，应当属于盲目的"盲"。造成这种现象的原因在于分不清"既重要又紧张"和"紧张但不重要"的界限，二者的区别就在于，这件事是否有助于自己完成某个对自己重要的目标。如果有必要，就应当快速解决好，避免浪费时间做无用功。

(五)好好利用课余时间

首先，要利用好周末时间。有的大学生在周末睡觉、逛街、看电影、玩电子游戏、上网聊天，白白浪费了时间。在别人"玩"的时候学习，进行职业能力培养，拓展自己的知识面，只有这样，才能在激烈的人才竞争中脱颖而出。其次，要合理利用寒暑假。寒暑假时间加起来近3个月，如果充分利用，对于大学生的个人发展将产生巨大的影响。有的学生去做兼职，增加社会经验；有的学生参加培训，增加职业技能；有的学生读书，丰富自己的知识，这些都是值得提倡的。不过还要注意，不管做任何事情，都不能盲目，要参照职业目标，有的放矢、集中力量、合理规划、统筹兼顾。

四、时间管理的误区

所谓时间管理误区主要指导致时间浪费的各种因素。在做好管理时间这项工作之前，每个人必须认清自己的时间管理误区。时间管理误区主要有以下几个。

(一)工作没有计划

应重视计划的拟定以避免徒劳无功。所谓计划，即指未来行动纲领的先期决策。计划拟定大致要指出："你要往哪里去？""你要怎么走？"这是采取行动之前的一种思考模式。倘若不做这一番的思考与盘算，将可能成为一个随波逐流、迷失自我的人。

(二)接受事务委托

若一个人能够克服"不好意思拒绝"的心理，并具备"拒绝他人"的技巧，则他因免于履行自己所不情愿履行的承诺而节省的时间将极为可观。

(三)无端电话干扰

电话的使用本来旨在免除面谈、开会，甚至在旅途奔波所引起的时间浪费，但电话被普遍使用后却成为浪费时间的重要来源。不难发现，有些人不但不能支配电话，反而被电话所支配。

(四)"会议病"困扰

会议本来是沟通意见、解决问题、制定决策的一种有力手段。但是，它却经常被乱加使用，以致成为一种费时、有碍正常运作的疾病。

(五)失约或迟到

不要以为约会迟到只是一件平常的事，更不要以为它不足以产生严重的不良后果。事实上，在守时被视同美德的社会里，迟到是一种令人难以接受的恶习。

时间管理工具

1. 活动目的

更好地管理时间。

2. 活动说明

我们将所有的事情分为四个维度：重要紧急、紧急不重要、重要不紧急、不重要不紧急。我们将所有的事情按照这四个维度依次排序，确定完成的时间，这样就不会有在众多事情中无从下手的感觉了！（记得填写的时候要标明完成的时间哦）

重要紧急	紧急不重要
重要不紧急	不重要不紧急

特别注明：

任务二 建立良好的人际关系

一、人际管理的重要性

人际关系在现代社会发展中是不可或缺的一种资源，是职业发展的重要资源。世界上有某种专业能力的人很多，但不是每一个人都能取得成功，有的人抱怨怀才不遇，其中一个重要的原因就是他在人际关系处理方面有所欠缺。因此，了解人际关系对职业发展的影响和掌握人际交往的技巧是大学生应该学习的必修课。

人际关系学大师戴尔·卡耐基说过，一个人事业上的成功，只有15%是由于他的专业技术，另外的85%是靠人际关系、处事技巧。这句话有点绝对，但是在相同的智商、同等的学历和工作技能的条件下，谁的人际关系好，谁的人脉资源丰富，谁的事业就能得到更好的发展，这一点是不可否认的。

在组织招聘过程中，人际关系是一种更为可靠和准确的求才方式。这是因为，推荐人了解被推荐人的情况，且不会拿自己的信誉开玩笑。对于求职者来说，人际资源越丰富，他在职场上获得的信息就越多，相对来说，机会也会越多。因此，人际关系是职业发展重要的人际资源。

求职时过于讲交情，这些做法只适用于计划经济时代或社会转型时期，当下，求职者只有借助自己的综合实力才能获胜。当求职者的各项条件没有较大差异时，良好的人际关系和丰富的人际资源的重要性才会突显。

总之，良好的人际关系可以成为有效的人际资源，并为我们的工作及职业生涯发展创造良好的发展空间。

二、人际交往的原则

拥有良好、和谐的人际关系是获得事业成功的法宝之一，而职场中的某些人际关系法则看似简单，易被忽视。作为走出校门的职场新人，以下的法则不可不知。

（一）跷跷板互惠原则

俗话说，助人为快乐之本。人与人之间的互动，就如同坐跷跷板一样，不能永远固定为某一端高、某一端低，就是要高低交替，这样整个过程才会充满快乐。一个永远不肯吃亏不愿让步的人，即便真讨到了不少好处，也不会快乐。因为，自私的人如同坐在一个静止的跷跷板顶端，虽然维持了高高在上的优势位置，但整个人际互动失去了应有的乐趣，对自己或对方都是一种遗憾。跷跷板互惠原则是人与人相处时，不可缺少的一门艺术。

(二)刺猬法则

刺猬法则可以用一个有趣的现象来说明:两只困倦的刺猬,由于寒冷而相拥在一起,可是因为各自身上都长着刺,刺得对方怎么也睡不舒服。于是,它们分开了一段距离,但寒风刺骨,它们又不得不凑到一起,几经折腾,两只刺猬终于找到了一个合适的距离,既能互相获得对方的体温,又不至于被扎。刺猬法则就是人际交往中的心理距离效应。它告诉我们:人与人之间应该保持亲密关系,但这是"亲密有间"的关系,而不是"亲密无间"。我们要学会运用刺猬法则,与人相处时既不要拒人于千里之外,也不要过于亲密、彼此不分。

(三)白金法则

白金法则是美国最有影响力的演说家之一、商业广播讲座撰稿人托尼·亚历山德拉博士提出的,他还撰写了专著《白金法则》。白金法则的精髓是"你想人家怎样待你,你也要怎样待人"。用这种为人处世的观念和方法,能使我们在社交中始终处于主动地位,有的放矢地处理好各种关系。

(四)首因效应

现实生活和社会心理学实验研究证明:人在初次交往中给对方留下的印象很深刻,人们会自觉地依据第一印象去评价一个人,今后交往中的印象都会被用来验证第一印象,这种现象就是"首因效应"。在现实的人际交往活动中,给交往对象留下良好的第一印象,对于工作顺利有效地开展,起着不可低估的作用。开端不好,就是今后花上十倍的努力,也很难消除其消极印象。所以,在现实工作中,我们要努力在"慎初"上下功夫,力争给人留下最好的第一印象。

三、人际关系管理的方法

(一)建立良好的第一印象

第一印象在人际吸引中具有重要作用。人们会在初次交往的短短几分钟内形成对交往对象的总体印象,如果第一印象良好,那么人际吸引的强度就大;如果第一印象不好,则人际吸引的强度就小。而在人际关系的建立与稳定的过程中,最初的印象同样会深刻地影响交往的深度。因此,人际交往中成功地建立良好的第一印象是十分重要的。

(二)主动交往

和谐的人际关系是每一个正常人的需要。可是,有些人的这个需要没有得到满足。他们总是慨叹世界上缺少真情、缺少帮助、缺少爱,强烈的孤独感困扰着他们、折磨着他们。其实,有些人之所以缺少朋友,仅仅是因为他们在人际交往中总是采取消极的、被动的退缩方式,总是期待友谊和爱情从天而降。

根据人际互动的原理,别人是没有理由无缘无故对我们感兴趣的。因此,要想赢得别人的尊重,与别人建立良好的人际关系,摆脱孤独的折磨,就必须主动交往。心理学家研究发现,有两点原因影响人们不能主动交往。一方面,缺乏自信,生怕自己的主动交往不会引起别人的积极响应,从而使自己陷入窘迫、尴尬的境地,进而伤及自己脆弱的自尊心。实际上,在现实生活中,每一个人都有交往的需要,因此,我们主动交往而别人不响应的情况是极其少见的。另一方面,人们心里对主动交往有很多误解。例如,有的人会认为"我这样麻烦别人,人家肯定会烦的。""他又不认识我,怎么会帮我的忙呢?"其实,这些误解都是不必要的,没有任何可靠的证据能证明其正确性。

实践是检验真理的唯一标准。当你因为某种担心而不敢主动同别人交往时,最好去实践一下,用事实证明担心是多余的。不断地尝试,会积累成功的经验,增强自信心,使自己的人际关系状况越来越好。

(三)共情

人际关系从本质上说是人与人在情感上的联系。这种情感联系越密切,双方所共有的心理世界的范围也就越宽,人际关系也就越亲密。而共情恰恰是沟通人内心世界的情感纽带。所谓共情,就是指站在别人的立场上,设身处地为别人着想,用别人的眼睛来看世界,用别人的心来理解世界,积极地参与他人的思想感情,意识到"我也会有这样的时候,我遇到这样的事情会怎么样",这样才能实现与别人的情感交流。这种积极地参与别人思想、情感的能力是一种深刻的、真正的交际本领,会拉近自己和他人的距离,并能化解很多矛盾和冲突。一个人如果不能很好地理解别人,体验别人内心的真实情感,就不可能与别人发展深入的人际关系。

(四)避免争论

青年人之间经常争论,是很正常的事。我们发现,这些争论往往都是以面红耳赤和不愉快结束的。事实证明,无论谁输了都会很不舒服,更何况有的争论会演化成直接的人身攻击,这对人际关系是非常有害的。因此,解决观点上的不一致的最好途径是讨论、协商,而不是争论。

(五)不要直接批评、责怪和抱怨别人

卡耐基告诫人们:要比别人聪明,却不要告诉别人你比他聪明。任何对他人自作聪明的批评都会招致别人的厌烦,而缺乏移情的责怪和抱怨则更有损于人际关系的发展。记住,只要不伤及别人的自我价值感,很多事情都很容易解决。

(六)勇于承认自己的错误

虽然承认自己的错误在某种意义上是一种自我否定,但承认错误会给人带来轻松感。明知错了而不承认,会使人背上沉重的思想包袱,使自己在别人的面前始终

不能自如地昂起头。另外，承认自己的错误，等于变相地肯定别人，会使对方显示出超乎寻常的容忍性，从而维持人际关系的稳定。

拓展阅读

七大病态心理影响职场人际关系

身在职场，每个人都要参与社会交往，职场人际关系的好坏，对每个人来说都很重要，因为只有健康和谐的人际关系，才能够营造愉快的工作环境，从而提高工作效率，为个人和企业创造更多的价值。现实生活中的社交不良心理状态会阻碍人际关系的正常发展，也就是心理医生所说的社交病态心理。较常见的有以下几种，应努力避免。

猜疑心理。有些人在社交中或是托朋友办事时，往往爱用不信任的目光审视对方、无端猜疑、捕风捉影、说三道四，如有些人托朋友办事，却又向其他人打听朋友办事时说了些什么，结果影响了朋友之间的关系。

怯懦心理。主要见于涉世不深、阅历较浅、性格内向、不善言辞的人，由于怯懦，在社交中即使自己认为正确的事，经过深思熟虑之后，却依旧不敢表达出来。结果影响了正常的人际交往。

自卑心理。有些人容易产生自卑感，甚至瞧不起自己、缺乏自信、办事无胆量、畏首畏尾、随声附和、没有自己的主见。这种心理如不克服，会磨损人的独特个性。

逆反心理。有些人总爱与别人抬杠，以说明自己标新立异。对任何一件事情，不管是非曲直，一味否定他人，使别人产生反感。

作戏心理。有的人把交朋友当作逢场作戏，朝秦暮楚、见异思迁、处处应付、爱吹牛、爱说漂亮话，与某人见过一面，就会说与某人交往有多深。这种人与人交往时只是做表面文章，因而没有感情深厚的朋友。

贪财心理。有的人认为交朋友的目的就是互相利用，见到对自己有用、能给自己带来好处的朋友才交往，而且常常过河拆桥。这种贪图财利，沾别人光的不良心理，会使自己的人格受到损害。

冷漠心理。对各种事情有些人认为，只要与己无关，就冷漠看待、不闻不问，或者错误地认为言语尖刻、态度孤傲，就是"人格"，致使别人不敢接近自己，从而失去一些朋友。

人际交往也是一门学问和艺术，关键是看个人以什么样的心态来维护和经营，因为在职场上的人际关系是微妙且复杂的，身在职场，就要及时反省自己的行为，让自己学会适应多变的人际关系，以积极的心态适应职场生活。

（资料来源：于立志，辛怡，2014. 交往八项修炼. 中国方正出版社）

项目五 在职场，做最好的自己

自我管理技能探索

在下面的列表中，圈出自己确实拥有的自我管理技能，大多数技能用形容词或副词表示。选择时思考这些词与哪些事件相联系。

活跃的——活泼的，精力充沛的	精通的——娴熟的，内行的，熟练的
胆大的——勇敢的，冒险的	攻击性强的——强有力的，好斗的
坚持己见的——强调，坚持的	健壮的——强壮的，肌肉发达的
平衡的——公平的，公正的，无私的	心胸开阔的——宽容的，开明的
有条理的——有效率的，勤勉的	正直的——直率的，坦率的，真诚的
平静的——沉着，不动摇的，镇定的	仔细的——谨慎的，小心的
清楚的——明白的，明确的，确切的	聪明的——伶俐的，敏锐的，敏捷的
有能力的——熟练的，高效的	志趣相投的——愉快的，融洽的
有信心的——自信的，有把握的	常规的——传统的，认可的
有勇气的——勇敢的，无畏的，英勇的	有创造性的——新颖的，有创意的
好奇的——好问的，爱探究的	慎重的——小心的，审慎的
谨慎的——小心的，精明的	拘谨的——矜持的，客气的
反应灵敏的——活泼的，能接纳的	负责的——充分考虑的，成熟的
严肃的——冷静的，认真的，坚决的	好分析的——逻辑的，批判的
能说会道的——善于表达的，擅长辞令的	艺术的——美学的，优美的
随和的——放松的，随意的	有效的——多产的，有说服力的
有效率的——省力的，省时的	同情的——理解的，关心的
着重的——强调的，有力的，有把握的	精力充沛的——活泼的，活跃的，有生气的
热情的——热切的，热烈的	进取的——冒险的，努力的
慷慨的——乐善好施的，仁慈的	富于表现力的——生动的，有力的
公平的——无私的，无偏见的	有远见的——明智的，有预见的
灵活的——适应性强的，易调教的	坚定的——不动摇的，稳定的，不屈不挠的
大方的——慷慨的，无私的，乐善好施的	温和的——好心的，温柔的，有同情心的
吃苦耐劳的——坚强的，坚韧不拔的	健康的——精力充沛的，强壮的，健壮的
诚实的——真诚的，坦率的	特意的——有目的的，故意的
忠诚的——真诚的，忠实的，坚定的	小心翼翼的——精确的，完美主义的
有条理的——系统的，整洁的，精确的	观察敏锐的——专注的，留心的，警觉的
精明的——机敏的，爱算计的，机警的	头脑开放的——接纳的，客观的
真诚的——诚恳的，可信的，诚挚的	好交际的——随和的，亲切的
稳定的——坚固的，稳固的，可靠的	有说服力的——令人信服的
有秩序的——整洁的，训练有素的，整齐的	独创的——创造性的，罕有的
充满热情的——狂喜的，强烈的，热心的	完全的——彻底的，全部的

活动解读

本活动的目的是评估自己的职业技能状况，探索自己有哪些自我管理技能。

反思总结

自我管理技能是个人最有价值的资产，是影响职业生涯成功与否的关键。你的自我管理技能有哪些，这些技能哪些是重要的，哪些是次要的？

▶ 任务三 建立正向沟通模式

一、高效沟通

(一) 沟通概述

沟通是信息凭借一定的符号载体，在个体或群体间进行传递，并获取理解的过程。沟通的内涵是信息的传递和理解。沟通是一个过程，如图5-2所示。

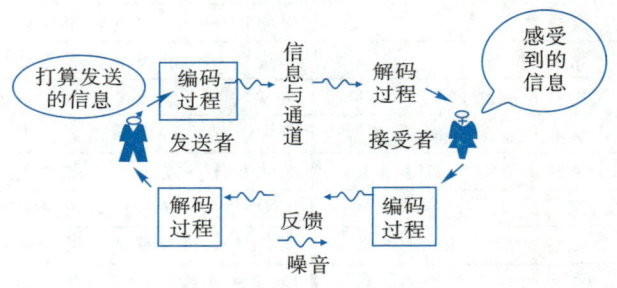

图5-2 沟通的过程

从沟通的过程可以看出：人与人之间的沟通，不是简单的信息传递，而是通过信息载体，使沟通双方获得一致的信息和感受。信息在沟通传递过程中，不能完全为对方所理解和把握，而是受信息接收方的主观因素影响而减少。沟通过程中的信息递减规律（图5-3），称为"沟通漏斗"。不但形象阐明了沟通信息减少的影响因素，而且有助于理解不可能要求信息接收方对信息的完全接收。因此，要想提高沟通效率，改善沟通效果，除了要提高自我表达能力，还要重点了解对方及其沟通特点，这是努力的方向。

沟通遵循"7、38、55法则"：一个人决定要不要接受另外一个人所说的话，有7%来自对方所说的内容（是否易懂），有38%来自对方说话的声音和语调（是否好听），有55%来自对方的外形和肢体语言（是否顺眼）。也就是说，有效沟通中信息的理解与判断的依据，有7%是说话的内容，有38%是说话的语调，有55%是外形与肢体语言。因此，有效沟通离不开听、看、问、说。在沟通时，应尽量提高内容、

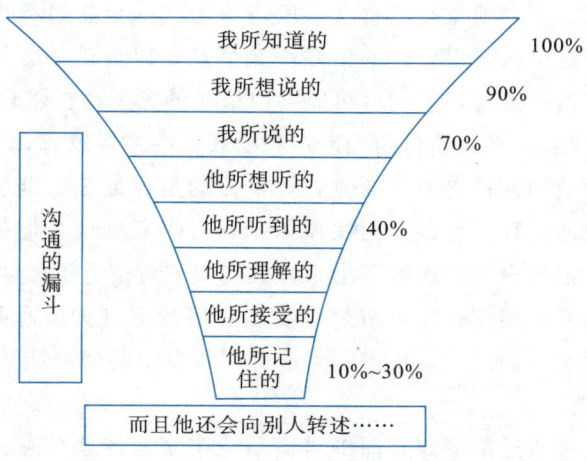

图 5-3 沟通信息的递减规律

声音、肢体动作的一致性，以增强沟通效果。

(二)有效沟通的基本原则

1. 目的性

有效沟通有明确的沟通目标，重视沟通的准备和计划，注意时机、策略和细节，通过简洁而灵活的方式，达到沟通的预期目标。

2. 及时性

信息具有时效性，信息只有得到及时反馈才有价值。在沟通时，不论是向下传达信息，还是向上提供信息，或者与横向部门沟通信息，都应遵循及时原则。遵循这一原则可以使自己容易得到各方的理解和支持，同时可以迅速了解他人的思想和态度。在实际工作中，沟通常因信息传递不及时或接受者重视不够等原因而使沟通效果大打折扣。

3. 准确性

沟通所传递的信息必须全面完整、准确无误，所用的语言和方式能为对方理解，不被受众断章取义或误解。

(三)沟通的种类

根据信息载体的不同，沟通可以分为言语沟通和非言语沟通。

1. 言语沟通

(1)口头信息沟通。绝大部分的信息是通过口头传递的。口头信息沟通方式灵活多样，既可以是两人间的娓娓深谈，也可以是群体中的雄辩舌战；既可以是正式的磋商，也可以是非正式的聊天。优点是信息可在最短时间内被传送，并在短时内得到对方回复。如果接收者对信息有疑问，迅速的反馈可使发送者及时检查其中不够明确的地方并进行改正。缺点是信息在一段段接力式的传送过程中,存在着巨大的信息失真可能性。每个人都以自己的偏好增删信息,以自己的方式诠释信息,当信息经过长途跋涉到达终点时,其内容可能会与最初的意思存在着较大的偏差。

(2)书面信息沟通。书面沟通指先确定想要表达的主要意思,然后用书面形式将它表达出来。不管使用何种书面沟通方式,重要的是保证表达能够被理解。优点是能够有形展示、长期保存,可以作为法律依据,对于复杂或长期的沟通来说,这尤为重要;同时,要把想表达的内容写出来,促使人们对信息更加认真地思考,因此,书面沟通较口头沟通更周密、条理清楚。缺点是相对于口头沟通而言,书面沟通耗费时间较长,不能及时提供信息反馈,无法确保所发出的信息能够被接收到。

(3)非语言沟通

非语言沟通是指通过某些媒介而不是讲话或文字来传递信息。非语言沟通的内涵十分丰富,包括副语言沟通、身体语言沟通和物体的操纵信息沟通等多种形式。

①副语言沟通。一句话的真正含义,很多时候不仅取决于其表面意思,而且取决于它的弦外之音。因而,副语言分为口语中的副语言和书面语中的副语言。口语中的副语言是通过非语言的声音,如重音、声调的变化、哭、笑、停顿来实现的。书面语中的副语言是通过字体变换、标点符号的特殊运用以及印刷艺术的运用来实现的,例如,某几个字加着重号或用黑体强调。

②身体语言沟通。身体语言沟通是指用形体语言(目光、表情、手势、动作)、空间距离、衣着打扮等形式来传递或表达沟通信息。

③运用物体操纵信息沟通。除了运用身体语言之外,人们也能通过物体的运用,环境布置等手段进行非语言的沟通。

二、如何培养沟通能力

只有将语言沟通和非语言沟通的技巧有机地结合起来,并在实际沟通中最大化地加以运用,才能切实提高沟通能力。

(一)注意运用语言的艺术

语言艺术运用得好,就能吸引和抓住对方,调动彼此倾谈的激情、兴趣。相反,如果不注意语言艺术,往往在无意间就出口伤人,产生或激化矛盾。大学生应掌握人际沟通的语言艺术的方法。

(1)称呼得体。称呼反映出人们之间心理关系的程度。恰当得体的称呼,能使人获得一种心理满足,使对方感到亲切,交往便有了良好的心理气氛;称呼不得体,往往会引起对方的不快甚至反感,使交往受阻或中断。所以,在交往过程中,要根据对方的年龄、身份、职业等具体情况及交往的场合、双方关系的亲疏远近来决定对对方的称呼。对长辈的称呼要尊敬,对同辈的称呼要亲切、友好,对关系密切的人可直呼其名，对不熟悉的人要用敬语。

（2）说话注意礼貌。正确运用语言，表达清楚、生动、准确、有感染力、逻辑性强，少用俚语和方言，切忌滥用辞藻，含含糊糊；语音、语调、语速要恰当，要根据谈话的内容和场合，采取相应的语音、语调和语速；讲笑话要注意对象、场合、分寸，以免笑话讲得不得体，伤害他人的自尊心或者造成尴尬的局面。

（3）适度地称赞对方。每个人都希望别人赞美自己的优点。如果我们能够发掘对方的优点，进行赞美，那么对方会愿意与我们多沟通。但是赞美要适度，要真诚，要有具体的内容，绝不能曲意逢迎、盲目奉承。

（4）避免争论。尽量避免争论，可通过讨论、协商的途径解决分歧。要以"求同存异"的方式，既表明必要的原则性，又不伤害彼此友谊，不强加于人，相互有保留的余地。

(二) 非语言沟通技巧

非语言沟通在日常活动的沟通中占有重要的位置。沟通中，语言沟通仅仅占7%，高达93%的沟通是非语言的。正如爱默生所说，人的眼睛和舌头所说的话一样多，不需要字典，却能够从眼睛语言中了解整个世界，这是它的好处。

（1）面部表情是内心情绪的外在表现，能表达人的态度和情感，如眉飞色舞表示高兴，怒目圆睁表示愤怒等。在人际交往中根据谈话的内容和场合，正确运用非语言艺术，巧妙地表达自己的思想感情，有时能起到"此时无声胜有声"的作用。但非语言艺术要运用得恰到好处，不可过于频繁和夸张，以免给人矫揉造作之感。

（2）学会有效地聆听。倾听是维持人际关系的有效法宝，几乎所有的人都喜欢"听他讲话"的人。在沟通时，作为听者要少讲多听，不要打断对方的谈话，最好不要插话，等别人讲完之后再发表自己的见解；要尽量表现出聆听的兴趣和恰如其分的肯定和称赞。听别人讲话时，要正视对方，切忌小动作；力求在对方的角色上设身处地考虑问题，对对方表示关心、理解和同情；不要轻易与对方争论或妄加评论。

（3）选择正确的距离。人际交往的空间距离不是固定不变的，具有一定的伸缩性，这依赖于具体情境，如交谈双方的关系、社会地位、文化背景、性格特征、心境等。不同国家、不同民族，文化背景不同，交往距离也不同。这种差距是由对"自我"的理解不同造成的。社会地位不同，交往的自我空间距离也有差异。了解交往中人们所需的自我空间及适当的交往距离，就能有意识地选择与人交往的最佳距离。而且，通过空间距离的信息，还可以很好地了解一个人的实际的社会地位、性格以及人们之间的相互关系，更好地进行人际交往。

(三) 掌握沟通的技巧

真正有效的信息沟通，并非一日之功。下列技巧有助于提高沟通能力，解决信息沟通中的难题，使沟通更富成效。

1. 妥善处理期望值

可向对方清楚说明自己的期望，让对方了解自己的期望，再根据对方的需要对自己的期望做有效合理的调整，预先消除可能遇到的伤害和失望感。

2. 培养有效的聆听习惯

人与人之间的交流充满变数，既复杂又具有挑战性。设身处地是成功交流的一个关键因素。聆听，但不要受他人情绪的感染。他人有难处时，应设身处地理解他人，但不要被这种情感左右。必须为自己留一份精力去做自己的事。记住，不要做一块海绵，不论好坏，什么都吸收。

3. 反馈

一般来说，反馈是事实和情感因素的结合。交流中的实质信息和关系信息很容易给人带来误解，从而招致不满。因此，在提供反馈意见时，应强调客观公正，不要妄作评判或横加指责。听取别人的反馈时，则要抓住其中对自己有价值的东西，不要计较对方的身份和交流的方式，做到言者无罪，闻者足戒。

4. 诚实

诚实是人与人沟通时最基本、最重要的品质。虽然有时实话实说很伤人，但忠言逆耳，诚实的品质最终能帮助人们建立稳固长久的关系。如果在与人的交往中有什么困扰，尽量直接说出来，以免小事化大，到头来更难处理。

5. 制怒

对方怒气冲冲时，如何使其冷静？可试试以下几个小方法：让对方的怒气发泄出来，表示体谅对方的感受，询问是否需要帮助等。一般情况下，最恰当的解决方法是，找出对方发怒的原因，从源头上去解决。

6. 果断决策

如果自己疲惫不堪、心中烦恼或忙得无法分身，就坦然地说出来。另外找一个时间，使自己处于最佳状态时再来处理事务。如果优柔寡断、迟疑不决，可采用以下步骤补救：回顾所有事实；反复过滤各种可行方案；选择最佳方式，哪怕这意味着自己要多受点委屈；一旦决策，立即行动。

7. 不必耿耿于怀

如果在交流中出现失误，让自己失望或受到伤害，请不要放在心上。不妨问一下自己，想不想背上这包袱？自己能从中得到什么？一旦尽心尽力地澄清了交流中出现的失误，就要为自己付出的努力骄傲，该过去的就让它过去。

解手链

形式：10人一组为最佳

时间：20分钟

活动目的：体会在解决团队问题方面都有什么步骤，聆听在沟通中的重要性，以及团队的合作精神。

操作程序：

(1) 教师让每组站成一个向心圈。

(2) 教师说：先举起你的右手，握住对面那个人的手；再举起你的左手，握住另外一个人的手；现在你们面对一个错综复杂的问题，在不松开的情况下，想办法把这张乱网解开。

(3) 告诉大家一定可以解开，但答案会有两种。一种是一个大圈，另外一种是两个套着的环。

(4) 如果过程中实在解不开，教师可允许学生决定相邻两只手断开一次，但再次进行时必须马上封闭。

有关讨论：

(1) 你在开始的感觉怎样，是否思路很混乱？

(2) 当解开了一点以后，你的想法是否发生了变化？

(3) 最后问题得到了解决，你是不是很开心？

(4) 在这个过程中，你学到了什么？

▶ 任务四　如何与团队协同工作

一、协作——职业化的核心

每个人步入职场，首先进入的是一个团队，小到一个班组、中到一个部门、大到整个组织，都是大小不一的团队。每一个职业人都追求个人价值的最大化，然而成功必须依赖团队的协作，而且个人价值的实现绝不能以牺牲团队的利益或损害他人的利益为代价，否则将会成为职场"孤鸟"，被团队所抛弃。

大学生的学习任务都是个体化的，而进入职场中，职业人的工作任务大多是以团队协作的方式来运作的，所以协作精神是职业化的核心素养。

在现代社会专业分工的情况下，协作是非常重要的时代主题。就像大工业化的流水线作业，每个人或小组只负责生产流程的一个或几个环节，如果每个人只对自己所从事的部分负责，按照自己的规则生产，就难以保证生产出的成品是一个完美的整体。所以对有共同目标的团体而言，最基本的要求就是协作，以完成共同的任务。随着社会化分工越来越精细、知识型员工的增多，以及工作内容智力成分比重不断增加，越来越多的工作不能只依靠个体力量来完成，而必须由团队协作来实现。

协作已经成为现代组织生存与发展的基本条件。

协作是生存发展与提高效率最有效的方式，在自然界也能得到很好的印证。例如，大雁具有合作的本能，它们飞行时自动地呈 V 字形排列。这些大雁飞行时定期变换领导者，为首的雁在前面开路，能帮助它两边的雁队形成局部的真空。科学家发现，大雁以这种形式飞行，要比单独飞行节省 12% 的能量。人类社会更是如此，就像富兰克林·罗斯福所讲："团队行动者可以完成单个行动者永远也不敢奢望的事情。"

团队协作已经成为现代社会最常用的工作形式，每个人都处于各种各样的团队当中。社会组织的发展要求团队协作，以提高生产效率，组织的管理者最重要的就是建立与维护良好的协作环境，使团队成员积极努力工作，以完成共同的目标和使命。核心竞争力的形成固然依靠成员个体的创新能力，但组织与团队真正的优势，还是来自团队协作。没有完美的个人，只有完美的团队。

拓展阅读

不愿合作的后果

小宋毕业于北京某名牌大学广告设计专业，才华横溢，一毕业就进入某跨国集团中国大区公司广告部工作。开始工作时，小宋出色地完成了几个小广告案的设计，显示出了他深厚的专业功底和创新的思维能力。近日，广告部接到集团总部一个综合性广告文案的设计任务，于是抽派几名员工组成临时攻坚小组负责此项工作，小宋是小组成员之一。小组成员彼此有明确分工，但被要求在统一广告主题下密切协作。

小组成员完成各自的任务后第一次统稿，小宋对他人提出的他在设计中存在的问题百般辩解，不愿意接受修改意见。第二次统稿时，小宋仍旧我行我素，对不适合主题的创意拒绝修改。很快小宋负责的设计工作由其他人代替，开会时大家一致拒绝和他沟通。试用期接近尾声时，他收到了公司的解约信。

（资料来源：职业化的核心．挂云帆．2021-08-27．https：//www.guayunfan.com/baike/308139.html）

二、团队合作的意义

团队合作是一种为达到既定目标所显现出来的自愿合作和协同努力。它可以调动团队成员的所有资源和才智，并且会自动地驱除所有不和谐和不公正现象，同时会给予那些诚心、大公无私的奉献者适当的回报。如果团队合作是出于自觉自愿，就会产生一股强大而且持久的力量。

以团队为基础的工作方式可以提高成员的职业道德水平，团队力量的发挥是组织赢得竞争的必要条件。团队精神可以使组织保持活力、焕发青春、积极进取。

所谓团队精神，简单来说就是大局意识、协作精神和服务精神的集中体现。团队精神要求有统一的奋斗目标或价值观，而且需要信赖，需要适度的引导和协调，需要正确而统一的企业文化理念的传递和灌输。团队精神强调的是组织内部成员间的合作态度，为了一个统一的目标，成员自觉地认同肩负的责任并愿意为此目标共同奉献。团队合作体现的主要是团队精神，具有以下作用。

(一) 目标导向功能

团队精神让团队成员齐心协力，拧成一股绳，朝着一个目标努力，对单个成员来说，团队要达到的目标即自己所努力的方向，团队整体的目标顺势分解成各个小目标，在每个员工身上得到落实。

(二) 凝聚功能

任何组织群体都需要一种凝聚力，传统的管理方法是通过组织系统自上而下的行政指令，淡化了个人感情和社会心理等方面的需求，而团队精神则通过对群体意识的培养，通过员工在长期的实践中形成的习惯、信仰、动机、兴趣等文化心理，来沟通人们的思想，引导人们产生共同的使命感、归属感和认同感，反过来逐渐强化团队精神，产生一种强大的凝聚力。

(三) 激励功能

团队精神激励员工自觉进步，力争与团队中最优秀的员工看齐。员工之间正常的竞争可以实现激励功能，而且这种激励不是单纯停留在物质的基础上，还能得到团队的认可，获得团队中其他员工的尊敬。

(四) 控制功能

员工的个体行为需要控制，群体行为也需要协调。团队精神所产生的控制功能，是通过团队内部所形成的一种观念的力量、氛围的影响，去约束规范、控制员工的个体行为。这种控制不是自上而下的硬性强制力量，而是由硬性控制向软性内化控制；由控制员工行为转向控制员工的意识；由控制员工的短期行为转向对其价值观和长期目标的控制。因此，这种控制更为持久有意义，而且容易深入人心。

三、培养团队精神

大学生集体生活的环境和氛围为团队精神的培养提供了绝佳条件，学生们应该珍惜并利用好这珍贵而难得的机会，锻造自己的团队精神，收获弥足珍贵的情意。

(一) 认真参加小组学习

现有传统教育过分强调学习成长中的竞争，使合作意识和团队精神淡化，人际关系产生了许多不应有的纠纷和矛盾。

孔子在《学记》中提到"独学而无友,则孤陋而寡闻也",在《论语》中也有"三人行,必有我师焉"等关于合作学习的论述。小组合作学习的任务可以来自老师,也可以由学生自发组织。适合合作学习的任务主要包括四个方面的内容:一是为得到某些结论,必须靠分工合作才能完成的探究性任务;二是在独立学习的基础上,对每个人得到的信息进行汇总的学习任务;三是能使个体从各自不同的实践经历、不同结论的展示过程中发现学习方法存在问题的学习任务;四是需要学生在特定的情境中进行互动,通过相互协作和配合来完成认知、过程与方法、情感态度价值观教育目标的学习任务。

小组合作学习,可以最大限度地实现资源共享,通过学习中的积极交流,避免个体探索的时间浪费;有利于开拓视野,使整个团队具有获取知识上的广度优势;有助于头脑风暴、智慧激荡,产生新知识和新方法;有助于合作精神的培养,增强大学生的团队凝聚力和荣誉感。

(二)积极参加班级活动

班级是学校组织的基本结构单位。大学生通过参加班级的集体活动,能够促进同学间的交流,密切同学间的关系,增强归属感。当个人在遇到困难挫折时,能从班集体中获得帮助和慰藉,取得成绩时能从班集体中得到承认和肯定,切身体会"我为人人,人人为我"的集体主义内涵,从而自觉摒弃自私自利、唯我独尊的个人主义作风。

班集体活动从发起到结束的过程,往往是亲密人际关系的形成过程。在日常的学习、生活中,同学之间得以经常交换思想、交流情感、相互关心,在交往中共同体验合作的快乐。在内部竞争或外部对抗性的团队比赛活动中,团队成员内部分工合作,团队之间竞争监督,大学生的纪律与规范意识得到加强,点点滴滴的行为中蕴含和凝聚着团队精神。在这种既竞争又合作的过程中,学生们能彼此关心,互相爱护,树立自信,完成团队精神的内化。

(三)有选择地参加学生社团

学生社团是学生基于兴趣、爱好、特长等方面的共同点,在自愿的基础上自发结合并经有关部门批准形成的具有特定目标、组织章程和活动方式的学生群体组织,一般由学校团委老师负责管理和指导。社团中学生的个性差异较小,学生对社团的情感倾向性较高,社团的凝聚力较强,因此,大学生有选择地参加学生社团,与志同道合者共事,能够不断强化群体意识,重视合作,培养团队精神,提高自己的综合素质。学生社团经常会组织一些活动,或有机会参与学校大型活动,身在其中参与分工与合作,能够体验团队运作的实践,面对困难与冲突,经常沟通与交流,能够不断提高团队合作的能力。

(四)有针对性地参加拓展训练

拓展训练通常利用崇山峻岭、浩海大川等自然环境,通过精心设计的活动达到磨炼意志、陶冶情操、完善人格、凝聚团队的目的,是培育团队精神的良好载体。

学生可以参加一些专门为提高团队凝聚力设计的拓展训练,既可以是院系、班级、社团等集体组织的拓展活动,也可以自主选择与陌生人一起参加社会拓展训练,学会与陌生人更好地相处,学会如何快速融入新团队,学会与团队成员配合完成任务等。拓展训练会让我们认识到:明确责任,落实分工极其重要;做事要先做计划,再开展行动;学会遇到问题换位思考;团队需要核心和灵魂;相互信任是团队建设的基石,离开信任的团队是松散的团队,是毫无战斗力的团队,建立一支相互信任的团队,比任何激励都重要;学会沟通和理解;懂得摆正自己的位置。

最后,还应该特别注意个性特征对培养团队精神的影响。我国心理学家黄希庭等人在对人际关系的心理学研究中发现,以下个性特征会阻碍团队成员人际关系的吸引力,不利于团队精神的培育:

(1)以自我为中心,只关心自己,不为他人的处境和利益着想;

(2)对集体工作缺乏责任感,敷衍了事或浮夸不诚实,或完全置身于集体之外;

(3)虚伪、固执,爱吹毛求疵;

(4)不尊重他人,操纵欲和支配欲强;

(5)性格孤僻,对人冷漠,不合群;

(6)有敌对、猜疑和报复的性格;

(7)行为古怪,喜怒无常,粗暴,有神经质;

(8)狂妄自大,自命不凡,有较强的嫉妒心;

(9)不肯帮助他人,甚至轻视他人;

(10)自我期望值很高,气量小,对人际关系过分敏感;

(11)势利,想方设法巴结领导,而不听取同事意见;

(12)学习或工作不努力,无组织,无纪律,不求上进;

(13)兴趣贫乏,生活无约束。

每个人都应该躬身自省,清醒地认识到自我个性中伤害人际关系、不利于团队协作的因素,并有意识地进行自我修正和完善,收获满满的正能量。

四、团队合作的技巧

(一)平等友善

与同事相处的第一步便是平等。不管你是资深的老员工,还是新进的员工,都需要丢掉不平等的关系,无论是心存自大或心存自卑都是同事相处的大忌。同事之间相处具有相近性、长期性、固定性,彼此都有较全面深刻的了解。要特别注意的是，真诚相待才可以赢得同事的信任。信任是联结同事间友谊的纽带，真诚是同事间相处共事的基础。即使自己各方面都很优秀，以一个人的力量就能解决眼前的工作，也不要显得太张狂，要平等友善地对待他人。

(二) 善于交流

同在一个公司、办公室里工作，同事之间会存在某些差异，知识、能力、经历造成彼此在对待和处理工作时，会产生不同的想法。交流是协调的开始，把自己的想法说出来，听听对方的想法，可经常说这样一句话："你看这事该怎么办，我想听听你的看法。"

(三) 谦虚谨慎

法国哲学家罗西法古曾说过："如果你要得到仇人，就表现得比你的朋友优越；如果你要得到朋友，就要让你的朋友表现得比你优越。"当我们让朋友表现得比我们优越时，他们就会有一种被肯定的感觉；但是当我们表现得比他们优越时，他们就会产生一种自卑感，甚至会产生敌视情绪。因为一般人都在自觉不自觉地强烈维护着自己的形象和尊严。要学会谦虚谨慎，这样更容易受到别人的欢迎。为此，卡耐基曾有过一番妙论："你有什么可以值得炫耀的吗？你知道是什么原因使你成为白痴？其实不是什么了不起的东西，只不过是你甲状腺中的碘而已，价值并不高，才五分钱。如果别人割开你颈部的甲状腺，取出一点点的碘，你就变成一个白痴了。在药房中五分钱就可以买到这些碘，这就是使你没有住在疯人院的东西——价值五分钱的东西，有什么好谈的呢？"

(四) 化解矛盾

一般而言，与同事有点小想法、小摩擦、小隔阂，是很正常的事。但千万不要把这种"小不快"演变成"大对立"，甚至成为敌对关系。对别人的行动和成就表示真正的关心，是一种表达尊重与欣赏的方式，也是化敌为友的纽带。

(五) 接受批评

从批评中寻找积极成分。如果别人对你的错误大加抨击，即使带有强烈的感情色彩，也不要与之争论不休，而是从积极方面来理解他的抨击。这样，不但对你改正错误有帮助，也避免了语言敌对场面的出现。

蒙眼排队游戏

1. 活动目标

理解团队和团队精神的内涵，学会沟通和团队协作。

2. 活动过程

(1) 小组成员到一个空场地围成一个圆圈站好；

(2) 指导老师宣布：开始1分钟的小组沟通（不能透露任何任务信息）；

(3) 沟通时间到了以后，提醒戴眼镜的人可摘下眼镜，然后给每个成员分发眼罩；

(4) 要求每个成员戴上眼罩，原地转两圈；

(5) 指导老师分别给小组成员发号码牌（事先准备好），并让成员确认自己的号码，然后检查眼罩佩戴情况，防止作弊；

(6) 宣布任务：请小组成员在3分钟内，按号码牌的大小，依次排成一队，在排队过程中，不允许发出任何声音；

(7) 其他学员观察排队结果；

(8) 换另外一个小组，重复以上步骤，对比两组的过程和结果；

(9) 参与活动，与观察者代表做总结发言。

▶ 任务五　干一行爱一行的劳模精神

一、劳模精神概述

"爱岗敬业、争创一流，艰苦奋斗、勇于创新，淡泊名利、甘于奉献"的劳模精神，生动诠释了社会主义核心价值观，是宝贵的精神财富和强大的精神力量。

劳动模范是时代的先锋、民族的楷模，他们身上承载和彰显的劳模精神一直发挥着引领作用，丰富和拓展了中国精神的内涵，充分展现出我国工人阶级和劳动群众的高度自信，已成为社会主义核心价值体系的重要组成部分。

劳模精神主要体现在以下几个方面。

1. 爱岗敬业、孜孜不倦

爱岗敬业是爱岗和敬业的总称，爱岗指热爱自己的工作岗位，热爱本职工作，这是职业道德的基础，它与敬业二者互为前提、相辅相成。即使面对的是乏味的、枯燥的工作，也能以一颗赤诚之心孜孜不倦地投入其中。

2. 争创一流、勇当源头

争创一流，就是要做得比其他人强，敢于争当标兵，敢于做他人的榜样；勇当源头，就是要进行大胆的尝试，有勇气，有决心，排除万难，勇于开创。劳模们就是凭借这样一种精神，在自己的工作岗位上刻苦钻研，让平凡的工作成为自己崇高的事业。

3. 艰苦奋斗、顽强拼搏

艰苦奋斗、顽强拼搏、自强不息，自古以来就是中华民族的传统美德。勤劳勇敢的中国人民正是凭借这种精神，让饱经沧桑的中华民族屹立于世界的东方。在建设中国特色社会主义现代化的进程中，艰苦奋斗、顽强拼搏的精神在劳模身上彰显得更加明显，更加突出。

4. 淡泊名利、甘于奉献

人世间的美好梦想，只有通过诚实劳动才能实现。劳模们身上具有淡泊名利、甘于奉献的特质，不论眼前的事物多么纷繁，他们总能穿越迷雾，坚定地向自己心中设定的目标前进并为之奋斗。心无杂念，淡泊名利，宁静致远，劳模用他们的实际行动诠释着一名普通劳动者应该有的人生态度。

5. 砥砺奋进、开拓创新

劳模精神永不过时。无论时代怎样变迁，劳动模范始终都是时代的领跑者，是时代蓬勃向上的力量。新时代涌现出越来越多的智慧型劳模和创新型劳模，他们开拓创新、刻苦钻研、勇于担当，不断谱写时代发展新篇章。

二、坚持弘扬劳模精神

全社会都应该尊敬劳动模范、弘扬劳模精神，让诚实劳动、勤勉工作蔚然成风。

弘扬劳模精神是中国共产党在新时代的伟大历史征程中吹响的又一次号角。党的十八大以来，以习近平同志为核心的党中央高度重视弘扬劳模精神，明确阐述劳模精神的时代内涵，明确给予劳模精神新的时代定位，明确劳模精神的发展方向和历史使命，明确肯定弘扬劳模精神的积极作用和意义。通过广泛开展劳模选树表彰，肯定劳模的历史贡献，健全完善劳模管理制度，提高劳模的政治待遇、经济待遇和社会待遇，号召全社会向劳模致敬，为劳模发挥作用搭建了宽广舞台。新时代、新征程、新起点，我们必须通过不断探索、创新方法和途径来弘扬劳模精神，迎接新时代中国发展新的挑战和机遇。

全社会都要贯彻尊重劳动、尊重知识、尊重人才、尊重创造的重大方针。其目的在于最广泛、最充分地调动一切积极因素，凝聚一切积极力量，为中国特色社会主义现代化建设获得取之不尽的力量源泉。

第一，必须提倡尊重劳动。劳动是一切人类生活的第一个基本条件，而且达到这样的程度，以致我们在某种意义上不得不说：劳动创造了人本身。劳动是人类最基本和最重要的社会实践，是人类生存和发展的基础和根本前提，是推动历史前进的动力。因此包括体力劳动和脑力劳动、简单劳动和复杂劳动、抽象劳动和具体劳动在内的一切劳动都应当受到尊重。我们要注意纠正两种错误观点：一是认为只有体力劳动才是劳动，不把脑力劳动作为劳动来看待；二是认为"劳心者治人，劳力者治于人"，轻视、歧视、鄙视体力劳动。尊重劳动就要尊重劳动者创造的价值，无论是物质价值还是精神价值，就要维护劳动者的尊严，保障劳动者的基本权益。尊重劳动的实质就是尊重劳动者，不仅包括工人农民、知识分子，还包括改革开放以来出现的新的社会阶层。

　　第二，必须提倡尊重知识。知识是人类创造的，是人类长期以来在社会实践中总结出来的经验和智慧，并被人类用来武装人、充实人和发展人。知识就是力量。知识是人最为宝贵的财富，既可以转化为物质力量，创造物质财富，又可以是精神力量，激发人的斗志，给人以启迪，给人以无限希望。知识是人类创造和使用的，尊重知识就是尊重人类自己。知识是人类实践的成果，尊重知识就是尊重历史文明。我们称拥有大量丰富知识的群体为知识分子，尊重知识就是尊重知识分子。知识，尤其是科学知识，推动和发展着人与人类社会，尊重知识就是尊重科学技术。尊重知识集中凸显于要重视教育，在发展科学技术上下功夫，把科学技术搞上去。尊重知识以尊重劳动实践为前提，是尊重劳动的必然要求。

　　第三，必须提倡尊重人才。当今世界各国综合国力的竞争，归根结底就是人才的竞争。人才是实现民族振兴、赢得国际竞争主动的战略资源。"两个一百年"奋斗目标和中华民族伟大复兴中国梦的实现都离不开人才。新时代，我们需要树立正确的人才观念，弘扬当代中国劳模精神，营造培育人才的时代风尚，使技能宝贵、创新光荣、创造伟大、人才可贵成为全社会共识。依靠人才、重视人才、用好人才、关爱人才，充分发挥各类人才的作用，搭建人才施展抱负的宽阔舞台，完善人才流动和管理机制，落实好待遇保障，让人才不断创造新业绩。

　　第四，必须提倡尊重创造。在经济全球化和现代化的背景下，实现全面小康社会和"两个一百年"的建设目标，实现富强民主文明和谐美丽的中国特色社会主义现代化国家，从根本上要依靠劳动、依靠中国广大劳动人民群众的创造。创造是推动人类社会文明进步的持久力量和基本方式，一切创造，无论是个人创造还是集体创造，无论是物质创造还是精神创造，都值得尊重和鼓励。从某种意义上讲，创造是人有意识地对世界进行探索性劳动的行为和过程，一般都带有创新性特点，所以尊重创造也就是尊重创新。劳动贵在创造，没有创造，劳动只能是简单的重复。中国已经进入现代社会，要靠创新创造才能带来社会经济的发展进步，需要有创新性思维和创新创造能力的人通过创造性劳动来完成。

三、做新时代的劳动模范

　　党的十九大报告中指出，要建设知识型、技能型、创新型劳动者大军，弘扬劳模精神和工匠精神，营造劳动光荣的社会风尚和精益求精的敬业风气。就其精神载体来看，劳模精神与工匠精神、中华文化具有一脉相承的价值底蕴和价值导向。如何将劳模精神内化为意志品质，用干劲、闯劲、钻劲激发更多的新时代青年勇做实干兴邦的"代言人"，这彰显了新时代劳模精神的崭新价值意蕴。

(一)新时代劳模精神的价值意蕴

1. 从内容上看,新时代劳模精神是马克思主义劳动观的生动展现

劳动创造了人类社会,劳动推动了人类社会的发展,劳动是价值和财富的源泉。社会主义制度下的劳动不再是异化的,而是体现平等、回应人的本性,这为新时代劳模精神的产生提供了丰沃的土壤,而劳模精神也在中国特色社会主义进入新时代的征程中不断发挥凝聚力、生命力、创造力。新时代劳模精神,需要立足新时代、把握新矛盾、学习新思想、掌握新方略、迈上新征程。

2. 从地位上看,新时代劳模精神是中华优秀文化的时代结晶

回顾中华文明史,中华文化源远流长,有中华优秀传统文化、革命文化、社会主义先进文化,贯穿其中的劳动人民的生产实践及其凝练出的劳模精神,又在新的时代条件下再生再造、凝聚升华。从钻木取火到大禹治水,从《管子·地数篇》到《天工开物》,无不凝结着劳动者踏实朴素、甘于奉献的精气神,这种精气神传承了中华文化的因子,为劳模精神与中华文化在推动中华民族向前发展的进程中注入强大的精神动力。

3. 从目标取向上看,新时代劳模精神根植于中国共产党领导中国人民进行的长期奋斗

从新中国成立以来的70多年来看,我国经历了1959年至1961年的三年困难时期、1976年的唐山大地震、1998年的特大洪水、2003年的非典、2008年的汶川地震,以及2020年以来的新冠肺炎疫情。然而多难兴邦,在一场场具有许多新的历史特点的伟大斗争中,中国共产党始终是中国人民和中华民族的中流砥柱,有了这个主心骨,无论是科研攻坚者还是坚守一线者,无论是外卖小哥抑或90后护士,都在埋头苦干、躬身实践、共克时艰中造就了中国奇迹,为劳模精神赋予新的时代内涵,实现了劳动创造幸福的价值引领。

(二)做新时代最美劳动者,让青春在劳动中闪光

1. 让新时代劳动模范"活起来"

广大劳动群众要勤于学习,学文化、学科学、学技能、学各方面知识,不断提高综合素质,练就过硬本领。劳动模范是民族的脊梁,他们身上凸显出的淡泊名利、艰苦奋斗、勇于探索的意志品质,是立体、饱满的新时代劳动教育的精神宝库,工匠精神的优良品质是劳动模范高尚品德的时代表达,是"肯学肯干肯钻研、练就一身真本领、掌握一手好技术"的典范。新时代劳动模范的形象需要通过可视度高、互动性强的方法、工具、手段,与新时代青年产生"连接、呈现、体验、反思、应用",不断激活大学生向劳动模范学习的同向同行的原动力。

2. 让新时代劳动模范"实起来"

"天眼"探空,"蛟龙"入海,"墨子号"发射,让我们由衷地相信幸福是奋斗出来

的，劳动是奋斗的源泉。讲好新时代劳模故事，做新时代最美劳动者，就是要将"担当实干"扛在肩头，讲好"爱一行、干一行"的坚守与踏实，讲好"服务人民、报效祖国"的快乐与成长，讲好"爱岗敬业、争创一流"的态度与尊严，用踏实劳动来磨炼意志、淬炼精神，引导新时代大学生埋头苦干、真抓实干、做实干家，不断释放劳动潜能、焕发劳动热情。

3. 让新时代劳动模范"酷起来"

下力气聆听学生的声音，把"带着学生劳动"转变为"师生一起共同劳动"，开展以"美好劳动节"文化创意秀为主题的系列活动，利用抖音小视频、B站分享、荔枝FM等制造一些外部具化的文化场景，给青年朋友们提供与劳动模范可接触、可参与、可体验的渠道，在增进亲近感、信赖感的同时，一方面让学生将自身劳动创造幸福的潜力迸发出来，从而带动周围的同学，增强对劳动理念的认同、对劳动课程的认同，另一方面寻求劳动教育与思政的有机融合，探索"全天候、立体化、强赋能、可辐射"的劳动育人模式，打造一个高净值、个性化、强链接的交互场域，让"边讲边做，学练结合"提高劳动模范精神育人的"沉浸感"，形成良好互动机制。

大学生要用饱满的热情，高效的方法积极投身全面建设社会主义现代化国家的伟大实践，勇当新时代的劳动模范，让青春在劳动中闪光。

劳模的故事

1. 活动目标

了解劳模的事迹和劳模精神，进一步树立正确的劳动观。

2. 注意事项

认真学习、消化劳模事迹，用自己的话讲出来。

3. 活动时间

建议20分钟。

4. 活动流程

(1) 通过中华总工会网站等途径了解一位劳模的故事；

(2) 教师选择2~3名学生向全班学生讲述劳模的故事，并谈谈自己的感想；

(3) 教师进行归纳分析，引导学生树立正确的劳动观。

课外实践

胜任力九宫格

1. 活动说明

胜任力九宫格表述的是自身能力与岗位兴趣的匹配。胜任力九宫格一共有九个格子，横坐标表示自我满意程度大小，纵坐标表示自己的岗位胜任力大小（图5-4）。我们需要找到那些我们既擅长又喜欢的格子，也就是优势区，并提升相应的岗位胜任力，请将你的胜任力填在图5-5。

图5-4 胜任力九宫格示意图

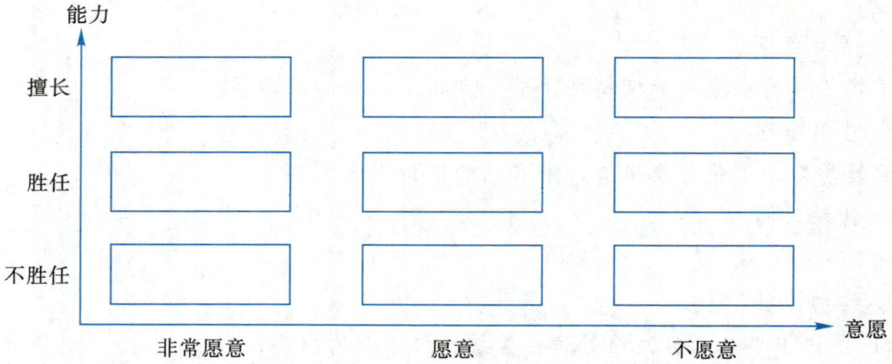

图5-5 我的胜任力九宫格

好书推荐

1. 凌志军：《成长比成功更重要》，陕西师范大学出版社.
2. 中央电视台《大国崛起》节目组：《大国崛起系列丛书》，中国民主法制出版社.

项目六 物竞天择，适者生存

本章要点

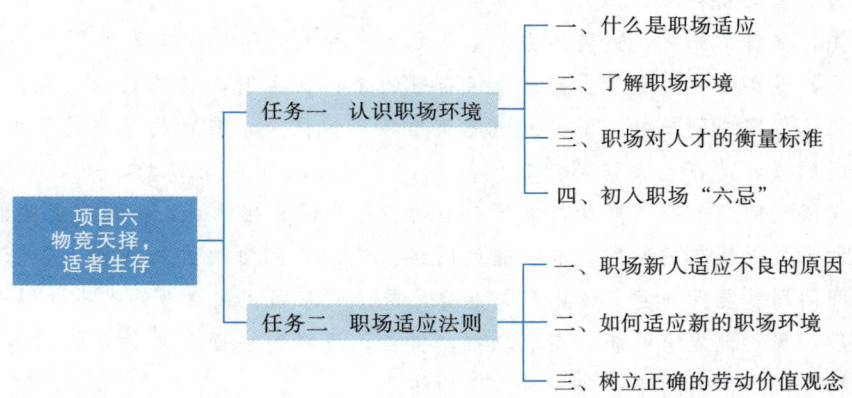

学习目标

1. 知识目标

了解职场环境所包含的要素，明确职场对人才的衡量标准。

了解职场适应不良的原因。

2. 技能目标

掌握从学生到职业人的转变方法。

掌握职场适应的能力，走稳职场第一步。

3. 素质目标

培养积极心态，克服角色转变难关，积极做好职场适应准备；从小事做起，提升职场正能量，做好第一份工作。

生涯智慧

只有把人生理想融入国家和民族的事业中，才能最终成就一番事业。

——2013年5月2日，习近平总书记给北京大学考古文博学院2009级本科团支部全体同学的回信

案例引入

迅速融入职场的新人法则

江同学，现在一家知名企业担任实习生，作为刚从学校离开，踏入职场的新人，应该如何去适应新环境，如何做好职场小白呢？

首先，要自信起来，充满活力，给新同事一种充满朝气的感觉。

其次，做事要认真负责。完成上级布置的工作任务时，切忌粗心大意，尽自己的能力将工作完成到最好，不要没做完就推给其他同事，自己的事自己做好。遇到不懂的问题或者是自己无法解决的问题时，要虚心向前辈们请教，不要不懂装懂。也不要畏惧问问题，初入职场，有很多事情自己都没有接触过，需要向前辈们学习。当然，如果是很简单的问题，能够通过网络渠道搜索到解决办法的就不要麻烦其他同事。问问题就要问有意义的问题，这样才能学到东西，被请教的人也觉得有价值。

最后，要对他人有礼貌。在职场中，将自己美好的一面呈现给他人，遇到同事主动打招呼，给他人留下易相处好沟通的印象。

如何适应职场的法则,最重要的一点是不要踩职场的红线,知道什么事情可以做,什么事情不可以做。不要在红线边缘游走,不要挑战权威,做好自己分内的事情,少说话多做事,方能走得长远。职场有时候就像一个熔炉,它会锤炼人的品质,在竞争的情境下激发人们的潜力,职场新人们,加油吧!

任务一　认识职场环境

一、什么是职场适应

(一)适应与职业适应

从理论上讲,个人与环境(包括自然环境和心理环境)之间如果能保持协调、平衡的状态,则可称为适应,或者为了形成这种良好状态,个人与环境之间调整的过程也可以定义为适应。适应包括"内部适应"和"外部适应"两个方面。所谓外部适应,是指个人在与环境的相处中,其行为与社会的规范、习惯相一致,个人与环境之间保持协调的关系。所谓内部适应,是指个人在与环境的相处中,理想中的自我和现实中的自我相符合,情绪稳定。

职业适应是大学生社会化的重要阶段和组成部分,是在对职业具有一定认识的基础上,通过不断对自己的职业观念、态度和行为习惯进行调整和改变,以适应职业要求、职业变化和职业环境(包括物质环境、文化环境和人际关系)的动态过程。职业适应还与自身职业在所处的社会环境中的地位、心理满足感有关。

(二)大学生职业适应过程中的困惑

大学生过惯了单纯、清净的校园生活,投身社会后常常会感到自身与社会间存在一些矛盾,常见的有以下几种。

1. 主观愿望和客观实际的矛盾

刚刚步入社会的大学生,满怀理想,一腔热血,准备到岗位上大展宏图。但一接触实际,尤其是接触到社会的一些消极面,如复杂的人际关系、陈旧的设备、落后的管理方式等,往往就会从理想的巅峰一下子跌入低谷。大学生在就业初的思想多呈"马鞍"形,即一开始积极性很高,但一遇到实际困难就灰心丧气、情绪低落,经过清醒的认识和自我调整后,又会振作精神,主动适应社会。

2. 学生习惯行为与社会角色要求的矛盾

经过十多年的寒窗苦读,每个大学生都形成了一些习惯行为,都有自己特有的学习、生活习惯和思维方式。步入社会后,大学生一下子还难以适应角色转变的要求,常常在扮演角色时自觉或不自觉地表现出学生角色的习惯行为,缺乏社会角色应有的责任感。

3. 学校教育与社会现实的矛盾

大学生在校期间接受的都是健康、正面的教育，常常以理想化的思维方式看待社会、看待人生。一旦置身于社会当中，对社会中的一些不良现象，他们虽看不惯，但无能为力，便会处于困惑之中，产生种种疑问，难以使自己的思维结果与社会现实相协调，反映出对社会生活的不适应，甚至还表现出对单纯、浪漫的学生生活的留恋。

4. 社会需要与自我完善的矛盾

当今社会是改革的社会、竞争的社会、科技迅速发展的社会。社会不仅需要知识面宽、动手能力强、有一定的组织管理能力、素质较高的大学生，更需要具有开拓性、创造性的大学生。然而，尽管多年来我国教育改革在逐步深入，但我们的学校教育仍有一定的封闭性，与社会实际还有一定的距离，投身社会后，大学生便会发现自己的知识面窄，知识结构不完善，思维刻板，理论与实际相脱节，很难适应工作。

以上这些矛盾引起大学生对工作、生活、环境的不适应。在这些矛盾和困惑面前，是主动适应，还是畏缩消沉，这是大学毕业生必须考虑的一个问题。

（三）职业适应的策略

大学生要保持积极的心态，主动适应环境，调整和把握自我的发展方向，适应环境的选择，做生活的强者。只有积极地适应社会，才能更好地改造社会。

1. 立足新岗位，树立新意识

第一，树立角色意识。适应工作、适应社会，首先要树立新意识，最主要的是要树立角色意识。尽快完成对新角色的领悟、认识和实践，这是适应职业和社会的关键所在。

第二，树立独立意识，大学生在校的主要任务是学习，长期依靠教师，生活也主要靠家人供给，形成了依赖心理。工作后大学生要承担一定的社会责任，工作中要能够独当一面，人们开始把大学生作为一个独立的社会人来看待，这就要求大学生具有独立意识。只有具备了独立意识，才能为以后的工作打下良好的基础，真正地立足于社会。

第三，树立主人翁意识。学生时代，大学生主要是在教师的指导下学习、生活，扮演的主要是被动的角色。除学习外，凡事很少需要操心，社会活动较少，承担的社会责任也相对较少。毕业后，大学生多数要参与管理工作，要参与决策，对单位和部门甚至对社会都要承担更多的责任和义务。个人工作成绩的好坏，不仅关系到个人的前途，而且和单位、部门的兴衰荣辱息息相关。这就要求大学生要树立主人翁意识，以单位部门的兴衰为荣辱，以国家的兴旺、民族的强盛为己任。

第四，树立协作意识。大学生在校期间的学习基本上是一种单纯的个体活动。毕业后从事的工作与在校的学习则有很大的不同。随着科学技术的高速发展，社会分工越来越细，部门与部门之间、个人与个人之间的协作关系日益密切，因此，刚走上工作岗位的大学毕业生一定要树立协作意识，这不仅是科技和社会发展的要求，而且是个人成才所必须具备的。切勿片面强调个人的作用，要从整体利益出发，顾全大局。

2. 不断学习，自我完善

适应社会的过程是一个学习、适应、再学习、再适应的过程。

第一，追求知识结构的完善需要不断学习。大学生虽然已掌握了一定的科学文化知识，具备了一定的能力，但知识结构还不尽完善，知识还不够丰富，解决实际问题的能力及动手能力较差。只有不断学习，才能在工作实践中不断完善自己的知识结构，提高自己的能力。

第二，适应工作的要求需要不断学习。大学生初到工作岗位，对自己所要从事工作的基本情况还不了解，况且所学的理论知识与工作实践总会有一定的差距。只有不断学习、勤于思考、善于总结，尽快熟悉和掌握有关的业务知识，并及时补充业务知识的不足，才能更好地适应工作。

第三，跟上科学技术的迅猛发展，需要不断学习。飞速发展的科学技术，使得知识更新的速度加快，大学毕业生如果仅仅停留在大学所学的知识基础上，知识很快就会变陈旧。时代的发展要求科技人才要不断更新知识、开阔视野、推陈出新、瞄准世界科技的前沿。

3. 把握时机，适时调整

大学生的首次就业不一定就是终生的职业选择。由于最初择业时受某些条件的限制，一部分大学生就业后对自己的职业并不满意。对此应当具体问题具体分析，当然，首先应当考虑国家的需要，提倡干一行爱一行，安心自己的本职工作，但这并不意味着绝对限制人才的流动。如果经过一段较长的时间仍难以适应工作，难以培养起职业兴趣，难以施展自己的才华，那么可以重新选择职业。随着社会需求的变化，根据自身的实际条件，一些已经就业的大学生完全可以适时调整自己的奋斗方向，把握好重新选择的机会，找到更适合自己的职业。

重新选择职业是基于对自己重新认识、重新发现的基础上，为了寻找新的、更快的自我发展，以求自我完善，即人生价值的最大限度的实现，面对职业和环境做出的重新选择。当然，重新选择职业一定要抱着慎重和负责的态度，不可盲目跟风，更不能在工作中稍不如意就跳槽，从长远来看，这样对个人的发展是不利的。

拓展阅读

职场面临的九大改变

1. 公司组织由金字塔型趋向扁平化

目前，已有约1/4的公司组织结构走向扁平化。全球期货研究所董事长兼执行长康托尔博士表示："许多传统的角色将不复存在，金字塔型阶级系统将步入历史。"康托尔表示："最终人们将面临的是一个人际网络、人工智慧以及群众基础智慧所混搭的系统。"

2. 人工智能将取代某些人力工作

研究发现，纯操作性工作将来被机器取代的可能性最高，至于需要情感注入的工作，如社会工作者及看护人员，被机器取代的可能性最低。

牛津大学的一项报告预测，不用等到2050年，2030年时就会有50%的人力工作被人工智能取代。该项报告指出，谷歌等公司所开发的无人驾驶车，将对运输及配送业的人力雇用结构造成巨大影响。

3. 将出现崭新的工作机会

康托尔预测，某些情境下需要真人与机器人共同合作，包括由真人操作人工智能科技的新型工作以及旧有工作，因为机器人的加入而扩大营运。有效运用人工智能仍需要良好的人力训练。人工智能科技，最终是为了辅佐真人创造更好的服务。

4. 有别于传统全职员工的招募，雇主将可从全球招募自由工作者

对雇主而言，招募自由工作者不需要提供劳保，员工雇用也只限在有工作需求的时期。相对于传统全职员工的招募，依据需要随时雇用自由工作者更便利。对求职者而言，许多人也开始倾向自由工作的形态，一改以往全职工作整天被工作绑着，自由工作者在工作时间运用及工作形态的选择更具弹性。

5. 所谓的"退休"将不复存在

根据金融保险提供商UNUM的一份未来工作报告，未来的医学技术可以使人们即使在较老时，拥有的活力及体力仍可应付工作。当人的寿命越来越长，生活费越来越高时，人们也不得不加长工作年限来维持生活。

6. 员工可能需要更多雇主，让跳槽机会增加

国际会计师事务所普华永道的《未来工作》报告中预测，人们将持续远离只过同一种生活、只投入同一个工作的心态，这样的趋势在2000年出生的世代中已经明显出现。员工将跟随热情工作，一旦热情转向，对许多人而言，往往也意味着工作跑道的转换。

7. 未来监控员工可能不仅止于工作范畴

在未来，雇主将可透过更先进的方式监控及筛选员工，以感应器确认员工所处位置、表现及健康状况。这样的监控方式甚至可能深入员工私生活，如同今日的毒品测试一样。

8. 越来越多公司可能裁撤传统的办公室及总部

未来所谓的"共用工作空间"可能越来越流行，不只自由工作者与企业主之间，公司之间也可借此安顿员工。裁撤传统的办公室及总部可使公司从世界各地雇用最适合的员工，不需要受限于员工与办公室或总部的距离。

9. 无人驾驶车将使早晨的通勤更快更便捷

未来无人驾驶车的出现，将会冲击到大众交通及运输类工作，但同时也可减少每日通勤塞车、车祸及小擦撞。这种车辆会彼此互相监测及沟通性能及科技，可以追踪车辆的速度，视道路壅塞情况而进行车速等调节，不仅使通勤更加顺畅，康托尔更预估每年或许因此可减少 3 万起车祸相关意外。

（资料来源：徐俊祥，黄敏，2017. 成功就业. 现代教育出版社）

二、了解职场环境

职场新人及时了解真正的实际工作环境，是避免职场震荡的良好方法。

(一) 了解单位

初入职场，应当了解真实的公司和工作环境的实际情况，如企业文化、工作氛围、培养途径等，最好的办法是利用寒暑假尽可能地选择未来目标公司实习，这样可以大大降低第一份工作的离职率，特别是担任管理岗位等人际关系较复杂的工作。

(二) 了解上司

新人和上司之间存在期待效应，即新人的第一位上司对他的支持、信任和期望越高，则新人的表现越好。因此，新人的第一位上司是否支持部属、是否提供受训机会、是否给予适当的指导，均可在新人工作的第一年起到相当大的作用，更有可能为其设定较高的工作平台。

(三) 了解岗位

有些单位会以轮岗的方式让新人逐一尝试各种不同的岗位。根据新人在各岗位上的工作表现，例如，在财务、生产、人事、销售等部门的工作业绩，结合个人的生涯发展目标和兴趣偏好，确定最终的工作岗位。这样一方面可以让新人有机会尝试不同的工作内容，快速找到自己的职业锚；另一方面则让新人在短期内全方位了解工作单位，为培养全面了解组织面貌的管理者打下基础。

(四)了解自己

为提高职业选择的适应性，减少职业发展的震荡感，新人必须投入大量的时间和精力进行职业规划，才能真正地掌握自己的命运和前程。个人必须对自己的职业目标负责，努力让自己变成一个有效的"自我诊断者"，借助生涯辅导中学习到的生涯评量工具、自我测验方法、生涯决策工具等，不断澄清自己的目标和价值观，最终确定适合自己的职业发展路径。

总之，由校园走入职场，需要了解并正确处理人际关系、工作认同、工作价值观、工作压力等多方面问题。总体来说，能够满足个人和组织的共同需要，在个人职业发展的每个阶段都能认真并持续性学习，平衡理想与现实的差距，进而学会在个人和组织当中保持最佳状态，达到从工作到事业的转变。

三、职场对人才的衡量标准

大学毕业生作为入职新人能迅速站稳脚跟并快速发展事业，除了具有专业技能之外，还要充分了解用人单位对人才的要求。

(一)必备技能

(1)基本技能被最频繁提及也是最重要的，它主要包括写作技能、沟通技能、当众演绎技能、总结与汇报技能。尤其是写作能力，毕业生们是否拥有良好的写作能力很大程度上影响职业晋升速度。

(2)职业成熟度主要包括在工作中的职业化成熟程度，例如与上级、同事和客户的相处表现；对岗位安排和薪水期待的务实态度；商务邮件处理以及工作的接受与反馈情况。

(3)商务社交技能主要是指能够以成年人的心态进行沟通、团队融入与协作，与客户、同事和上级之间建立融洽的人际关系。

(二)持续进取

对完美的不断追求是最美的工作品质。稻盛和夫说：追求完美是成功者的基本心态。真正的完美主义当然很困难，但具备追求完美主义的态度，可以在工作中最大限度地减少失误。从雇主期望的角度看，大学生应该从以下方面力求完美。

(1)这里的"外表"不仅是指衣着和打扮，还包括对职场中许多事情的第一反应，其中包括是否准时上班、口才表达、形体语言、主动承担、"小问题"的把握能力和其他适应性技能。

(2)可靠性得到雇主信赖，具有工作责任心，能够为企业创造价值。而不是工作无条理、保守、缺乏主动性。

(3)愿意并经常接受与工作相关的技能、技术及经验培训。总之，一个对自己永不满意的人，也是一个在学习路上不断追求自我超越的人。

(三)对组织忠诚

能力决定一个人能去哪里，忠诚决定一个人能走多远。对管理者来说，能力重要，忠诚更加重要。

(1)忠于岗位、忠于企业，管理者最不能容忍的是"小团体""站队"，即便能力再强，也没有领导会欣赏。

(2)忠于内心、忠于品行也是一种领导力修为，人生的路想要越走越宽，既离不开能力，也离不开人品，无论在哪一个组织，人品的格局高低，决定了领导力品质的高低。

(四)出色的观察能力

观察力对于一个人来说非常重要，没有客观细致的观察，就不能谈分析与判断。避免受表面现象的迷惑，能够真正看到事物的本质和变化趋势可以在职场中帮助人们变成一个睿智、严谨、稳重而可信赖的人。

观察力强的人一般视觉敏锐，能快速捕捉到事物的信息；为人细心，不遗漏小细节；情绪稳定，对观察结果客观冷静；很强的自控力，遇到困难能坚持。

其他被雇主提到的技能还包括办公软件的运用能力、实习经验、时间管理能力、职业道德、领导力和项目管理能力等。

四、初入职场"六忌"

(一)忌"虚"

工作不比写诗、作画可以虚构情境画面，也不是茶馆里的天方夜谭，应当从实际着手，根据实际情况，定出相应策略，并落实行动。但有的职场新人，刚进单位，就急于表现自己，提出一些大而无当、不切实际的计划。任何单位都希望自己的员工是脚踏实地，务实地做好工作的好员工，而不是虚无缥缈的空想主义者。

(二)忌"傲"

一些毕业生自认高人一等，自我评估过高。在工作中，常常自视清高，见到其他员工鼻孔朝天，敷衍了事，爱理不理。为人高傲是职场大忌，这样只会让别人疏远你。毕业生应记住：学历高并不代表能力强；强中自有强中手；骄傲使人落后，谦虚使人进步。

(三)忌"吹"

少部分毕业生总喜欢吹捧自己的能力，想让别人对自己刮目相看，但实际上能力一般，等到实际工作中便穿帮。自吹自擂亦是职场大忌，一旦谎言被揭穿，将失去别人的信任。唯有脚踏实地，一步一个脚印，作出成绩才是最重要的。用实际行动说话，有能力，别人也看在眼里，做到高调做事，低调做人。

(四)忌"比"

在就业过程中,由于每个人生活的环境、家庭背景及能力、性格、所碰到的机遇不尽相同,因而在择业目标、职业选择上不具有可比性。而青年学生血气方刚,喜欢争强好胜,容易引发攀比心理。有的毕业生在求职择业过程中,忽视自身特点,对自我缺乏客观正确的分析,不从自身实际出发,不考虑所选单位是否适合自己,而是盲目攀比,不屑到基层工作,总想找到一份超过别人的十全十美的工作,而迟迟不愿签约。

(五)忌"算"

要收获,就要有付出。如果你的上司让你负责额外的工作,你应该感到高兴与骄傲,因为这表示他看重你、信任你,且极有可能是他在有意识地考验你承受压力与担负重责的能力。只有在工作中不计得失地努力付出,才会有更好的职业前景。实际上,你在奉献的同时,得到的是自己的知识、技能与经验的提升。

(六)忌"怕"

有些毕业生在就业求职前可能会有恐惧心理,不敢去迎接挑战;有些毕业生已经找到了工作,但做事缩手缩脚,终究得不到锻炼,适应不了工作。很多毕业生没有正确地认识到自己的能力,缺乏自信。而有些毕业生在开始时虽然敢于面对挑战,可是中途遇到挫折时却又心灰意懒或者手忙脚乱。其实,只要不丧失信心,经过调整,一定会像鹰一样自由地翱翔。

项目六　物竞天择，适者生存

上班第一天的准备

找到一份实习工作，上班第一天，你准备如何适应职场环境，如何表现自己呢？
上班第一天，我准备……
穿着要做到：
衣服：_____
鞋子：_____
仪容：_____

和同事相处要注意：
_____
_____
_____

和领导相处要注意：
_____
_____
_____
_____

一天的时间管理：
_____
_____

一天的任务管理：
_____
_____

活动解读
本活动的目的是帮助同学们适应职场环境。
反思总结
对于刚刚毕业的大学生来说，入职的第一天往往是有些紧张。提前做好准备，给自己列一个清晰的计划，让自己忙中不乱，有条不紊，愉快度过上班第一天。

任务二 职场适应法则

一、职场新人适应不良的原因

大学毕业生产生角色转换困难及适应不良的问题,是多方面因素综合作用的结果,既有客观环境的作用,又受大学生个体特征的影响。

(一)就业教育的不足

克服大学生就业准备存在的缺陷,最好的办法就是理论与实践结合,提高学生的实践水平,在实践中体验职业生活、检验职业能力。但是,由于教育体制、教育环境、教育方法、个体特质、社会支持平台等主客观因素的影响,能够促进大学生体验真实职业生活的、行之有效的社会实践锻炼严重不足。当前的就业教育客观存在一些不足:一是偏重理论说教,缺少直接实践体验;二是不能有效处理群体利益与个体利益之间的矛盾,因材施教的功能较难体现,学生的特殊需要关注不足;三是就业教育和社会真实生活关联不够,不能帮助学生有效生成关于社会生活的高级体验。

同时,就业教育的程序化格式与标准化内涵,很容易淡化、简化社会矛盾和环境的复杂多变,影响学生职业心理的充分准备。所以,当他们真正走向工作岗位,出现实际问题,需要用就业教育提供的知识和技能来解决问题却解决不了的时候,焦虑、烦恼、抑郁、自卑、逃避等心理问题就会出现。

(二)客观环境的不利影响

当前,社会竞争日趋激烈,大学生就业形势严峻,就业压力、就业成本不断增加,再加上各用人单位招聘条件繁多、形式多样、考验重重,多数学生为了求得就业成功而不断奔波,甚至过五关斩六将,这既考验他们的毅力,又挑战他们的耐力。在这样一个过程中,学生的热情、激情、心力甚至体力,都可能会因为时间的流逝而有所降低,兴奋转化为疲惫,等到尘埃落定时已是精疲力竭。这种影响很可能削弱职场新人的工作热情,阻碍他们积极主动地适应职场环境。

(三)学生就业心理准备不足

就业心理准备是大学生就业前的职业训练活动,开始于专业课学习。学生通过对专业课的学习,逐步认识今后所要从事的职业的职业性质、职业特征、服务对象等,树立牢固的专业思想,为今后就业做准备。学生就业心理准备不足主要表现在:专业学习态度不端正,为应付考试而学习的思想严重;不喜欢所学专业,又找不到很好的解决办法,得过且过,导致学业不良;角色转变意识欠缺,对学生、准职业人、职业人之间的关系认识模糊,缺少自觉的职业锻炼;人职合理匹配的思考不足,对自身实力缺少客观评价,对胜任工作所需的身心素质的分析缺少论证;就业目标单一,严重依赖专业背景,知识与能力拓展不能与社会职业结构的变化需要密切结合,缺少主要目标与次要目标的辩证认识,导致职业选择的狭窄与唐突,增加职场适应的心理压力。

(四)学生个人因素的影响

能力、气质、性格作为个体心理结构的重要特征,是影响职场新人适应环境的重要因素。一般来说,能力全面的学生自信水平较高,充满活力,对生存环境的要求宽松,适应环境相对轻松;在气质层面,胆汁质的学生热情奔放,多血质的学生开朗活泼,能较快地适应新的环境,而黏液质和抑郁质的学生相对含蓄、沉静,不善于与人交往,融入新环境的速度慢一些;而从性格上评价,外向型性格的学生一般也比内向型性格的学生适应环境更为轻松。

具体来说,毕业生的个人因素主要体现在以下三个方面:首先,大学生缺乏对自身的客观评价,对自己既未弄清楚"我是谁""我能做什么",也不知道"谁要我""要我干什么"。一部分学生因为在大学里学习成绩优异,就以为自己什么都行,在实际遇到困难时,唯恐别人笑话而不愿虚心请教。其次,大学生不能客观处理理想与现实目标的差距。大学生希望凭借自己的能力找到理想的工作,实现人生的理想与抱负。但许多时候不是自己选单位,而是单位选毕业生,并且用人单位提出的种种条件和要求,更让"有抱负"的大学生难以接受。当理想目标与现实冲突时,这些学生就消沉失落,不愿意接受现实环境中的人和事。最后,大学生缺乏必要的锻炼和社会实践。大学生从小学到中学再到大学,一直身处"象牙塔",基本上处于依赖家长、与校外社会隔绝的状态,对社会缺乏了解和认识,因而,当面临社会选择时表现出种种不适应就再正常不过了。

二、如何适应新的职场环境

(一)了解学校与职场的差别

大学生告别校园,踏上新的工作岗位,意味着学习、工作、生活环境的转换,意味着一个正式社会成员的产生,意味着大学生拥有了一个全新的角色。

在大学生心中,学校是永远的安乐窝,是家庭的延伸,甚至部分大学生毕业之后,仍然徘徊在校园里甘当"校漂族"。但是,学校始终都只是一个驿站,所有的大学生,终究都要走向职场,接受社会的考验,成为社会人。学校生活与职场环境有很大差别,正是这些差别使得学生难以进入职业人状态。学校与职场的对比可见表6-1。

表 6-1 学校与职场的对比

项目	学校	职场
人际环境	"熟人型"环境，同学、老师相互熟悉，人际关系简单	"陌生型"社会，除同事，还有客户和其他相关社会人
存在基础	学生间、师生间没有直接利益关系，是互助互利的短期结合	以利益往来和利益交换为存在基础，共同实现组织目标
核心目标	培养和输送人才的非营利性机构，以教育为主要目标	开展商业等经济活动，以创造价值为主要目标
要求	个体学习为主，要求个人成长和取得好的学习成绩	团队协作为主，要求个人奉献和获得组织业绩增长

(二)学生角色与职业角色的区别

1. 活动方式的变化

从学生到职业人的角色转变，首先表现在活动方式的变化。学生以学习知识为主要活动。长期以来，学生处在一种接受外界输入和给予的状态。而职业角色则要求职业人用自己的知识和能力，向外界提供自己的劳动产品。这种从接受到运用，从输入到输出的转换，是一个重大的活动方式的转变。接受和输入主要是要记忆和理解，运用和输出则要结合实际创造性地发挥。

2. 社会责任的增强

伴随着角色转变，职业人的社会责任明显增强。职业人员的社会责任有更高的要求，其相应的社会评价也更加严格。因为，学生的社会责任通常是体现在学习过程中对自己的责任上；而职业人员的社会责任体现在对工作对象的责任中，他们不负责的行为将会给工作单位造成直接的损害。例如，一个学生学习成绩的好坏，常被看作是个人的事，人们也往往以其聪明与否和用功程度来评价；而职业人员工作质量的高低不再被简单地看作个人的事，往往要从其社会责任的角度加以评判。

3. 全面独立的要求

全面独立的要求和经济生活的独立是同时起步的。学生进入工作岗位以后，有了劳动报酬，经济上逐步走向独立。经济上的独立使得家庭和社会向其提出了全面独立的要求，即工作上能独当一面，学习上善于自我发展提高，生活上自己照顾自己，社会关系上充分履行自己的责任等。这种全面独立的要求，一方面为青年的发展和自身完善提供了更广阔的空间和自由度，另一方面也对青年提出了自力更生、加强自我管理的人生新课题，这对于多年来习惯于依赖教师和家长指教扶助的学生来说，是一种新的挑战。

三、树立正确的劳动价值观念

(一)实现美丽青春梦想的需要

无论是个人的梦想，还是社会发展的梦想，都只有通过辛苦劳动、诚实劳动、创造性劳动才能够实现。无论是就业还是创业，只有依靠劳动，我们才能在这个世界上获得存续与发展，在进行劳动实践的过程中，与世界发生关系，实现自己的梦想。可见，劳动才是现实与梦想之间的桥梁和中介。从国家层面，坚持科教兴国战略、人才强国战略、创新驱动发展战略，充分调动广大劳动者积极性、主动性、创造性，不断拓展人才成长空间，塑造一支有理想、有智慧、有技能、会创新的高素质劳动者队伍；从个人层面，我们要将个人梦想与国家梦想紧紧相连，把人生理想、家庭幸福融入国家富强、民族振兴的伟大事业中，形成"干一行、爱一行、专一行、精一行"的社会风尚，让一切劳动与创新的活力竞相迸发，让一切创造社会财富的源泉充分涌流。

大学生正处于人生当中最为美好、最有激情、最有活力的重要阶段，也是敢于有梦、勇于追梦、勤于圆梦的关键时期。梦想有了，如何实现？天上不会掉馅饼，梦想的实现唯有靠勤奋不辍的劳动。

1. 脑力劳动与体力劳动相结合

大学期间，学生的主要任务是学习科学文化知识，学习常常以师生在教室进行课堂教学方式进行，这种以脑力劳动为主的劳动方式让人的神经系统得到了锻炼，而身体的其他部分没有得到有效的发展。而体力劳动则是对脑力劳动的有效补充，让人身体的运动系统、骨骼系统、肌肉系统等得到很好的发展，不仅能提高个体的身体素质，还有助于个体未来更好地适应职场环境。

2. 理论学习与实践锻炼相结合

当前大部分高校普遍存在重理论轻实践的现象，将来大学生会参加更多的社会劳动，二者都很重要。大学生在校学到的更多是书本上的理论知识，但要做到学以致用就必须到实践中去进行检验和提高，要经常性地参加实习实训、勤工俭学和其他社会实践活动，自我服务与公益劳动相结合。就其内涵而言自我服务包括个体性自我服务和群体性自我服务。个体性自我服务是大学生依靠自身劳动完成个人日常生活卫生事宜。集体性自我服务是通过大学生自我群体完成学习和生活中的简单劳动，例如，教室、宿舍、实验室、图书馆等场所的卫生打扫和整理。目前，我国高校普遍实行高校后勤社会化，校内留给学生劳动的机会并不多。在此背景下，大学生可以尝试积极参与公益劳动，以增强动手操作能力，培养吃苦耐劳、勤俭节约的品质。将服务性的公益劳动与个体性自我服务结合起来，有利于大学生形成正确的劳动价值观。

(二)形成积极向上就业创业观的需要

大学生毕业后的就业创业选择不仅影响自身的发展和价值实现,也关系到千万个家庭的生活前景和幸福期待。大学生树立正确的劳动价值观,有利于在大学阶段形成积极向上的就业创业观。例如,在继续深造和实现就业之间需要科学判断,并不是说学历越高就越容易就业,有的专业本科或专科更容易就业;也并不是说所有人都适合考研,研究生毕业后更多地从事科研工作。当国家建设需要和个人价值实现出现矛盾的时候,应该有大局意识,应当首先考虑国家建设需要,而不是置国家需要于不顾只考虑个人利益。当所学专业与就业岗位并不完全匹配的时候,我们应当加强学习,努力适应并胜任工作岗位,而不是迅速辞掉工作。当客观现实与主观认知产生分歧的时候,例如,是否一定要坚持去一二线城市工作?是否低于某一工资水平的工作就不要?是否一定要找个大公司的工作?我们需要立足现实,重新进行自我评估,并做出合理明智的选择。当就业和创业机会摆在面前的时候如何做出取舍,需要充分考虑创业前景、创业政策、社会关系、家庭背景、个人能力等多重因素,然后做出合适的选择。只有在大学阶段形成正确的劳动价值观,形成积极向上的就业创业观,才会在就业创业选择时做出理性选择。

专业能力探索

1. 活动目的

探索与专业对应的职业能力。

2. 活动步骤及说明

1) 专业探索

专业是每一个学生与大学的直接交叉点，不管这个专业是不是自己所选择的，也不管这个专业学习难度有多大，大学生们都应该珍惜专业学习的机会。

专业知识是大学生们毕业后走上工作岗位时必需的基本技能，大学时代的专业知识和技能是就业之后知识与技能的基础。因此，大学生们必须正视专业知识的学习，学好专业知识，为未来打下扎实的专业基础。

你对自己所学专业了解多少？现在，试着填写下列问题。

我所学的专业名称：_____

专业的核心课程有：_____

_____

专业的知识和技能有：_____

2) 探索与专业相关岗位

就业岗位 1：_____

就业单位类型：_____

单位对专业人才的素质能力要求（包括从业资格、职业资格证书等）：_____

_____

主要工作职责_____

_____

就业岗位 2：_____

就业单位类型：_____

单位对专业人才的素质能力要求（包括从业资格、职业资格证书等）：_____

_____

主要工作职责_____

_____

就业岗位 3：_____

就业单位类型：_____

单位对专业人才的素质能力要求（包括从业资格、职业资格证书等）：_____
_____
主要工作职责_____
_____

如果你对自己填写的还不满意，或对自己所学专业了解还不够深入，请马上找自己的辅导员、班主任、师兄师姐或专业课老师去聊聊吧。他们会帮你进一步认识本专业的价值，有助于你思考和明确本专业未来的出路。

课外实践

创新意识训练

1. 规则和程序

训练目的：增强大学生的创新、创业意识。

训练指导：以下训练题，重在日常生活中坚持实践和锻炼。

训练内容：

(1) 日行"一创"。要求自己能够在未来的每一天都提出至少一个问题，或者是有一个新的发现，或者是解释一个问题等。

(2) 随身携带记录本。随身携带一个记录本，方便记录自己所提出的问题、新的发现和对问题的解释等。

(3) 经常发问。遇到问题要主动发问，向专家、内行请教，但是不能完全听信于专家或者是权威，要结合自己的思想寻求答案。

(4) 确定属于自己的创新节。可以设立一周一天或者一个月一两天，在创新节整合自己之前每一天所提出的问题和解决的方案。

(5) 建立自己的创新课题。从小做起，每一个人都可以提出自己的创新课题，锻炼自己发现问题和解决问题的能力。

2. 相关讨论

(1) 每天你是否都能够有新的发现？你是否依然保持着对所有事情的好奇，渴望自己的想法得到验证？

(2) 回顾当你遇到问题时，你首先想到的是如何去做？现在回想一下，是否还有更好的方法呢？

好书推荐

1. 史蒂芬·霍金著，许明贤、吴忠超译：《时间简史》，湖南科学技术出版社.
2. 曾国藩著，檀作文译：《曾国藩家书》，中华书局.

项目七　拥抱新时代的创新创业

本章要点

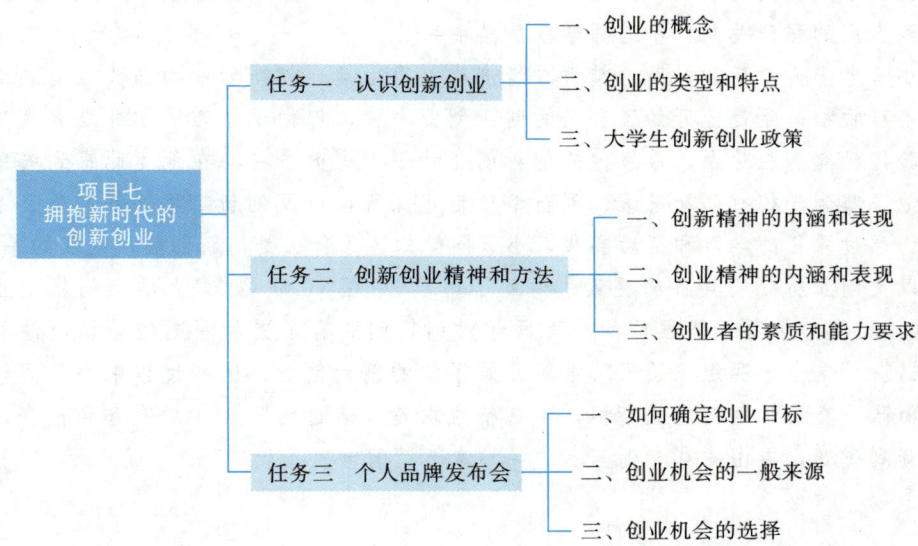

学习目标

1. 知识目标

了解创新创业的概念，了解大学生创新创业的相关政策。

了解创新精神和创业精神。

2. 技能目标

明确创新创业的时代意义，能够有意识地将创新创业与自己的学习、生活相联系，主动培养创新创业意识与能力。

3. 素质目标

激发创新创业意识，培养自身创新创业精神，树立正确的职业观、价值观、人生观，提高认识世界、改造世界的愿望与能力。

生涯智慧

生活从不眷顾因循守旧、满足现状者，从不等待不思进取、坐享其成者，而是将更多机遇留给善于和勇于创新的人们。

——2013年5月，习近平同各界优秀青年代表座谈时的讲话

案例引入

在国家积极提倡"大众创业，万众创新"的环境下，创新创业被赋予了新的高度，并受到人们的强烈关注，小茗同学就是其中一员。

小茗考上大学后，时间、精力与经济相对自由后，创新创业的念头在他脑海中一发不可收拾，于是他开始了自己的创新创业之旅，但由于小茗同学并没有太多相关经验，只有满腔热血，最终他的创新创业计划以失败告终。在他为此感到失落的时候他了解到学校有创新思维、创新型项目化课程，以及创新工程、创客项目系列活动。通过课程的学习和活动实践，小茗同学知道了什么是创新创业，创业的条件、流程以及创业所必须具备的要素。他还了解了"中国'互联网+'大学生创新创业大赛"这一比赛，学习了课程后的小茗同学对创新创业有了更加深刻的认识，他利用"互联网+"这个比赛组织了团队重新开始了他的创新创业，比赛过程中小茗同学和他的团队一直秉承创新创业精神，不断精益求精，通过团队合作从院赛到校赛，冲出校赛到省赛，再由省赛走到国赛，一举拿下了国金。

大学毕业后，小茗同学不断发扬锐意创新和艰苦创业的精神，成功创建了属于

自己的公司，开创了个人品牌。多年后创业成功的他受邀回到母校给师弟师妹们分享自己的创业经验，小茗同学回忆道：在我的某一场个人品牌发布会上，一名记者问我对于现在的成功有什么感想，我记得当时说的也是现在想跟你们说的，我之所以成功，离不开我在你们这个年纪时学校以及老师给予自己的帮助，如果没有大学那段经历也就没有今天成功的我。

▶ 任务一　认识创新创业

一、创业的概念

何谓创业，在学界至今尚无一个大家均认同的、统一的、标准的定义。"创业"一词在《新华词典》里的定义是"开创事业"；在《现代汉语词典》中的解释为"创办事业"。而"事业"是指人所从事的，具有一定目标、规模和系统并对社会发展有影响的活动。《辞海》中对"创业"的解释是"创立基业"。"基业"可谓是事业的基础。

狭义的创业通常是指自行承担风险的个人或团队不拘泥于当前资源条件的限制，寻求机会，进行创造价值的系列行动或过程。狭义的创业特指个人或团队自主创办企业。我们将创业定义为：创业个人或创业团队通过寻找和把握各种商业机会，投入已有的知识、技能和社会资本，调动并配置相关资源，创建新企业，为消费者提供产品或服务，具有创新或创造性的、以增加财富为目的的活动过程。广义的创业通常指创造新的事业的过程。换言之，所有创造新的事业的过程都是创业。广义的创业不仅是创建新企业、企业内部创业，在工作岗位上创造性地发挥自己的聪明才智，通过发现机会、整合资源实现自己的价值和抱负，都可以称为创业。所以从广义的角度去理解，创业既包括创立营利性组织，也包括从事小规模的个人或家庭事业，只要能为别人创造价值，就是创业。

创业既是一种精神，也是一种行动，更是一个过程，是一个从无到有，或说从0到1的创造过程。

创业的概念包括以下几层含义：

(1)创业是一个创造的过程，即创业者要付出努力和代价。

(2)创业的本质在于对机会的商业价值的发掘与利用，即要创造或认识到事物的一个商业用途。

(3)创业的潜在价值需要通过市场来体现，即市场是实现财富的渠道。

(4)创业以追求回报为目的，包括个人价值的满足与实现、知识与财富的积累等。

二、创业的类型和特点

(一)创业的类型

创业从不同的角度、根据不同的标准有多种不同的分类方式。下面重点介绍基于创业项目性质而归纳的常见创业类型。

1. 传统技能型创业

传统技能型创业是指运用传统的技术、工艺为人们日常生活需求提供产品服务的创业项目,如酿酒、手工饮料、中草药、手工艺品、服装、传统食品加工、建筑装修、物品维修等相关的创业。传统的技术和工艺与工业化生产相比,往往具有独特的魅力和附加的文化价值,显示出独特的竞争力。

2. 高新技术型创业

高新技术型创业是指专门从事前沿高科技、新技术的研发、服务或运用高新技术进行新产品的生产、销售和技术服务等创业项目,如移动通信、大数据、云计算、物联网、新能源、新材料、生物医药、航空航天等领域的创业。高新技术创业具有知识密集、资本密集和技术密集等特征。高新技术创业要求研发的产品服务所运用的主要技术必须是该技术领域的前沿工艺或突破性技术,因此该类创业具有技术门槛高、产品研发与孵化周期长、竞争壁垒高等特点。高新技术创业目前主要集中于新信息技术、新生物技术和新材料技术三大领域。高新技术创业在国民经济和国际竞争中的地位至关重要,政府出台了很多扶持高新技术创业的优惠政策。

3. 知识服务型创业

知识服务型创业是指专门为人们的工作生活提供特定价值的知识和信息的创业项目,如法律事务、会计事务、管理咨询、教育培训、公关广告、经纪中介和信息平台等领域的创业。知识服务型创业具有专业性强、知识智力要求高、依赖于精通某领域的专业人员、资金需求量少和风险小等特点。

(二)创业的特点

1. 创业是主动进行的实践和创造活动

创业是创造具有更多价值的新事物的过程。创业者参与创业实践活动谋求的回报,包括经济方面的回报和精神方面的回报。其中最重要的是精神方面的回报,就是自己做决策者,按自己的意愿行事,做自己喜欢做的事情,从而实现自我价值,获得社会的认可和尊重。因此,创业活动是创业者自我主动进行的实践和创造活动。

2. 创业是对社会资源的重组利用

创业是一个创造的过程,这种创造的过程来自创新,即它能够创造某种有一定价值的新事物,即某种产品或服务,而这种创新来自创业者对社会资源的重新组合、配置利用。

3. 承担必然存在的风险

相对于普通的从业者来说,创业者要承担更多的责任和风险。创业者不仅要承担经济上的风险,还要承担精神上的孤独、苦闷与煎熬。不管是创业前期的创意、创业初期的筹资,还是创业中期的运行等,每一步都充满风险。创业成功需要经历许多艰辛与磨难。

三、大学生创新创业政策

为支持大学生创业,国家和各级政府出台了许多优惠政策,涉及融资、税收、创业培训、创业指导等诸多方面。自主创业的毕业生,可以在注册登记、贷款融资、税费减免、创业服务等方面获得扶持。

(一)税收优惠

持人社部门核发的《就业创业证》(注"毕业年度内自主创业税收政策")的高校毕业生在毕业年度内(指毕业所在自然年,即1月1日至12月31日)创办个体工商户、个人独资企业的,3年内按每户每年8000元为限额依次扣减其当年实际应缴纳的营业税、城市维护建设税、教育费附加和个人所得税。高校毕业生创办的小型微利企业,按国家规定享受相关税收支持政策。

(二)创业担保贷款和贴息

符合条件的自主创业的大学生,可在创业地按规定申请创业担保贷款,贷款额度为10万元。鼓励金融机构参照贷款基础利率,结合风险分担情况,合理确定贷款利率水平,对个人发放的创业担保贷款,在贷款基准利率上上浮3个百分点以内的,由财政给予贴息。

(三)免收有关行政事业性收费

毕业两年以内的普通高校学生从事个体经营(除国家限制的行业外),自其在工商部门首次注册登记之日起3年内,免收管理类、登记类和证照类等有关行政事业性收费。

(四)享受培训补贴

大学生创办的小微企业新招用毕业年度高校毕业生,签订1年以上劳动合同并交纳社会保险费的,给予1年社会保险补贴。大学生在毕业学年(即从毕业前一年7月1日起的12个月)内参加创业培训的,根据其获得创业培训合格证书或就业、创业情况,按规定给予培训补贴。

(五)免费创业服务

有创业意愿的大学生,可免费获得公共就业和人才服务机构提供的创业指导服务,包括政策咨询、信息服务、项目开发、风险评估、开业指导、融资服务、跟踪扶持等"一条龙"创业服务。

(六)取消高校毕业生落户限制

高校毕业生可在创业地办理落户手续(直辖市按有关规定执行)。

(七)政策支持大学生创业"首违免罚"

工商、城管执法等部门在对大学毕业生在创业过程中首次出现的情节轻微、没有对社会和他人造成危害后果的一般性违法行为,只给予警示告诫,帮助大学生创业者纠正,不给予行政处罚。

(八)开设创新创业教育课程

创业大学生可享受各高校的各类专业课程和创新创业教育资源,以及面向全体学生开发开设的研究方法、学科前沿、创业基础、就业创业指导等方面的必修课和选修课;同时享受各地区、各高校推出的资源共享的视频公开课等在线开放课程,以及在线开放课程学习认证和学分认定制度。

(九)强化创新创业实践

创业大学生可共享学校面向全体学生开放的大学科技园、创业园、创业孵化基地、教育部工程研究中心、各类实验室、教学仪器设备等科技创新资源和实验教学平台,可参加全国大学生创新创业大赛、全国高职院校技能大赛和各类科技创新、创意设计、创业计划等专题竞赛,以及高校学生成立的创新创业协会、创业俱乐部等社团,提升创新创业实践能力。

(十)改革教学制度

自主创业大学生可享受各高校建立的自主创业大学生创新创业学分累计与转换制度;还可享受学生开展创新实验、发表论文、获得专利和自主创业等情况折算为学分,将学生参与课题研究、项目实验等活动认定为课堂学习的新探索;同时享受为有意愿有潜质的学生制订的创新创业能力培养计划,以及创新创业档案和成绩单等系列客观记录,并量化评价学生开展创新创业活动情况的教学实践活动。此外,优先支持参与创业的学生转入相关专业学习。

(十一)完善学籍管理规定

有自主创业意愿的大学生,可享受高校实施的弹性学制,放宽学生修业年限,允许调整学业进程、保留学籍休学创新创业等管理规定。

(十二)大学生创业指导服务

自主创业大学生可享受各地各高校对自主创业学生实行的持续帮扶、全程指导、一站式服务;可享受地方、高校两级信息服务平台为学生实时提供的国家政策、市场动向等信息;可享受创业项目对接、知识产权交易等服务;可享受各地在充分发挥各类创业孵化基地作用的基础上,因地制宜建设的大学生创业孵化基地和相关培训、指导服务等扶持政策。

头脑风暴

1. 活动目的

激发创新思维。

2. 活动说明

在正常融洽和不受限制的环境气氛中以会议的方式进行讨论，打破常规、积极思考、充分发表看法。"头脑风暴"是一种产生创意和想法的方法，通过汇聚会议中不同人的观点，产生新的创意点。

3. 举例

猫和台灯（举例）	
想法	
评估	
最优选择	

任务二　创新创业精神和方法

一、创新精神的内涵和表现

（一）创新精神的内涵

所谓创新精神，就是综合运用已有的知识、技能、信息和方法，提出新方法、新思路的思维能力和进行改革、创新的意志、信心、勇气和智慧。创新精神是进行创新活动必须具备的心理特征，是一种勇于抛弃旧思想、旧事物，创立新思想、新事物的精神。

创新精神以遵循客观规律为前提，以敢于摒弃旧事物、旧思想，创立新事物、新思想为特征。创新精神是一个国家和民族发展的不竭动力，也是一个现代人必须具备的基本素质。为实现中华民族伟大复兴的中国梦，我们唯有努力培养自己的创新精神，才能在未来的发展中不断开辟新的天地。

（二）创新精神的表现

1. 开拓精神

开拓精神是勇于开创新天地、开辟新道路、追求新境界的进取和革新精神品质的总称。具有开拓精神的人敢于走前人没有走过的路，做前人没有做过的事。开拓精神是科学发展、人类进步的精神动力。创新人才唯有具备这种大胆探索的精神，勇于创新，敢于开辟新的道路，才能在科学、文化、教育、经济等领域，不满足于步他人的后尘，推动科学的不断发展和人类社会的不断进步。

2. 首创精神

"现代经营管理之父"亨利·法约尔曾这样说过："想出一个计划并保证其成功是一个聪明人最大的快乐之一，这也是人类活动最有力的刺激物之一。这种发明与执行的可能性就是人们所说的首创精神，建议与执行的自主性也都属于首创精神。"可见，首创精神就是敢为天下先，敢于做"第一个吃螃蟹"的人的精神。这种精神是人类活动最重要的激励力量和市场竞争的必然要求，也是创新人才成功的重要精神动力。具备首创精神，在工作中可不断发挥积极性、主动性和创造性。

拓展阅读

鼠标的发明

恩格尔巴特在加州大学洛杉矶分校获得博士文凭后，在斯坦福研究所组建了一个研究小组，开始从事新式的人机交互和互联网方面的研究。

20世纪60年代初，恩格尔巴特在参加一个会议时掏出随身携带的本子，画出了一种在底部使用两个相互垂直的轮子来跟踪动作的装置草图，这便是鼠标的雏形。1964年，他再次对这种装置进行完善并制作出了原型，即用丢弃在桌旁的一个滚珠，加上一个小木盒制作了一个鼠标的原型。

1968年12月9日，恩格尔巴特在全球最大的专业技术学会——IEEE会议上展示了世界上第一款鼠标，这场展示令在场数千名电脑专家惊叹不已，成为科技史上重要的里程碑，被誉为"展示之母"。

后来也有人受恩格尔巴特的启发，做出了重大发现，苹果公司创始人斯蒂芬·乔布斯就是其一。鼠标发明多年后，施乐帕阿尔托研究中心有一位叫艾伦·凯的科学家，将鼠标应用于奥托电脑中。1979年，乔布斯拜访施乐帕阿尔托研究中心，看到Alto的技术备受震撼，意识到使用鼠标的重大意义，将其用于麦金托什机上，让鼠标得以流行。1981年，苹果推出第一只商业化鼠标，也就是机械滚球鼠标，但仍旧是单键。随后微软公司对鼠标进行了改进，加入了左右击键。而我们所熟悉的三键鼠标雏形则是由IBM公司设计推出的，只不过中间键并不是滚轮，而是带有点击下拉功能的单键，如今此种型号的鼠标依然在使用。

（资料来源：倪锋，2016. 创新创业概论．北京：高等教育出版社）

3. 勇于探索精神

所谓探索精神就是能够主动研究并发现事物之间联系、规律等的心理倾向。"探"是钻研，"索"是追求，"探索"就是不懈地去钻研、去追求。具备探索精神的人，通常拥有顽强的毅力、强烈的求知欲和拼搏精神，能深入新的领域进行创新。勇于探索的精神是创新精神得以实施的保障，重大的创新成果都是在怀疑、突破前人或同时代专家的权威见解的基础上，不断探索、创新而取得的。创新人才必须具有强烈的探索欲望，时刻注意周围的新技术、新工艺发展动态，在工作中勤奋学习，善于思考，勇于实践，才能一步一步走向成功。

4. 艰苦奋斗精神

艰苦奋斗是一种不怕艰难困苦，勇于战胜困难的精神。它是中国共产党在长期的革命、建设过程中形成的优良传统和作风，也是其政治本色。在思想开放、理念更新、生活多样化的今天，具有艰苦奋斗精神，意味着保持一种生活准则、一种工作作风、一种利益观念、一种精神状态，乃至追求一种高尚的奋斗目标。具有艰苦奋斗精神的人，通常具有顽强的意志力和足够的自信心。创新人才总是在与困难作斗争的过程中，奋发向上，锐意进取，辛勤创业，最终取得成功。

（三）创新精神的特点

创新精神在本质上是指一个人从事创新活动、产生创新成果、成为创新之人所必须具备的综合素质,具有综合性、关联性和发展性等特点。

1. 综合性

创新精神是创新意识、创新思维、创新个性、创新品德、创新美感、创新技法等多种因素的集合,不是单一的创新因素,具有完整的结构和丰富的内涵。

2. 关联性

所谓关联性,包含两层意思,一是创新精神的外部关联性,二是创新精神的内部关联性,如图 7-1 所示。

外部关联性

创新精神的构成因素与创新活动、创新成果、创新主体最直接相关,如意识、情感、思维、个性、品德、美感等因素,作为一般的因素,其中包含着与创新直接密切相关的成分。这些直接密切相关的成分构成创新精神的因素,但并不是所有的意识、情感、思维、个性、品德、美感都属于创新精神的构成要素

内部关联性

构成创新精神的各内部因素具有相互依存、相互影响、相互促进的关系,在这种相辅相成的关系中,各内部因素统一于一体,构成一个整体

图 7-1 创新精神的关联性

3. 发展性

创新精神虽然与生理遗传密切相关,但不是天生的,特别是音乐、美术、运动等特殊领域的创新精神尤其需要培养和造就。创新精神同创新能力一样,也是不断丰富、发展更新,与时俱进。因此,创新精神具有发展性,这一特性为教育培养创新精神提供了可能和前提。

二、创业精神的内涵和表现

(一)创业精神的内涵

创业精神,又称为企业家精神,是指创业者自身具有的、在创业过程中表现出来的思维理念、人格特质、意志品质和处事态度等方面的心理、行为特征的总体概括,主要表现为抱负远大、社会情怀、开拓创新、勇于冒险、善于合作、坚韧不拔、敬业诚信等。

创业精神最重要的特点是其必须是在创业过程中的行为表现,而非仅仅是头脑意识中或者挂在口头上的。创业精神是创业者创业的内在动力与行为保证。没有创业精神,创业就无从谈起,也无法进行。创业精神会有效激发创业者的创业欲望,推动创业者积极投身创业实践，并在遇到创业困难和挫折时发挥攻坚克难的作用，对维持创业活动、持续创造价值乃至创业成功都至关重要。德鲁克认为，个人取得事业成就、区域经济发展和社会进步都离不开创业精神。创业精神不仅有助于创业活动开展与推进，而且有助于个人成长和发展，有助于组织焕发活力、打造竞争优势和持续成长，有助于推动国家或地区走向繁荣富强。

(二)创业精神的表现

创业精神的内涵丰富，具体表现也很多。这里主要介绍其最重要的四个表现。

1. 创新精神

创新是创业精神的本质与灵魂，也是创业精神的具体表现。创业活动本身要求创业者不断突破资源束缚，变革或创新技术、产品服务、市场、商业模式和组织形式等，以构建创业企业的核心竞争力，并推动其快速成长和可持续发展。

2. 冒险精神

俗话说，如果你不想冒险和犯错，那你什么都别干。没有敢于冒险和勇于承担风险的魄力，就不能成为真正的创业者。创业过程充满着各种不确定性因素、风险和挑战，创业过程是冒险与应对各种挑战的旅程。冒险精神让创业者敢为人先，想人之不敢想、做人之不敢做之事，大胆尝试和开拓，超越历史和自我局限，开创出自己的事业天地。

3. 合作精神

当今时代，行业与分工越来越细密，任何活动或工作都需要协作才能完成并做好。对于创业而言，创业者不可能单枪匹马一个人完成所有创业工作，依靠团队并发挥各自优势才能将事业做大做强。成功的创业者一方面自己要善于合作并注意影响发挥团队成员的合作意识与协作精神，带领团队创新创业，另一方面会构建团队合作机制，增强团队凝聚力，实现"1＋1＞2"的团队绩效。创业成功要靠集体智慧和力量，个人英雄主义不利于创业事业的成功。

拓展阅读

团队合作创佳绩

2015年4月，锋姿(北京)体育文化发展有限公司，在北京市工商局注册成立。以臧博为核心的创业团队，均是北京体育大学在读研究生。2015年，其创业团队被评为"北京地区高校优秀大学生创业团队"，并获得10万元的创业扶持资金。

然而事情并非一帆风顺。公司在成立初期没有设立明确的分工制，使得初期运作的过程中合伙人工作互相推诿的情况时有发生，导致工作效率低下，公司运转推进缓慢。各位合伙人及时发现问题，在例会上进行了批评与自我批评，经多次讨论和协商后，各自领到了明确的任务分工，保证人人有事做，事事有人做，不仅使大家的工作效率明显提高，而且最大限度发挥了每一位合伙人的优势特长，调动他们的热情，积极完成自己的任务；明确分工，也意味着明确了责任人，杜绝了今后公司在项目运营过程中发生的责任推诿情况。

合理的分工协作，可以发挥整体效能，提高工作效率；能弥补个人不足，发挥团队每个成员的优势，最大化调动成员的积极性。明确的责任制，有助于团队成员各司其职，公司管理更加有条不紊，避免出现工作失误互相推诿。团队还制定周例会制度，通过开会及时发现、讨论问题，总结经验。

团队可以创造出大于个人绩效之和的群体效应，即 $1+1>2$ 的效果，良好的团队氛围，能让每一个人都有高涨的工作热情，能在一定时间内，保质保量完成工作。和谐的团队氛围，能让团队成员荣辱与共，齐心协力，共同实现团队目标。因此在团队建设中，应该注重沟通、加强信任、不断激励、灵活协调、有序组织，提高团队工作效率，创造更大价值。

（资料来源：张君，张霞，2016. 在实践中增长才干．现代教育出版社）

4. 社会责任

创业精神包含的社会责任主要表现在两个方面：一方面，创业者创业不能只追求财富，还要担当必要的社会责任，为他人和社会奉献应有的价值；另一方面，创业者要成长为伟大的企业家，必须要有大格局，要有"济天下"的情怀和梦想，把个人价值和社会价值有机地统一起来。创业者如果只关注赚取利润，有可能会"欲速则不达""走入歧路"，违反社会道德甚至法律法规，从而造成负面影响并导致创业失败。

三、创业者的素质和能力要求

创业过程是一个面对不确定性未来的动态实践过程，该过程往往不是一帆风顺的。面对创业的挑战，创业者不仅要具有创业精神，还要有相应的素质与能力去解决创业过程中遇到的各种问题与挑战，保障创业活动的顺利推动与目标实现。创业者为做好创业准备，应具备以下几方面的基本素质与能力。

（一）创业的激情与创新意识

创业的激情并不是头脑一时的冲动，而是对所创事业长久地坚持与追求。成功的创业需要创业者有坚持不懈和顽强拼搏的毅力。创业是一个长久奋斗拼搏的过程，在创业过程中，很少出现立竿见影、毫无挫折、迅速成功的情况。因此，在长期的创业过程中，创业者要始终保持对事业的激情。不少创业者就是因为创业过程中的一些挫折半途而废，而创业的激情是创业成功的关键因素之一。

创新意识也是创业者需具备的重要素质之一。市场瞬息万变，这是对每一个创业者的考验，有能力的创业者能够在市场搏击中生存下来。创业者在生存下来的前提下，还要做到推陈出新，不断地创造出新的产品和服务来获得更大的生存空间和发展空间，而新产品和新服务的推出就需要创业者具备创新意识。

要想成功创业，创业者必须有强烈的自我成就感和创业意识。强烈的创业意识可以帮助创业者克服各种困难和障碍，开创自己的事业。创业的成功是意识上长期准备的结果，事业的成功始终留给有创业思想、创业意识的人。

（二）创业个性特质与人格品质

创业者的个性特质主要体现在自信、自强、自主和自立。自信是对自己有信心。自信能给人积极的态度和进取的精神。要成为一个成功的创业者，必须坚持信念，有责任感、使命感。信念坚定，顽强奋斗，直到成功。信仰是生命的力量，是创造事业的基础和原动力。信仰是企业家精神的驱动力，相信有能力和条件去开创自己的未来事业，相信自己可以控制自己的命运，成为一个成功的创业者。自强是建立在自信的基础上的，不贪图眼前的利益，不安于平淡的生活，敢于实践，提高各方面的能力和才能，有勇气去做自己喜欢的事业。自主是一种独立的人格，具有独立的思维能力，摆脱传统的、世俗的偏见和束缚，善于设计和规划未来，不受公众和环境的影响，选择自己的道路，并采取适当的行动。自立是用自己的头脑、双手、智慧、才能、努力和奋斗，积极行动，为自己的生活和事业打下基础。

创业的成功离不开创业者优秀的人格品质，这些优秀的人格品质主要体现在强烈的使命责任感、面对逆境的坚韧执着和待人接物的正直诚信等方面。这些人格品质往往会在创业遇到困难和挫折的时候体现出来，在某些特定情境下会决定创业的成败。使命感和责任感是驱使企业家前进的动力源泉。成功的创业者有很高的使命感和强烈的责任感，创业活动是社会性活动，需要各种利益相关者通力合作。只有对自己、对家庭、对员工、对投资者、对客户、对供应商、对社会有高度使命感和责任感的创业者，才能赢得人们的信任、尊重和支持。创业过程中，创业者会面临意志力的挑战与考验。面对危险，在逆境中，能否坚持信念、承受压力、坚持不懈，有时会决定事业的成败。最终的创业成功往往在于坚持到最后一刻。

拓展阅读

走在扶贫前沿的创业者

"草芝源"金银花项目以山东中医药大学中药资源与质量控制实验室为研发平台，结合革命老区沂蒙山道地药材金银花种质混乱、农户种植水平低等长期存在的痛点，通过为农户提供种植技术指导、选育"华金6号"新品种并推广种植、与医药企业合作等方式，将团队的科研成果更好地转化为扶贫工具。基于以上几点，团队成员于2017年成立了济南草芝源中医药发展有限公司。本团队还研发了金银花茶、金香解毒止痒液等一系列具有自主知识产权的金银花产品，提高金银花附加产值，打造对贫困地区产种销"一条龙"的帮扶模式。

该创业项目实效显著，在金银花产业提质增效、精准扶贫和生态环境改善等方面都产生了巨大的经济和社会效益。团队在沂蒙山革命老区、鲁西南革命老区、胶东革命老区、延安革命老区等多地开展金银花新品种与种植技术推广工作十余年，共推广种植"华金6号"13950亩，惠及农户3878户，每户平均增收2.3万元；通过技术指导和服务，培训1.6万人次，惠及56个贫困村共计10.2万农户；全国通过GAP认证的金银花种植基地总有6处，其中5处是经本项目团队成员指导认证的，占全国金银花GAP认证基地的77.26%。项目还带动了当地金银花产业的结构升级和发展。通过金银花的初加工和深加工，带动当地建设20余家中药材饮片加工企业，并通过与王老吉、康缘药业和三精制药等合作，保障了药企和药农的销售。同时，项目也产生了极大的生态效益。因为"华金6号"抗盐碱、耐贫瘠的特性，团队共带动农户开垦荒山、盐碱地种植金银花7200亩，产生了极大的生态效益。

（资料来源：魏海政，王文娅，孙慧明，2019.金银花开出"金银"来，中国中医药报.2019年第01期）

一个成功的创业者必须有正直诚信的品格，诚信为本，信守诺言，言行一致，身体力行，胸怀坦荡，严于律己，宽以待人，敢于自我否定，尊重知识，以人为本，践行团队合作和学习，帮助团队成员获得成就感，达到客户价值、公司价值、社会价值的有机统一。良好的口碑和人格魅力可以帮助创业者聚集人才、凝聚人心、鼓舞士气，赢得更多合作者的信任和支持。

（三）专业知识技术与创业知识素养

创业者通过自己的产品为社会作出贡献，这需要以专业知识为基础。如果一个管理者不熟悉、不了解专业知识或职业的特殊性，将不能充分利用和发挥管理能力和综合能力。只有掌握一定的专业技术能力，才能找到问题的症结，因事制宜，采取适当的管理方法。从这个意义上说，一定的专业技术能力是最基本的创业能力。

创业知识是创业的基本要素。创业需要技术知识、管理知识和综合知识。创业实践证明，知识结构在一定程度上决定了创业的成功与否。因此，创业者不仅要具备所创事业需要的专业知识，还需要对科学、文学、艺术、社会学、哲学、经济学等知识进行一定的了解与掌握。

（四）经营管理与领导决策能力

当今市场经济社会中，企业要生存发展，创业者必须具有良好的经营管理能力。

俗话说"麻雀虽小，五脏俱全"，企业虽小，但也和大中型企业一样，需要和人、财、物打交道。通过管理现有的人、财、物来赚取最大的利润；有效激励每一位员工为企业积极工作；使产品或服务得到社会认可，受消费者欢迎，这些都需要创业者良好的经营管理能力来实现。另外，创业企业的管理，涉及企业战略规划、产品开发与生产、市场推广与销售、融资与财务管理、人力资源与部门管理等职能的管理，创业者不一定要精通各项工作，但必须了解大致情况和管理安排要求，以做好统筹管理。

创业过程中，创业者不仅需要处理大量的事务问题，还需要为企业制定规章制度，即使是人数很少的小型商店也不例外。创业企业规模虽小，但面对环境和管理发展的变化却和其他大企业是一样的。因此，创业者还需要有一定的领导能力和决策能力，能对企业的人员和经营进行合理安排，并能及时解决问题。

在创业活动中，综合能力是一种最高水平的能力，具有较强的综合特点。它主要包括：把握机会的能力、获取并处理信息的能力、沟通与公关能力、创新能力等。一旦这些特殊能力和管理能力相结合，对创业实践施以全面影响和作用，创业管理水平就能在方式和效率上有较大提升。

课堂活动

创业潜质评估

创业充满了诱惑，但并非每个人都适合走这条路。美国创业协会设计了一份测试题，假如你正想着自己"单挑"，不妨做做下面的题。

以下每道题都有4个选项：A. 经常；B. 有时；C. 很少；D. 从不。

1. 在急需决策时，你是否在想"再让我考虑一下吧"？
2. 你是否为自己的优柔寡断找借口说"得慎重，怎能轻易下结论呢"？
3. 你是否为避免冒犯某个有实力的客户而有意回避一些关键性的问题，甚至有意迎合客户呢？
4. 你是否无论遇到什么紧急任务都先处理日常的琐碎事务呢？
5. 你是否非得在巨大压力下才肯承担重任？
6. 你是否无力抵御妨碍你完成重要任务的干扰和危机？
7. 你在决策重要的行动和计划时，常忽视其后果吗？
8. 当你需要做出很可能不得人心的决策时，是否找借口逃避而不敢面对？
9. 你是否总是在晚上才发现有要紧的事没办？
10. 你是否因不愿承担艰苦任务而寻找各种借口？
11. 你是否常来不及躲避或预防困难情形的发生？
12. 你总是拐弯抹角地宣布可能得罪他人的决定吗？

13. 你喜欢让别人替你做你自己不愿做而又不得不做的事吗?

计分:选 A 得 4 分,选 B 得 3 分,选 C 得 2 分,选 D 得 1 分。

分析:

得分 50 分以上,说明你的个人素质与创业者相去甚远,需要加强学习和实践,培养创业素质。

40~49 分,说明你不算勤勉,应彻底改变拖沓、低效率的缺点,否则创业只是一句空话。

30~39 分,说明你在大多数情况下充满自信,但有时犹豫不决,不过没关系,这也是稳重和深思熟虑的表现。

15~29 分,说明你是一个高效率的决策者和管理者,有望成为成功的创业者,一旦有合适机会,不要错过!

任务三　个人品牌发布会

一、如何确定创业目标

任何成功的取得都离不开设定一个明确的目标。没有目标的人是不可能成就大事业的。创业活动是一项复杂的社会实践活动。要想创业成功,必须认真调查研究,充分论证分析,选准创业目标。

(一)创业目标的内涵

创业目标是指创业者在创业过程中努力争取达到的预期结果。创业目标的内涵一般包括三个层次:一是选择创业方向,也就是要确定干什么;二是确定创业方法,也就是准备怎么干;三是预测创业结果,也就是明确要达到的预期结果。

有目标才会有成功。如果创业目标选准了,创业就有成功的希望;如果创业目标选得不准确,创业就可能走弯路;如果创业目标选错了,创业就可能失败。

(二)确立创业目标

1. 选择创业方向

创业起步时一般会面临资金问题。在资金比较少的情况下,选择创业方向时应做如下考虑:

(1)选择资金周转期短的行业。创业起步阶段,因为自己的资金有限,而且有限的资金要用于办理各种手续、购置固定资产、购买原材料等,因此,选择的行业的资金周转期要尽可能短一些。

(2)选择技术性要求不太高的行业。小资本创业阶段应尽量避免技术性要求过高的行业，因为技术性要求过高的行业往往对创业资本要求比较高。小资本创业初期可以选择技术性、资本要求不高的行业。

(3)选择库存品比较少的行业。创业初期不要选择库存品比较多的行业。大量的库存必然造成资金周转缓慢，若遇市场波动，必然会造成资金周转不灵，生产经营困难，甚至使企业陷入倒闭的困境。如果库存比较少，可以在短时间内卖出，资金的回收率比较高，资金周转比较快，生产经营所需要的流动资金就比较少。

(4)选择成长性的行业。有持续发展前景的行业，这才是最有前途的投资创业行业。有发展前景的行业，既是对创业者的挑战，也能给创业者以更多的回报。所以，大学生在选择创业行业的时候一定要考虑所选行业的成长性。

(5)选择规模小、成本低的行业。在创业之初，因为资金比较少，经验不足，应选择人手需要少的行业，原则上是人手越少越好。如社会上的"父子店""夫妻店"，一般只有父子或夫妻二人。等到经营良好、业务扩大时，再酌情增加人员，逐步发展壮大。

(6)估算创业利润。估算创业利润是创业中很重要的一个环节，如果利润的估计发生偏差或错误，就会蒙受比较大的损失，甚至造成企业的倒闭。但是，利润预估工作要用长远和发展的眼光。一般来说，大学生刚开始创业要尽可能避开竞争激烈的热门行业，而选择那些较少有人问津的冷门行业，这样可能更容易成功。

2. 确定创业方法

解决了创业干什么的问题，仿佛是找到了过河的"码头"，而解决创业怎么干的问题则是要找到过河的"船"。因此，在选择创业目标时，要系统思考实施创业的措施、方法和步骤，如资金问题、场地问题、人员问题、管理问题等，是自办企业还是购买企业，是个人独办还是和亲戚朋友合办等。只有创业措施得力、方法科学、步骤合理恰当，创业成功的概率才会更高。

3. 预测创业结果

确定创业要努力达到的结果是确定创业目标的关键。创业结果大致可分为理想结果和不理想结果两大类。在对创业结果进行预测时，应将各种可能出现的创业结果考虑周全。同时，要有全面的心理准备和相应的对策，既要向最好处努力，也要做最坏的打算。

李嘉诚：靠塑胶花起家

李嘉诚先生靠几千元起家，一开始创办了一家小塑料厂，生产日用品。他靠自己敏锐的市场洞察力，看准了塑胶花的市场销售前景，果断决策生产塑胶花。

由于塑胶花具有色泽鲜艳、款式多样、可以洗涤等特点，很快在欧美占据了市场，几年间产值突破了几千万元，赢得了丰厚的利润。正当众多厂家一致看好塑胶花而竞相生产之时，李嘉诚先生独具慧眼，立刻转入生产塑胶玩具，当塑胶花一蹶不振之时，塑胶玩具却一枝独秀，每年带来几千万元的利润。后来，他又把目光瞄准了香港的房地产生意，不久香港的房地产兴旺起来，李嘉诚公司的年利润因此达到了7亿美元。现在，李嘉诚先生已经拥有332亿美元的财富。李嘉诚先生的创业历程就是一个正确选择创业方向、正确确定创业方法、正确预测创业结果、果断决策的成功典范。

（资料来源："思维格局文库"编委会，2017．思维格局文库：世界500强企业培训经典大全集．福建科学技术出版社）

二、创业机会的一般来源

（一）未被解决的问题与未被满足的需求

创业的根本目的是满足顾客需求。而顾客需求在没有满足前就是问题。寻找创业机会的一个重要途径是去发现和体会自己和他人在需求方面的问题或生活中的难处。在经济生活中遇到的困境和难题，身边发生的不协调现象和意外事件，他人的需要与瓶颈，这些都蕴含着机会。如果能将问题解决，就产生了创业机会。例如，上海一位大学毕业生发现远在郊区的本校师生往返市区交通十分不便，便创办了一家客运公司，就是把问题转化为创业机会的成功案例。

哪里有抱怨，哪里就有机会，每一个痛点，都是一个机会。一切发明、创造，一切新兴的行业，其实都是伴随着人们的痛点而来的，例如，人们抱怨豪华酒店太贵，而普通小旅店不安全、不卫生，所以有了如家、汉庭；人们抱怨下班打不到车，所以有了滴滴打车；人们抱怨开车太累，所以有了自动驾驶技术。从某种程度上来说，创业者，只要能够找对痛点，付出不亚于任何人的努力，成功就是水到渠成、自然而然的事情。如何才能在生活中发现这些痛点呢？

1. 帮用户省钱

在创业时要考虑的第一个痛点：怎样帮用户省钱。如果你的创业项目能够满足这一点，那么对你的用户来说，就是福音；对你的竞争对手来说，就是灾难。例如，在没有360之前，国内的所有杀毒软件都是收费的，突然有一天，周鸿祎宣布360杀毒软件永久免费，然后瑞星、金山、卡巴斯基这些老牌杀毒软件用几年时间建立起来的优势，瞬间就土崩瓦解了，360把所有竞争对手的用户都收入囊中，一举占领了国内安全软件的市场。

2. 帮用户省时间

人们常说时间就是金钱，现代社会，生活节奏越来越快，时间的价值就更显得宝贵。等待，因此也就成了最让人感到无聊、焦虑、痛苦的事情；等待已经超越了行业、地域的范畴，成了现在人们普遍性的一个痛点。

未来，谁能帮用户省时间，谁就能从竞争中脱颖而出，获得用户的青睐。例如，去书店的时候，面对一大堆书，不知道如何下手，很多人可能花费了一下午时间挑来挑去，最后却两手空空地走出了书店。于是，东京出现了一个森冈书店，这个书店主打一个理念，就是在一周内，整个书店只卖一本书，人们要做的就是选择买或者不买。这个书店的生意非常好，因为它帮很多人节省了时间，如很多年轻白领，平时没有时间逛书店，就在上班路过这个书店时随手买一本。

3. 帮用户省脑细胞

现在很多人工作很繁忙，本来上班就已经够费精力的了，回到家里还要考虑家务等事情，如果有个创业项目能够帮用户节省脑细胞，那么用户一定会愿意选择。有时候用户根本不知道自己要什么，帮他决策，用专业性去帮他精选，他反而会很高兴。

4. 帮用户省力气

人天生具有惰性的。如果一个创业项目能够击中这个特点，那么这个项目一定会俘获很多用户。

(二)社会发展趋势与市场环境变化

创业的机会大都产生于不断变化的市场环境，环境变化了，市场需求、市场结构必然发生变化。著名管理大师德鲁克将创业者定义为那些能"寻找变化，并积极反应，把它当作机会充分利用起来的人"。这种变化主要来自产业结构的变动、消费结构升级、城市化加速、人口思想观念的变化、政府政策的变化、人口结构的变化、居民收入水平提高、全球化趋势等诸方面。例如，居民收入水平提高，私人轿车的拥有量增加，这就会派生出汽车销售、修理、配件、清洁、装潢、二手车交易、代驾等诸多创业机会。

(三)行业知识技能与工作经验能力

对于创业者而言，丰富且广泛的生活阅历是识别潜在商机的主要决定因素，它们帮助创业者识别了新信息的潜在价值。创业者有可能从自身拥有的行业、工作经验找到创业机会，也可能从自己拥有的专业知识技能产生创业想法和项目，如果将兴趣特长或能力优势转化成为他人提供价值便产生了创业机会。拥有创造力，一方面能发现别人发现不了的机会，另一方面可利用自己的创造发明和技术专利直接创业。

每个个体都有自己独特的先前经验与先验知识，构成了有别于他人的知识走廊，这种特异性就解释了为何有些人更容易发现一些特定的机会，而其他人则不能。先验知识包括特殊兴趣和产业知识两个维度。前者指对某一领域及其相关知识的强烈兴趣。后者是由创业者在多年工作中积累而来的知识和经验。对创业机会识别起关键作用的先验知识有四种,即特殊兴趣的知识与产业知识的结合、关于市场的知识、关于服务市场的方式的知识和有关顾客问题的知识。先验知识不仅被用来搜索机会,更重要的是,它还与认知过程中结构关系的匹配有系统的联系。

大学生具有较高层次的知识,是一个知识、智力和活力都相对密集的群体,他们接受了专业领域的教育,具有较强的专业能力,因此,知识资源成了大学生创业的最大优势。教育部和高校都积极倡导大学生创业要结合专业,依据专业进行高层次的创业是大学生创业的首选。

(四)拥有的独特资源与社会网络

很多创业者的创业活动源于自己拥有相应的资源和社会网络。例如,优质的人脉网络、独有的业务渠道、技术资源优势等都有利于创业者找到适合自己的创业机会。

大学生身边拥有很多优质资源,如高层次的师资与科研技术资源,高校的天然市场资源,政府与高校对创业的扶持政策资源和大学生的高级且相对低廉的人才等资源。充分利用这些资源,可以找到很多创业机会。

创业机会的核心来源,如图7-2所示。

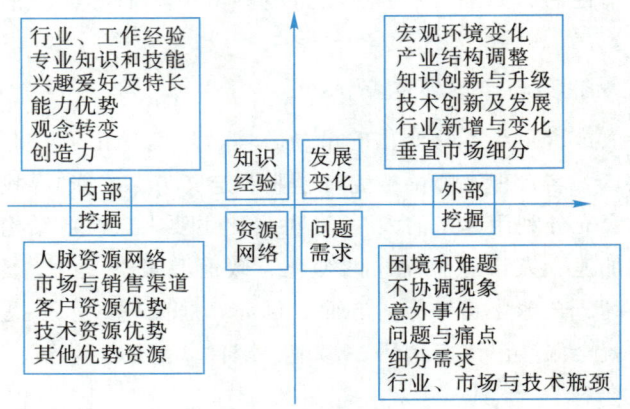

图7-2 创业机会的核心来源

三、创业机会的选择

在现实经济生活中适合大学生创业的机会并不是很多。创业者需要进行一层又一层的筛选,才能在众多的机会中选择出真正适合自己的创业机会。面对较好的创业机会大学生创业者需要进行"自我质疑"。质疑内容至少应该包括:为何这么好的想法之前没有人将其发展成创业项目;自己能否获得其他创业者较难获得的资源;遇到竞争时自己能否有能力与之抗衡;自己是否能够创造新增市场;自己是否有能力承受该创业机会带来的各种风险。

(一)大学生创业机会选择的原则

主动识别机会?等待机会?与机会失之交臂?作为一名有创业意愿的大学生,需要做好哪些准备,需要从哪做起?大学生创业机会的选择应该遵循下列基本原则。

1. 扬己之长,避己之短

很多大学生在创业的时候希望能够结合自己大学的专业知识,因为知识和技能水平高是大学生创业群体最显著的特征。知识和技能对于经济发展和社会进步的推动作用是巨大的。知识和技能是起支配作用的生产要素,缺乏知识和技能,就在很大程度上失去了核心竞争力和生存空间。大学生经历了系统的高等教育,积累了诸如语言表达、写作、管理等技能,以及大量的金融、会计、营销等专业知识,这为大学生创业搭建了更高、更宽阔的平台。在创业中不与行业强者展开硬碰硬的直接竞争,集中优势做强自身的特色。

2. 发挥兴趣主导的优势

兴趣是最好的老师,爱好是不竭动力的源泉。大学生创业者在创业时如果能结合自己的兴趣,通过创业的方式让自己的爱好转变成现实中一种职业,将有助于创业的成功。如果创业者是基于自身的兴趣来选择创业项目的,能够对顾客的心理需求有很好的把握,在顾客服务方面有优势,能够将心比心,凭借细致入微的服务赢得顾客的认同,从而为创业成功打好基础。

3. 做一个有心人

新技术的出现、新产品的研制意味着生产及生活条件的改善,随之而来的是人们行为和生活方式的改变,这中间都可能蕴含着大量未被开发的商机。

4. 谨慎论证、大胆实践

前期做好充足的调研论证工作,抓住机会并想办法付诸实施,在实干中摸索,逐步确定发展方向。在选择创业项目的时候要注意选择创业行业,不能只注重行业现在的发展情况,还要根据该行业现在的发展势头、政府的相应政策、世界经济的发展趋势、高科技产业的发展速度、该行业自身的特色和经营模式等一系列外在因素,综合考虑该行业在未来的发展浪潮中所占据的位置,换句话说,就是要关注行业的发展前景。

5. 挖掘缝隙市场

查找他人创业项目的不足,思考如何改进。善于从别人的忽视之处下手,以此做到标新立异,见缝插针。缝隙虽小市场却大。从人们交易的担心中,从你我的不方便处,从某些人的特殊需求中,从滞后社会发展的脱节处,都可以寻找商机。市场越分越细,细分的同时有价值的空间也逐步出现。

6. 关注产业发展新措施

政府为了更好地贯彻产业政策,促进相应的产业健康发展,通常会对相关的行业采取相应的优惠政策以鼓励、引导其发展。大学生创业者在选择的时候可以充分地考虑这些优惠政策，关注国家政策优先支持的领域。

(二)大学生创业项目选择的步骤

1. 市场分析

准确的市场分析是选好创业项目的前提。可靠的市场容量及其增长速度，可以为创业企业带来商机，相反也可能限制创业企业的灵活性与发展。创业项目的市场分析主要包括三个部分，即行业环境分析、目标市场分析和竞争对手分析。

行业环境分析的方法主要有行业专家访谈法和二手资料分析法。专家访谈法的访谈对象包括行业协会、政府主管部门、大学和研究院所的专家、竞争对手的雇员、客户所在单位的专家等。二手资料分析法中二手资料的来源包括专业网站、综合经济网站(如中国经济信息网)、专业报刊、行业协会报告、专利数据库、中央及省级政府部门行业发展计划、专业展览会、专业研讨会、专业咨询顾问机构报告等。

目标市场分析首先必须确定市场细分的标准。如果是个人消费者，一般的标准有年龄、性别、家庭人数、收入、地理区域等；如果是单位客户，一般的细分标准有行业、地区、规模、利润、购买目的、产品性能等。确定细分的目标市场后，可以通过调查问卷的方法对目标市场进行分析。例如，对单位客户的基本调查信息包括行业、地址、销售额、利润、员工数、主要产品/服务、现有供应商、购买决策者、需求数量等。制定调查问卷之前可结合行业研究状况试访几个潜在客户，以便使问卷更具可信度。

分析竞争对手，既有助于创业者摸清对手的情况，又能从中学习竞争对手的长处，从而提高自身新建企业的竞争能力。分析竞争对手不但要了解现有多少竞争对手，如他们提供什么样的同类产品、销售额是多少，还要确切地了解对手的产品优势，如他们的研发能力和技术储备、目标市场及其营销策略、目前的盈利状况和潜力、核心竞争能力、技术人员和管理人员、生产设备和生产能力、供货商的情况、成功或失败的根本原因、采取的战略、销售渠道及销售系统、主要客户，主要客户对他们产品/服务的评价、客户对他们的忠诚度等。

2. 产品与技术评价

评价产品的创新程度主要考查新产品的创新情况，看其功能是否有所增强，性能是否有所改善，是否能更好地满足用户的需求。评价产品的独特性，则要看新产品是否具有独一无二的特点，市场上是否存在同类产品，以及是否难以仿制。

评价技术的先进性可以用技术功能指标、技术性能指标和技术消耗指标三个方面来衡量。技术功能指标是否先进直接决定着产品的功能水平。由于产品功能是通过技术功能实现的，顾客买的是功能、解决方案，因此一定要保证让顾客获得先进的技术功能。技术性能指标是否先进主要表现为技术参数的先进与否，是不是采用目前最领先的技术。技术消耗指标是否先进，主要是指实现技术功能、技术性能的各类消耗水平。技术的实现对消耗的要求可能很高，降低消耗就意味着节约成本。评价技术的可靠性体现在核心技术的成熟性、技术整体的配套性和技术的风险性三个方面。核心技术的成熟性主要是看技术效果的稳定性和产品的均一性，以及核心技术是否经过工业性试验。技术整体的配套性主要是看一项工业生产中所用的所有技术是否配套。如果所有的技术都很先进，但是在共同使用过程中却不能相互协调，那么这样的技术组合就需要调整。技术的风险性是指由于新思想与新技术本身的先天不足（技术不成熟、不完善）以及可替代的新技术出现的时间短等多种因素带来的风险。此外，还包括制造技术和使用技术的不确定性所带来的风险。

3. 财务评价

财务评价是对过去财务状况的总结分析和对未来财务状况的预测。对过去财务状况的分析主要是研究企业的财务状况和财务方面的能力。对项目未来财务状况的预测，主要是通过对项目的未来收益进行预测，看项目是否能够给投资者带来高额回报，其重点是项目的预期收益。

财务预测主要是预测损益表、预测现金流量表，重点考查投资资本需求、资本支出维持水平、计划资本支出、计划折旧与摊销时间、资产寿命、融资需求等。预测损益表，重点考查各科目的变动情况及其合理性、销售和损益的对照。预测现金流量表主要是根据创业投资项目的特点，选择和确定能够正确反映项目风险的贴现率，建立合理的现金流量模型，并用这一贴现率计算项目的投资收益、净现值、投资回收期、投资回报率等。

内部收益率是进行财务评价的一个重要指标，考虑到新事业开发可能面临的各项风险，合理的投资回报率应在25%以上。一般而言，15%以下的投资回报率表明这个新事业机会不值得考虑。通常，越是知识密集的新事业机会，对于资金的需求量越低，投资报酬率反而越高。因此，在创业一开始的时候，不要募集太多的资金，最好通过盈余积累的方式来获得资金。毛利率高的新事业机会，相对风险较低，也比较容易实现损益平衡；反之，毛利率低的新事业机会，风险则较高，遇到决策失误或市场产生较大变化的时候，企业很容易就遭受损失。一般而言，理想的毛利率是40%。

4. 风险评估

在对创业投资项目进行风险评估时，需将定性分析与定量分析结合起来，通过系统而充分的考虑，定性分析出与项目有关的各种不确定因素，确定这些不确定因素的概率分布，并在多方案比较和选择下，定量地分析出与项目有关的各种因素在发生变化时对项目投资效果所产生的影响。风险评估主要包括以下几个方面：

（1）评估技术和产品的风险。重点分析核心技术的含金量有多少，是否具有完全的自主知识产权，技术和产品的持续发展能力如何。

（2）评估创业团队的风险。是否拥有优秀的企业家，已经成为企业经营成功与否的关键。应重点分析企业家的素质、核心技术人员的稳定性、团队与企业利益的关联度以及管理的开放性等。

（3）重点分析企业无形资产价值、企业核心资产价值、资本增长倍数与回报率，即投资风险回报。

（4）注重对政策环境、人文环境等风险因素的分析。

5. 致命的缺点

致命的缺点一般会因创业项目的内涵与创业者风险承担能力不同而有所差异。如果发现以下缺点，创业者就要十分谨慎。因为，该创业项目极有可能面临失败。

（1）创业团队缺乏相关产业经验与企业管理能力。

（2）缺乏为顾客创造价值的能力，不具有明显市场竞争优势。

（3）创业项目的市场机会不明显，市场规模不大或实现盈利遥遥无期。

（4）运营创业项目的资源能力有限，无法达到具有竞争优势的经济规模。

（5）看不到创业项目能够获得显著利润的机会，包括毛利率、投资报酬率、损益平衡时间等指标。

（6）不具备市场控制能力，关键资源与通路均掌握在他人手中。

(三) 大学生创业机会选择应注意的问题

1. 相关的政策与法律

大学生创业应注意相关的政策与法律，主要表现在两个方面。一是拟选定的项目是否属于国家政策和法律鼓励的范围。如果属于鼓励的范围，即使项目短期内预期利润不太高，只要发展前景好也可以选定。二是拟选定的项目是否属于国家政策和法律禁止或限制的范围。如果属于禁止的项目，无论预期的利润有多高都必须放弃；如果属于限制的项目，一般也应放弃，因为选择这样的项目创业往往要付出高昂的代价，而且没有发展前途。

2. 个人兴趣、爱好和特长

一个人只有选择喜欢又有能力做好的事情，才会自觉地、全身心地投入进去，百折不挠，实现创业目标。选择自己感兴趣、有特长的项目是创业成功的有利因素。成功创业者，大多是从事自己感兴趣、有特长的项目。

3. 对拟选行业的熟悉程度

一般来说，创业者应在自己熟悉的行业里选择创业项目，才能提高创业成功的把握度。例如，被誉为"经营之父"的松下幸之助，创业之初选择生产电器插座项目，是因为他在这一行当过学徒工，对这一行熟悉并且有特长；被誉为"领带大王"的曾宪梓选择生产经营领带，是因为他曾在他哥哥的领带厂里工作过，对领带的生产技术和经营管理都熟悉。创业之初选择自己熟悉的行业和项目是创业成功的关键之一。

4. 市场机会及其利用能力

所谓市场机会，是指市场上存在的尚未满足的需求。但对创业者来说，客观存在的市场机会并不一定会成为自己的创业机会。因为市场机会成为创业机会是有条件的：第一，创业者必须具有利用该机会的资源能力和技术能力；第二，创业者利用该机会能够实现其经营目标。

5. 具备承受风险的能力

创业是有风险的。创业过程会受到不可控制因素的影响，谁也不敢保证一定能够成功。因此，在选择创业项目投资之前，无论创业者对该项目多么有把握，都必须考虑"未来最坏的情况可能是什么？当最坏的情况发生时，我能不能承受？"慎重考虑创业风险，正确对待风险，既要勇于进取，又不能盲目冒险，尽可能把创业风险控制在能够承受的范围之内。

拓展阅读

沃尔玛成功之道：天天平价薄利多销创新商业模式

沃尔玛公司由美国零售业的传奇人物山姆·沃尔顿先生于1962年在阿肯色州成立。经过四十多年的发展，沃尔玛公司已经成为美国最大的私人雇主和世界上最大的连锁零售企业。沃尔玛获得巨大成功的主要原因是选择了收入较低而被其他零售商忽略的中低收入消费者为其目标消费，并针对目标消费拟定创新的商业模式。沃尔玛提出"帮顾客节省每一分钱"的宗旨，实现了价格最便宜的承诺。沃尔玛还向顾客提供超一流服务的新享受。公司一贯坚持"服务胜人一筹、员工与众不同"的原则。走进沃尔玛，顾客便可以亲身感受到宾至如归的周到服务。再次，沃尔玛推行"一站式"购物新概念。顾客可以在最短的时间内以最快的速度购齐所有需要的商品，正是这种快捷便利的购物方式吸引了现代消费者。沃尔玛能够风行世界，其首推无疑是"天天平价"的承诺，这承诺绝非一句口号或一番空谈，而是通过低进价、低成本、低加价的"三低"经营方式，硬是始终如一地做到了。首先，沃尔玛采购上不搞回扣，不需要供应商提供广告服务，也不需要送货（这一切沃尔玛都会自己打理），但必须得到进货最低价。其次，沃尔玛严守办公费用只占营业额2%的低成本运行规范，"一分钱掰成两半花"，从而"比竞争对手更节约开支"。最不同凡响的是沃尔玛"为顾客节省每一分钱"的低价经营观念，它使众多的平民消费者以对价格的极度敏感而忠诚于沃尔玛。和所有的买卖比起来，沃尔玛的确是微利经营，但就是这个既不经营赚钱快的汽车、石油，更不生产获利丰厚的飞机、大炮的零售企业，却在不到半个世纪的风风雨雨中，打遍天下无敌手，独领风骚赚大钱。

（资料来源：明理故事编委，2016. 注重细节 减少失误. 四川科技出版社）

课堂活动

个人品牌发布会

1. 活动目的

了解创新创业流程。

2. 活动说明

在信息时代，每个人都可以是品牌，每个人都可以成立自己的品牌，通过一个模拟的品牌发布会来感受一下。

个人品牌发布	
品牌名称	
发布会内容（思路）	
调整	

课外实践

打造个人品牌

品牌作为一种识别事物的标志，它体现了某种价值的理念，象征了某种精神特质，同时它也展现了这个事物的核心品质。当人具有品牌效应时，他的个人品牌体现了他在别人心目中的价值。我们称个人品牌为职业生涯中的第二个自我。它对职业生涯有着长远而深刻的影响。良好的个人品牌，甚至可以把别人对你的看法转化成职业发展的机会。

项目七　拥抱新时代的创新创业

建立个人品牌，首先要进行"品牌定位"，弄清楚你擅长什么，想要什么，你的价值在哪里。每个人都有丰富的人生内涵，通过观察和分析，发现自我亮点，找出自己独有的个性、特长或优势，然后把这些融入品牌定位中。现在，试着给自己进行品牌定位。

个人品牌 ＝ 我是谁＋我的愿景。

我是谁：＿＿＿＿＿＿＿＿＿＿＿＿＿＿＿＿＿＿＿＿＿＿

我的愿景：＿＿＿＿＿＿＿＿＿＿＿＿＿＿＿＿＿＿＿＿＿

我在人才市场卖点：＿＿＿＿＿＿＿＿＿＿＿＿＿＿＿＿＿

用几个词描述出你的特点：＿＿＿＿＿＿＿＿＿＿＿＿＿＿

每个人都具备不同的特质，打造一个人的个人品牌就是要充分挖掘其最具价值、最富有影响力的那一部分。一个人在竞争中的优势可以构成他的个人品牌。

用几个词描述你的独特竞争优势：＿＿＿＿＿＿＿＿＿＿＿

注意开发你身上可以作为个人品牌的一些独特的标志。通过这些标志，别人能很好地读懂你的个人品牌。

最吸引人的形象或符号设计是：＿＿＿＿＿＿＿＿＿＿＿＿

品牌象征质量，一个好的品牌对其产品提供质量保障。个人品牌也是一样，因此在树立个人品牌很重要的一点是人品修养。与此同时，可以用多种方式扩大个人的品牌影响力。你会通过哪种方式传播自己的个人品牌呢？

你的个人网站构想（微博或 QQ）：＿＿＿＿＿＿＿＿＿＿

你的个人光盘构想（宣传页或手册）：＿＿＿＿＿＿＿＿＿

关于你的新闻报道设计：＿＿＿＿＿＿＿＿＿＿＿＿＿＿＿

关于你的光辉故事设计：＿＿＿＿＿＿＿＿＿＿＿＿＿＿＿

关于你的社会交往规划：＿＿＿＿＿＿＿＿＿＿＿＿＿＿＿

需要注意：外在包装和内在的人品要名实相副，只追求浮夸的宣传是没有意义的。人格魅力才是形成良好个人品牌的关键。

好书推荐

1. 尼古拉斯·卡尔著，刘纯毅译：《互联网如何毒化了我们的大脑》，中信出版社.

项目八 就业形势与政策

本章要点

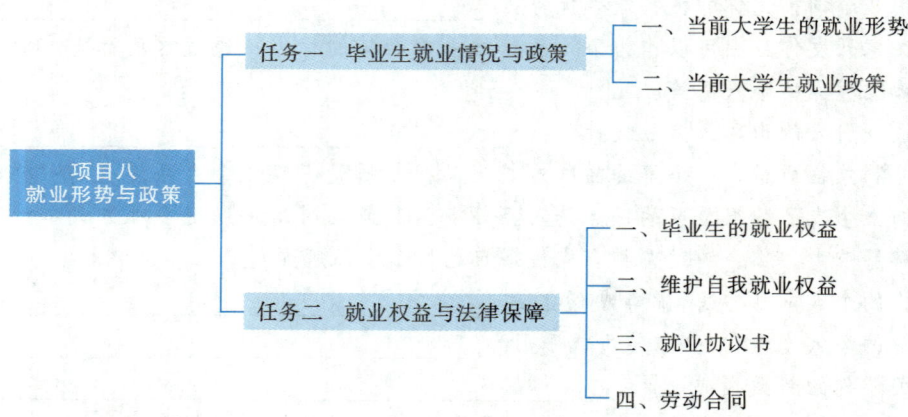

学习目标

1. 知识目标

了解当前大学生的就业形势与政策，了解毕业生就业权益主要内容。掌握就业协议书的效用，熟悉劳动合同的主要条款。

2. 技能目标

识别求职陷阱，学会用法律武器维护自己的合法权益。熟悉就业协议和劳动合同的签订要求，提高法律素养。

3. 素质目标

树立正确的择业观，积极到基层就业开阔新天地；树立权益保护意识，提升法律法规意识和素养，积极用法律途径维护自身的合法权益，以身作则，用个人行动践行和构建法治化环境。

项目八 就业形势与政策

生涯智慧

要用自我批评的武器和加强学习的方法，来改造自己，使适合于党与革命的需要。

——《中共中央关于增强党性的决定》

案例引入

了解就业形势，早做就业准备

陈同学是深圳职业技术学院服装与服饰设计专业2022届毕业生，她立志成为一名优秀的服装设计师。没有绘画基础的她，从零开始接触设计，学习各项基础理论知识、设计方法和专业实操技能，积极参加集训，认真上好每一堂理论课，珍惜每一次动手实践的机会，出色地完成了三年中专和两年大专的课程学习。

早在中专实习期间，她就有在服装快销品牌的终端做零售的经验，为了快速适应岗位要求，她积极向店长和门店代练请教，学习记下每件衣服的销售话术，最终做到识货识客拿对衣。在一线服装行业兼职的经验，也让她对服装行业有了比较深层次的了解。

近两年来，服装行业毕业生的就业形势严峻。据不完全统计，每年服装及相关专业的高校毕业生人数高达10万，而我国所能提供给服装专业对口的设计师岗位仅有其十分之一。巨大的就业缺口导致了很多服装类毕业生就业就等于失业，有的学生产生了就业恐惧症，通过不停升学来拖延自己的就业时间；有的学生选择不对口岗位先就业再择业；有的学生甚至待业在家。面对服装行业的就业形势，如何充分运用自己所学的知识和专业技能赢得用人单位的青睐，如何把设计理念准确高效地传递到终端，提升销售额，是陈同学一直思考的问题。为了在深职院毕业后能进入服装企业从事设计工作，陈同学做了如下准备。

第一，完成课业期间，有意识地积累设计作品和案例，整理自己的设计作品集。

第二,在校期间她积极参与勤工俭学工作,向辅导员老师和优秀的师兄师姐学习高效的办公技能,为日后进入职场做好准备。

第三,基于自身对服装行业的兴趣,她课余时间常去观展,积极参与时装周志愿者活动,以第一视角观摩秀场的排练准备工作,以点带面地拓宽自己的视野,提高综合素质,为将来工作打下坚实的基础。

最终,她凭借自身过硬的综合素质和业务能力,顺利通过企业安排的服装行业相关技能考试,获得了某知名服装公司的录用通知书,成为一名设计助理。未来,她将珍惜工作机会,脚踏实地,尽快完成从学生到职场人的角色转变,并紧跟服装行业发展趋势提升自己的技能,早日成长为一名优秀的服装设计师。

任务一 毕业生就业情况与政策

一、当前大学生的就业形势

(一)总量继续攀升

自 2002 年开始,毕业生年均增长率保持了高增长的态势,2002 年毕业生总人数 133.7 万人,2003 年毕业生总人数 187.7 万人,2004 年毕业生总人数 239.1 万人,2005 年毕业生总人数 306.8 万人,2006 年毕业生总人数 377.5 万人,2007 年毕业生总人数 477.8 万人……2022 届全国普通高校毕业生总规模 1076 万,同比增加 167 万。2002 年至 2022 年全国高校毕业生人数见图 8-1。

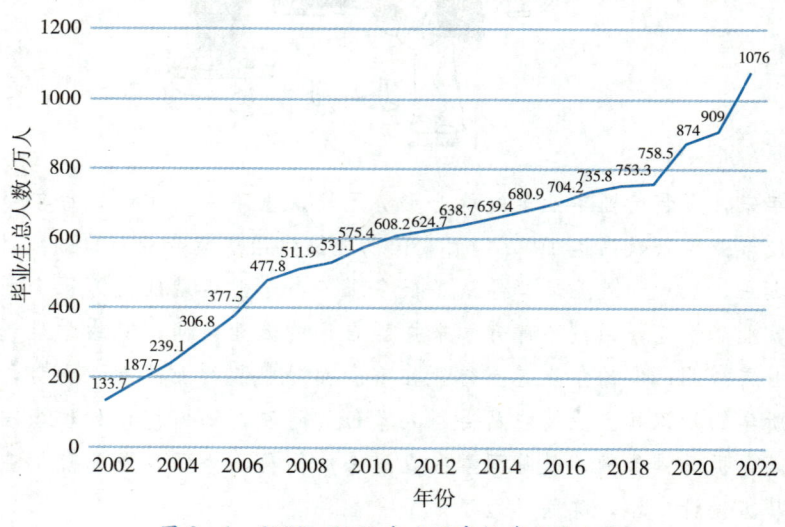

图 8-1 2002—2022 年全国高校毕业生人数

(二)就业结构性失衡现象明显

大学生就业结构性失衡主要表现在以下几个方面。

1. 地区失衡

毕业生仍以流向大中城市、东南沿海发达地区和一些省会城市为主,而一些西部边远省区及经济相对落后的地区则较少有人问津。

2. 学历失衡

劳动力市场对不同学历层次毕业生的需求与学校培养仍存在一定的差距。在人才市场上,研究生的需求大于供给,本科生供需基本持平,专科生供大于求。

3. 学科专业失衡

相关统计资料显示,需求量最大的10类专业分别是市场营销、机械设计与制造、电气工程及自动化、信息与电子、建筑、管理、计算机应用、经济学、英语、医药卫生;而财会、文艺、体育、文秘、教育等专业供大于求的态势比较明显。总体来讲,文科专业的就业形势与理科相比不容乐观。

(三)就业渠道向非公有制单位转变

目前,中小企业已经成为吸纳毕业生的主体。传统的大学生就业渠道已经发生了变化,实现了由原来的国企和政府部门就业向非公有制单位就业的转变。虽然毕业生报考公务员出现前所未有的热潮,但最终录取的还是极少数。

二、当前大学生就业政策

国家为鼓励大学毕业生到基层工作,推出了一系列优惠政策。例如,对于到中西部和艰苦边远地区县以下农村基层单位工作,并服务达到一定时间的高校毕业生,以及服兵役的高校毕业生,会按照规定进行学费补偿和国家助学贷款代偿。另外,研究生招生和事业单位选聘优先招收有基层工作经历的高校毕业生,地市级以上党政机关考录公务员时也要相应扩大对其录用比例。

近些年来,国家有关部门组织实施了五个引导高校毕业生到基层就业的项目:"大学生志愿服务西部计划"、"三支一扶计划"(支教、支农、支医和扶贫)、"大学生村官计划"、"特岗计划"、"选调生计划"。

1. "大学生志愿服务西部计划"

"大学生志愿服务西部计划"是由中国共产主义青年团中央委员会牵头,教育部、财政部、人力资源和社会保障部共同组织实施。自2003年起,按照公开招募、自愿报名、组织选拔、集中派遣的方式,每年招募一定数量的普通高等学校应届毕业生和在读研究生,到西部贫困县的乡镇从事教育、卫生、农技、扶贫、基层社会管理、青年中心建设和管理等方面的志愿服务工作,服务时间一般为1~3年。计划自实施以来,逐渐成为实践育人、促进人才区域流动的平台,并为国家扶贫工程贡献了力量。

2."三支一扶计划"

2006年,由中共中央组织部等部门下发《关于组织开展高校毕业生到农村基层从事支教、支农、支医和扶贫工作的通知》,通知强调"三支一扶"工作的原则是公开招募、自愿报名、组织选拔、集中派遣,招募高校毕业生到农村基层从事支农、支教、支医和扶贫相关工作,服务期限为2~3年,招募对象为高校应届毕业生。

3."大学生村官计划"

大学生村官工作是十七大以来党中央做出的一项重大战略决策,主要目的是培养一大批社会主义新农村建设骨干人才、党政干部队伍后备人才、各行各业优秀人才。大学生村官岗位性质为村级组织特设岗位,是国家开展的选派项目。选聘工作由省(区、市)组织、人力资源和社会保障部门定期、统一组织实施,或者由省、市两级组织、人力资源和社会保障部门共同组织实施,由县(市、区)组织、人力资源和社会保障部门与大学生村官签订聘任合同,其工作、生活补助和享受保障待遇、应缴纳的相关费用等由中央和地方财政共同承担。大学生村官非公务员身份,但工作管理及考核比照公务员的有关规定进行,由县(市、区)委组织部牵头负责、乡镇党委直接管理、村党组织协助实施。

4."特岗计划"

2006年5月15日,教育部、财政部、人事部、中央编办联合印发通知,决定实施农村义务教育阶段学校教师特设岗位计划。该计划每年通过公开招考选聘数万名高校毕业生到中西部贫困县农村学校任教,为加强农村教师队伍建设,促进城乡义务教育均衡发展,办好人民满意教育发挥了重要作用。"特岗计划"教师聘期3年,聘任期间执行国家统一的工资制度和标准;其他津贴补贴由各地根据同等条件公办教师年收入水平和中央补助水平综合确定。服务期间特岗教师享受与当地公办教师同等待遇。

5."选调生计划"

"选调生计划"是指各省(区、市)党委组织部门有计划地从高等院校选调品学兼优的应届大学本科及其以上的毕业生、选拔具有2年以上基层工作经历的大学生村官到基层工作,并作为党政领导干部后备人选和县级以上党政机关高素质的工作人员人选进行重点培养。根据中央有关政策,2011年以后,参加基层服务项目、符合选调生条件的往届高校毕业生也可以报考。

参加"大学生志愿服务西部计划""三支一扶计划""大学生村官计划""特岗计划""选调生计划"项目的毕业生享受一定的就业优惠政策。

拓展阅读

毕业生到基层就业政策问答

1. 参加中央部门组织实施的基层就业项目，服务期满后享受哪些优惠政策？

（1）公务员招录优惠：每年拿出公务员考录计划的一定比例，专门用于定向招录服务期满且考核称职（合格）的服务基层项目人员。服务基层项目人员也可报考其他职位。

（2）事业单位招聘优惠：鼓励在项目结束后留在当地就业，参加各基层就业项目相对应的自然减员空岗，全部聘用服务期满的高校毕业生。从2009年起，到乡镇事业单位服务的高校毕业生服务满1年后，在现岗位空缺情况下，经考核合格，即可与所在单位签订不少于3年的聘用合同。同时，各省（区、市）县及县以上相关的事业单位公开招聘工作人员，应拿出不低于40%的比例，聘用各专门项目服务期满考核合格的高校毕业生。

（3）考学升学优惠：服务期满后3年内报考硕士研究生初试总分加10分；同等条件下优先录取，高职（高专）学生可免试入读成人本科。

（4）国家补偿学费和代偿助学贷款政策：参加各基层就业项目的毕业生，符合规定条件的，可享受相应的学费补偿和助学贷款代偿政策。

（5）服务期满自主创业的，可享受税收优惠、行政事业性收费减免、小额贷款担保和贴息等有关政策。

（6）其他：各基层就业项目服务年限计算工龄。服务期满到企业就业的，按照规定转接社会保险关系。

2. 国家鼓励毕业生到基层就业的主要优惠政策包括哪些？

（1）完善工资待遇进一步向基层倾斜的办法，健全高校毕业生到基层工作的服务保障机制，鼓励毕业生到乡镇特别是困难乡镇机关事业单位工作。

（2）对高校毕业生到中西部地区、艰苦边远地区和老工业基地县以下基层单位就业、履行一定服务期限的，按规定给予学费补偿和国家助学贷款代偿（本专科学生每人每年最高不超过8000元、研究生每人每年最高不超过12000元）。

（3）结合政府购买服务工作的推进，在基层特别是街道（乡镇）、社区（村）购买一批公共管理和社会服务岗位，优先用于吸纳高校毕业生就业。

（4）落实完善见习补贴政策，对见习期满留用率达到50%以上的见习单位，适当提高见习补贴标准，允许就业见习补贴用于见习单位为见习人员办理人身意外伤害保险以及对见习人员的指导管理费用。

（5）将求职补贴调整为求职创业补贴，对象范围扩展到已获得国家助学贷款的毕业年度高校毕业生，以及贫困残疾人家庭、建档立卡贫困家庭高校毕业生和特困人员中的高校毕业生。

（6）艰苦边远地区基层机关招录高校毕业生可适当放宽学历、专业等条件，降低开考比例，可设置一定数量的职位面向具有本市、县户籍或在本市、县长期生活的高校毕业生。

各地区要结合城镇化进程和公共服务均等化要求，充分挖掘教育、劳动就业、社会保障、医疗卫生、住房保障、社会工作、文化体育及残疾人服务、农技推广等基层公共管理和服务领域的就业潜力，吸纳高校毕业生就业。要结合推进农业科技创新、健全农业社会化服务体系等，引导更多高校毕业生投身现代农业。

3．国家对在基层工作的高校毕业生职业发展有哪些鼓励政策措施？

（1）在干部人才选拔任用机制上，进一步强化基层工作经历的政策导向，向在基层工作的优秀高校毕业生倾斜。

（2）自2012年起，省级以上机关录用公务员，除特殊职位外，按照有关规定一律从具有2年以上基层工作经历的人员中考录。

（3）市地级以上机关应拿出一定数量职位面向具有基层工作经历的公务员进行公开遴选。

（4）省、市级所属事业单位面向社会公开招聘时，应拿出一定数量岗位公开招聘有基层事业单位工作经历的人员。有条件的地区，可明确具体公开遴选或招聘的比例。

（5）鼓励国有大中型企业建立健全人力资源管理激励机制，将在基层生产和管理一线表现优秀的高校毕业生纳入后备人才队伍，加大从基层一线选拔任用中层干部的力度。

（6）对具有基层工作经历的高校毕业生，在研究生招录和事业单位选聘时实行优先。

（7）高校毕业生在中西部地区和艰苦边远地区县以下基层单位从事专业技术工作，申报相应职称时，可不参加职称外语考试或放宽外语成绩要求。

充分挖掘社会组织吸纳高校毕业生就业潜力，对到省会及省会以下城市的社会团体、基金会、民办非企业单位就业的高校毕业生，所在地的公共就业人才服务机构要协助办理落户手续，在专业技术职称评定方面享受与国有企事业单位同类人员同等待遇，对于吸纳高校毕业生就业的社会组织，符合条件的可同等享受企业吸纳就业扶持政策。

（8）对到农村基层和城市社区从事社会管理和公共服务工作的高校毕业生，符合公益性岗位就业条件并在公益性岗位就业的，按照国家现行促进就业政策的规定，给予社会保险补贴和公益性岗位补贴。

4．为鼓励高校毕业生面向基层就业，实施学费补偿和助学贷款代偿政策的主要内容是什么？

高校毕业生（全日制本专科、高职生，研究生，第二学士学位毕业生）到中西部地区、艰苦边远地区和老工业基地县以下基层单位就业、履行一定服务期限的，按规定给予学费补偿和国家助学贷款代偿。在校学习期间获得国家助学贷款（含高校国家助学贷款和生源地信用助学贷款，下同）的，补偿的学费优先用于偿还国家助学贷款本金及其全部偿还之前产生的利息。定向、委培以及在校期间已享受免除全部学费政策的学生除外。

目前，国家助学贷款资助标准已经调整为，全日制普通本专科学生（含第二学士学位、高职学生，下同）每人每年申请贷款额度不超过8000元；年度学费和住宿费标准总和低于8000元的，贷款额度可按照学费和住宿费标准总和确定。

全日制研究生每人每年申请贷款额度不超过12000元；年度学费和住宿费标准总和低于12000元的，贷款额度可按照学费和住宿费标准总和确定。

国家助学贷款资助标准调整后，有关学费补偿、国家助学贷款代偿和学费资助的标准，相应调整为本专科学生每人每年最高不超过8000元、研究生每人每年最高不超过12000元。学费补偿、国家助学贷款代偿和学费资助的其他事项，仍按原规定执行。

课堂活动

圈定就业意向

1. 我毕业后的主要选择是：
   _____。（选择主要包括就业、升学、留学、自由职业和创业）
2. 选择该方向的主要理由是：
   (1) _____；
   (2) _____；
   (3) _____。
3. 选择该出路，支持资源或优势在于：
   (1) _____；
   (2) _____；
   (3) _____。
4. 选择该出路，主要困难或不利条件是：
   (1) _____；
   (2) _____；
   (3) _____。
5. 实现该毕业选择的目标，具体要求有：
   (1) _____；
   (2) _____；
   (3) _____。
6. 实现该毕业选择的目标，目前的差距在于：
   (1) _____；
   (2) _____；
   (3) _____。
7. 为缩短差距，实现目标，现制定以下策略和实施方案：
   _____

现在，请根据自己的实际，按照就业意向分析表（表8-1）给出的选项进行填写，梳理出个人就业意向。

表 8 – 1 就业意向分析表

方向	前三位选择			求职方向
行业	1.			第一类求职方向： 行业： 企业： 职能： 地域： 第二类求职方向： 行业： 企业： 职能： 地域： 第三类求职方向： 行业： 企业： 职能： 地域：
	2.			
	3.			
企业 （可用具体 单位代表）	类型	公司名称		
	国企类			
	外企类			
	民企类			
职能 （可用具体 岗位代表）	类型	公司名称		
地域	1.			
	2.			
	3.			

任务二 就业权益与法律保障

一、毕业生的就业权益

在就业走向市场化、法治化的今天,大学生在整个求职择业过程中应该增强法律意识,自觉遵守市场规则,并学会用法律武器保护自己的合法权益。要保护好自身的合法权益,必须全面了解个人、单位、学校在就业过程中的权利和义务,熟悉相关法律法规,顺利从一名大学生转变为一名劳动者。

(一)一般权利

1. 劳动报酬权

劳动报酬权是指劳动者依照劳动法律关系,履行劳动义务,由用人单位根据按劳分配的原则及劳动力价值支付报酬的权利。《工资支付暂行规定》第十六条规定:"因劳动者本人原因给用人单位造成经济损失的,用人单位可按照劳动合同的约定要求其赔偿经济损失。经济损失的赔偿,可从劳动者本人的工资中扣除。但每月扣除的部分不得超过劳动者当月工资的 20%。若扣除后的剩余工资部分低于当地月最低工资标准,则按最低工资标准支付。"这些法律、规定保障了毕业生维持生存所必需的劳动报酬权。

2. 休息休假权

休息休假权是指劳动者在法律规定的工作时间以外进行休息和休养的权利。休息休假权保障了劳动者体力的恢复、保持身体健康和利用休息时间享受文化生活等需求。《中华人民共和国劳动合同法》第三十一条规定:"用人单位应当严格执行劳动定额标准,不得强迫或者变相强迫劳动者加班。用人单位安排加班的,应当按照国家有关规定向劳动者支付加班费。"《职工带薪年休假条例》规定,符合条件的职工均可以享受带薪年休假,以保障劳动者的休息和休假权。

3. 劳动保护权

劳动保护权也称职业安全卫生权,是指劳动者在劳动过程中的安全和健康应该得到用人单位的保障,以防止其发生伤亡事故和职业病的权利。例如,《中华人民共和国劳动法》《中华人民共和国妇女权益保障法》《中华人民共和国残疾人保障法》等法律法规都对劳动保护权有所规定,用人单位有义务对与其建立劳动关系的劳动者,特别是女性、残疾人劳动者按照其身体、生理特点,采取有效的安全和健康保障措施。

(二)择业过程中享有的权利

除上述作为普通劳动者所享有的一般权利外,大学生在择业过程中还享有以下权利。

1. 接受就业指导权

接受就业指导权是指毕业生有权从学校、社会、国家获得及时、有效的就业指导与就业信息服务。接受就业指导对毕业生来说有重大意义，就业指导工作会直接影响毕业生的就业方向、就业意识、就业技巧等。

《中华人民共和国高等教育法》第五十九条规定："高等学校应当为毕业生、结业生提供就业指导和服务。"高校除应将就业指导纳入大学生课程体系外，还应成立专门的就业服务机构，安排专业人员对毕业生进行就业指导，包括向毕业生宣传国家有关就业的政策方针，对毕业生进行择业技巧的指导，引导毕业生根据国家和社会需要，结合个人实际情况进行择业等，使毕业生能准确定位并合理择业。

2. 就业信息知情权

就业信息知情权是指毕业生拥有及时全面获取各种公开就业信息的权利。就业信息既包括与毕业生求职择业相关的国家有关方针、政策与法规，也包括国家宏观经济发展状况和各个地区与行业的发展情况，还包括用人单位的规模、性质、产品、市场、企业文化、工作环境、学习培训、福利待遇等情况，以及专业需求、上岗条件、未来发展前景等工作岗位的具体信息。这是毕业生择业、就业的基础。

毕业生的就业信息知情权包括三个方面：一是信息公开，即就业信息对任何毕业生来说都应该是公开和透明的，任何团体、组织和个人都不得隐瞒、截留用人信息或者公布虚假用人信息；二是信息及时，即毕业生获取的信息必须是及时、有效的，任何团体、组织和个人都不能将过时且无利用价值的信息传递给毕业生；三是信息全面，毕业生有权获得准确、完整、全面的就业信息，以便对单位、职位情况有更加深入和全面的了解，进而根据自己的实际情况做出恰当的职业选择。

3. 接受就业推荐权

接受就业推荐权是指毕业生拥有被高校如实、公正、及时推荐到用人单位就业的权利。高校的推荐对毕业生的就业有着重要的影响。事实证明，高校的推荐往往在很大程度上影响用人单位对毕业生的录取。

毕业生享有接受就业推荐权包含以下几个方面的内容。一是如实推荐。高校在对毕业生进行推荐时应实事求是，根据毕业生的实际情况向用人单位进行介绍、推荐，不能故意贬低或随意捧高该毕业生在校的表现。二是公正推荐。高校对毕业生进行推荐应做到公平、公正，应为每位毕业生提供就业推荐的机会。三是择优推荐。高校根据毕业生在校表现，在公正、公开的基础上，择优推荐；用人单位在录用毕业生时也应坚持择优标准，真正做到优生优用、人尽其才。

4. 就业选择自主权

就业选择自主权是指在国家就业方针、政策的指导下，毕业生有按照自己的意愿选择职业的权利，包括是否从事职业劳动，从事何种职业劳动，何时从事职业劳动，在哪一类或哪一个用人单位从事职业劳动等权利。毕业生的就业选择自主权，否定了行政安置和强制劳动，充分体现了毕业生在人才市场自主择业的权利。

5. 平等就业权

平等就业权是指根据国家相关法律法规及政策，毕业生在择业过程中享有的平等权利，不因民族、性别、信仰、身体条件、社会出身等原因，受到就业歧视或排斥。这种平等不仅体现在符合招聘条件的毕业生都可以平等地接受学校推荐，参加用人单位的公开招聘，进行公正、平等的竞争，还体现在用人单位在录用毕业生和确定福利待遇时做到公平公正、一视同仁。

6. 隐私保护权

毕业生在求职择业过程中，不可避免地要将自己的部分信息提供给用人单位，但是这些信息仅限于在与应聘岗位招聘条件密切相关的范围内使用。不经毕业生同意，任何单位或个人都不得随意发布和使用毕业生的个人信息，用人单位更无权以招聘考核为名询问毕业生的各种隐私。

（三）就业过程中享有的权利

1. 过渡期保障权

过渡期保障权是指毕业生在实习期、试用期、见习期应当享有的保障个人各方面利益的权利。相对用人单位来说，毕业生是处于弱势地位的。由于相关法律法规还不是很健全，因此毕业生从学校到职场这一过渡期的许多权益往往会受到一些用人单位的侵害。《中华人民共和国劳动合同法》规定了试用期期限的设定和试用期工资的最低水平，在一定程度上为毕业生在试用期内的各种权利提供了保障。

2. 就业签约权

就业签约权是指毕业生与用人单位达成就业意向后，通过签订就业协议或劳动合同，将双方的劳动关系或已经达成的约定，以书面形式落实下来，并对双方的责任、权益进行明确的书面说明。不签订就业协议或劳动合同，或就业协议、劳动合同的内容和条款过于笼统甚至违法违规，都是对毕业生就业权益的侵犯。法律更不允许用人单位或个人采取欺诈和胁迫的方式要求毕业生签订就业协议和劳动合同。

3. 违约求偿权

违约求偿权是指毕业生在与用人单位签订就业协议后，如果用人单位无故违约或解约，毕业生有权要求用人单位进行相应的赔偿。就业协议一经签订，毕业生、用人单位、学校三方都应严格履行职责，任何一方不得擅自毁约。如果用人单位无故要求解约，毕业生有权依照相关法律要求对方严格履行就业协议，签订劳动合同，否则用人单位应承担违约责任，向毕业生支付违约金。

二、维护自我就业权益

(一)增强自我保护意识

1. 法律意识

市场化的就业体制是通过市场这个"无形的手"进行调节，从而实现人力资源的合理配置的。社会主义市场经济是法治经济，毕业生也受到法律体系的保护。因此，毕业生必须了解与就业相关的法律法规、政策制度，了解劳动用工的相关规定，在学习这些法律、政策、规定的过程中，逐步增强法律意识，学会使用法律武器维护自身权益。

2. 契约意识

契约意识包括两个方面的内容：一是通过就业协议来保护自己合法权益的意识；二是必须严格遵守就业协议的意识。毕业生与用人单位签订的协议是一种合同，是确立双方当事人之间劳动关系的一种契约，具有法律效力。因此，毕业生要谨慎签约、积极履约。协议一旦订立，双方都必须遵守，任何一方未经对方同意都不得擅自毁约、违约等，否则将受到法律的制裁。

3. 维权意识

由于毕业生就业市场发育还不够成熟，法律制度尚不健全，损害毕业生合法权益的现象时有发生。毕业生要有强烈的维权意识，在碰到问题时能够拿起法律武器积极保障权利，这是毕业生走上自我权益保护实质性的一步，是由观念转化成行动的重要一步。毕业生只有掌握法律政策、养成良好的法律意识和积极的维权意识，才能平等地与用人单位对话，据理力争，保障自己的权益免遭侵害。

4. 证据意识

毕业生在求职就业过程中，应树立证据意识。一是收集证据的意识，在求职时要有意识地要求用人单位出示或提供相关资料，如要求用人单位出示营业执照、要求对方出示表明身份的证件等；二是保存证据的意识，要注意保存现有的证据，以便将来在仲裁法庭或进行诉讼时维护权益，如招聘海报、往来传真、邮件等；三是运用证据的意识，要有用证据证明事实的意识，知道什么样的事实需要什么样的证据，要明确举证责任是在对方还是己方。

5. 诚信意识

毕业生诚信意识的培养和权益的自我保护主要包括两个方面。一是毕业生在求职过程中必须如实向用人单位介绍自己的情况，要实事求是。如果故意隐瞒自身情况、欺骗用人单位，可能导致就业协议无效，承担缔约过失责任。二是要能够辨别用人单位是否具有诚信意识。目前就业形势严峻，毕业生不敢向用人单位问太多的问题、提更多的要求，往往认为用人单位说的都是对的，用人单位要求的就应该去做，不知不觉中自己的权益已经遭受侵犯或侵害。

(二)熟悉相关法律法规

1. 熟练掌握《中华人民共和国就业促进法》中与就业权益保护相关的内容

《中华人民共和国就业促进法》第二十五条规定："各级人民政府创造公平就业的环境，消除就业歧视，制定政策并采取措施对就业困难人员给予扶持和援助。"第二十六条规定："用人单位招用人员、职业中介机构从事职业中介活动，应当向劳动者提供平等的就业机会和公平的就业条件，不得实施就业歧视。"第二十七条规定："国家保障妇女享有与男子平等的劳动权利。用人单位招用人员，除国家规定的不适合妇女的工种或者岗位外，不得以性别为由拒绝录用妇女或者提高对妇女的录用标准。用人单位录用女职工，不得在劳动合同中规定限制女职工结婚、生育的内容。"第二十八条规定："各民族劳动者享有平等的劳动权利。用人单位招用人员，应当依法对少数民族劳动者给予适当照顾。"第二十九条规定："国家保障残疾人的劳动权利。各级人民政府应当对残疾人就业统筹规划，为残疾人创造就业条件。用人单位招用人员，不得歧视残疾人。"第三十条规定："用人单位招用人员，不得以是传染病病原携带者为由拒绝录用。但是，经医学鉴定传染病病原携带者在治愈前或者排除传染嫌疑前，不得从事法律、行政法规和国务院卫生行政部门规定禁止从事的易使传染病扩散的工作。"当前，我国的就业歧视现象依然存在，每个毕业生都应当了解这些法律法规，在择业就业过程中，用这些法律法规来确保自己平等就业的权利。

2. 熟练掌握《中华人民共和国民法典》中与就业权益保护相关的内容

毕业生要了解《中华人民共和国民法典》中关于主体平等、自愿和诚实信用等内容。在就业市场上，毕业生与用人单位在法律地位上是平等的。毕业生在与用人单位签订就业协议和劳动合同时，要不卑不亢，以平等的身份与之协商，最终达成双赢。另外，毕业生在就业的过程中也要遵守诚信原则，在简历中实事求是地写明自己的情况。同时，毕业生要注意考察用人单位的诚信状况，调查其是否有事先承诺优厚待遇，事后不予兑现的现象，以免签订协议后权益受侵害。

毕业生要熟悉民法典中关于用人单位主体资格的法律法规，签订协议前一定要行使自己的知情权，详细了解用人单位的情况，一般包括用人单位的规模、效益、管理制度，以及隶属单位、是否有人事接收权等。一般有合法主体资格、有信誉的用人单位会很配合毕业生的调查了解；反之，那些答应得痛快，工作条件诱人，却对正当咨询和调查百般敷衍、拖延的用人单位，毕业生就要提高警惕了。

3. 熟悉掌握劳动法和劳动合同法中与就业权益保护相关的内容

劳动法规定，劳动者享有平等就业的权利、选择职业的权利、取得劳动薪酬的权利、获得劳动安全卫生保护的权利、享有休息的权利、享受社会保险和福利的权利、接受职业技能培训的权利、提请劳动争议处理的权利及法律规定的其他权利。

劳动合同法中以下几个方面的规定与毕业生就业权益密切相关。

（1）劳动合同法在劳动关系确立的标准上做出规定。第七条明确规定："用人单位自用工之日起即与劳动者建立劳动关系。用人单位应当建立职工名册备查。"第十条规定："建立劳动关系，应当订立书面劳动合同。已建立劳动关系，未同时订立书面劳动合同的，应当自用工之日起一个月内订立书面劳动合同。用人单位与劳动者在用工前订立劳动合同的，劳动关系自用工之日起建立。"这些规定告诉我们，判断劳动关系是否确立的标准就是看是否发生了用工行为。也就是说，无论书面劳动合同签订与否，只要存在实际的用工行为，那么劳动者与用人单位之间的劳动关系就已经建立，劳动者就能享有与已签订劳动合同者相同的权益。

（2）劳动合同法在试用期和合同期限方面做出了具体规定。第十九条规定："劳动合同期限三个月以上不满一年的，试用期不得超过一个月；劳动合同期限一年以上不满三年的，试用期不得超过二个月；三年以上固定期限和无固定期限的劳动合同，试用期不得超过六个月。同一用人单位与同一劳动者只能约定一次试用期。以完成一定工作任务为期限的劳动合同或者劳动合同期限不满三个月的，不得约定试用期。试用期包含在劳动合同期限内。劳动合同仅约定试用期的，试用期不成立，该期限为劳动合同期限。"第二十条规定："劳动者在试用期的工资不得低于本单位相同岗位最低档工资或者劳动合同约定工资的百分之八十，并不得低于用人单位所在地的最低工资标准。"

（3）劳动合同法进一步强化了劳动者的知情权。第八条规定："用人单位招用劳动者时，应当如实告知劳动者工作内容、工作条件、工作地点、职业危害、安全生产状况、劳动报酬，以及劳动者要求了解的其他情况；用人单位有权了解劳动者与劳动合同直接相关的基本情况，劳动者应当如实说明。"因此，毕业生在与用人单位签订就业协议和劳动合同时，应向用人单位询问与自己权益相关的问题，如工作时间、休息休假、福利等。

（4）劳动合同法为毕业生行使自主择业权提供了保障。第九条规定："用人单位招用劳动者，不得扣押劳动者的居民身份证和其他证件，不得要求劳动者提供担保或者以其他名义向劳动者收取财物。"第八十四条规定:"用人单位违反本法规定,扣押劳动者居民身份证等证件的,由劳动行政部门责令限期退还劳动者本人,并依照有关法律规定给予处罚。用人单位违反本法规定,以担保或者其他名义向劳动者收取财物的,由劳动行政部门责令限期退还劳动者本人,并以每人五百元以上二千元以下的标准处以罚款;给劳动者造成损害的,应当承担赔偿责任。劳动者依法解除或者终止劳动合同,用人单位扣押劳动者档案或者其他物品的,依照前款规定处罚。"因此,毕业生在依法解除或者终止劳动合同时,如果用人单位要扣押档案或者其他物品,毕业生可以寻求法律帮助。

(5)劳动合同法为保障毕业生及时足额获得劳动报酬提供了保障。劳动合同法不仅明确了用人单位应当按照劳动合同约定和国家规定,向劳动者及时足额支付劳动报酬,还规定了若用人单位拖欠或者未足额支付劳动报酬,劳动者可以依法向当地人民法院申请支付令,人民法院应当依法发出支付令。此外,劳动合同法第八十五条规定:"用人单位有下列情形之一的,由劳动行政部门责令限期支付劳动报酬、加班费或者经济补偿;劳动报酬低于当地最低工资标准的,应当支付其差额部分;逾期不支付的,责令用人单位按应付金额百分之五十以上百分之一百以下的标准向劳动者加付赔偿金:(一)未按照劳动合同的约定或者国家规定及时足额支付劳动者劳动报酬的;(二)低于当地最低工资标准支付劳动者工资的;(三)安排加班不支付加班费的;(四)解除或者终止劳动合同,未依照本法规定向劳动者支付经济补偿的。"

4. 熟练掌握《中华人民共和国劳动争议调解仲裁法》中与就业权益保护相关的内容

(1)在仲裁前置方面有所改进。《中华人民共和国劳动争议调解仲裁法》(以下简称《劳动争议调解仲裁法》)在保留劳动争议仲裁前置程序的前提下,规定部分劳动争议实行有条件的一裁终局;除这些劳动争议,劳动者对仲裁不服的,可以自收到仲裁裁决书之日起15日内向人民法院提起诉讼。也就是说,毕业生如果对一裁终局不满的话,仍具有寻求诉讼的权利。

(2)对劳动争议申请仲裁的时效进行了改动。劳动争议申请仲裁的时效期限为一年,从当事人知道或者应当知道其权利被侵害之日起计算;劳动关系存续期间因拖欠劳动报酬发生争议的,劳动者申请仲裁不受一年仲裁时效的限制,但是,劳动关系终止的,申请仲裁应当自劳动关系终止之日起一年内提出。

(3)在强化劳动监察部门作用方面做了规定。《劳动争议调解仲裁法》第九条规定:"用人单位违反国家规定,拖欠或者未足额支付劳动报酬,或者拖欠工伤医疗费、经济补偿或者赔偿金的,劳动者可以向劳动行政部门投诉,劳动行政部门应当依法处理。"因此,当毕业生遇到用人单位违反以上规定的情况时,一定要及时向劳动行政部门投诉,以便及时得到帮助。

(4)要利用举证责任倒置进行维权。《劳动争议调解仲裁法》第六条规定:"发生劳动争议,当事人对自己提出的主张,有责任提供证据。与争议事项有关的证据属于用人单位掌握管理的，用人单位应当提供；用人单位不提供的，应当承担不利后果。"因此，毕业生要注意分清哪些举证责任是自己的，哪些是用人单位的，以便发生争议时有效维护自己的合法权益。

(三)熟悉维权求助的途径

毕业生在自身权益遭受侵犯时，可以通过以下几种途径寻求救助和维权。

1. 与用人单位协商

对用人单位一般的违规行为或争议不大的问题，毕业生可与用人单位自行协商，通过达成新的协议，或者有过错的一方改正错误来消除争议。

毕业生在遇到劳动合同纠纷问题时，还可以向学校的就业指导中心或相关部门寻求帮助，学校是毕业生维权强有力的后盾。尤其是对于学校推荐就业的用人单位，毕业生在与用人单位发生纠纷需要协商时，可以请求学校出面调解，因为学校与用人单位通常有较为密切的往来，学校出面与用人单位沟通，更有助于矛盾双方解决纠纷。

2. 劳动争议仲裁

如果无法通过与用人单位协商来解决自己所遇到的问题，毕业生可以向单位所在地的劳动争议仲裁委员会要求仲裁。仲裁是处理争议的必经程序。毕业生申请仲裁，应自争议发生之日起 60 日内向劳动争议仲裁委员会提出书面申请。劳动争议仲裁委员会受理的劳动争议范围包括因企业开除、除名、辞退职工和职工辞职、自动离职发生的争议；因执行国家有关工资、保险、福利、培训、劳动保护规定发生的争议；因履行劳动合同发生的争议；因法律、法规规定的其他劳动争议等。

3. 劳动诉讼

毕业生或用人单位对仲裁裁决不服的，可在收到仲裁裁决书之日起 15 日内向人民法院起诉。但需注意，未经劳动争议仲裁委员会仲裁的劳动争议案件，法院不予受理。

4. 信访

毕业生在权益受到侵害时，还可以通过信访的方式，向各级工会、妇联及政府信访部门反映，利用这些组织维护自己的合法权益。

5. 借助新闻媒体

新闻媒体可以发挥很好的舆论监督作用。毕业生可以通过媒体对各种不公正现象进行曝光、报道，引起相关部门对这些现象的重视，从而促使这些问题的有效解决。

如果毕业生在实际就业中遇到劳动保障方面的问题，还可以及时拨打全国统一的劳动保障公益服务专用电话，咨询劳动保障的政策，获取有关信息，更好地维护自己的合法权益。

三、就业协议书

(一)就业协议书的内容

1. 毕业生情况及意见

毕业生情况及意见的主要内容包括姓名、性别、出生年月、民族、政治面貌、培养方式、健康状况、专业、学制、学历、家庭住址、应聘意见等。

2. 用人单位情况及意见

用人单位情况及意见的主要内容包括单位名称、单位隶属、联系人、联系电话、邮政编码、通信地址、单位性质、档案转寄详细地址、用人单位意见、用人单位上级主管部门意见等。

3. 学校意见

学校意见的主要内容包括学校联系人、联系电话、邮政编码、学校地址、院(系、所)意见、学校毕业生就业管理部门意见等。

(二)就业协议书签订的原则

1. 主体合法原则

签订就业协议书的当事人必须具备合法的主体资格。如毕业生在派遣时未取得毕业资格,用人单位可以不予接收而无须承担法律责任。用人单位具有从事各项经营或管理活动的能力。单位应有录用毕业生计划和录用自主权,否则毕业生可解除协议而无须承担违约责任。

2. 平等协商原则

双方法律地位平等,不得将一方的意志强加到另一方;学校不得采用行政手段要求毕业生到指定单位就业。

(三)就业协议书签订的流程

就业协议书的签订是在毕业生与用人单位供需见面、双向选择之后达成一致意见的结果。签订就业协议书的流程如下:

(1)毕业生本人在协议书上以文字形式,明确表达自己同意到选定单位工作的意愿,同时签署本人姓名。

(2)用人单位人事部门的负责人代表单位签署同意接收该毕业生的文字意见,并签字盖章。若该单位没有人事决定权,则需要报送其上级主管部门签字盖章,予以批准认可。

(3)毕业生所在院(系、所)和学校就业管理部门签署意见并签字盖章。

(4)将就业协议书上交就业管理部门审核。

现行的就业协议书一般是一式三份。协议签订后,一份由毕业生保存;一份交学校就业管理部门,作为就业派遣的依据;一份交用人单位,作为接收毕业生就业的凭证，并以此做好相应的人事及其他安排。

(四)无效协议

无效协议是指欠缺就业协议的有效要件或违背就业协议订立的原则，从而不发生法律效力，无效协议自订立之日起无效。

(1)就业协议书未经学校签字盖章视为无效。如有的协议经学校审查认为对毕业生显失公平，或违反公平竞争、公平录用的原则，学校可不予盖章。

(2)采取欺骗等违法手段签订的就业协议书无效，如用人单位未如实介绍本单位情况，根本无录用计划而与毕业生签订就业协议书。无效协议书产生的法律责任应由责任方承担。

(五)解除就业协议书的方式

就业协议书的解除分为单方解除和三方解除两种。

1. 单方解除

单方解除包括单方擅自解除和单方依法或依协议解除。单方擅自解除协议属于违约行为，解约方应对另外两方承担违约责任。单方依法或依协议解除是指一方解除就业协议有法律上或协议上的依据。例如，毕业生未取得毕业资格，用人单位有权单方解除就业协议；毕业生考取研究生后，可解除就业协议；依协议规定，毕业生未通过用人单位所在地组织的公务员考试，用人单位有权解除协议。此类单方解除，解除方无须对另外两方承担法律责任。

2. 三方解除

三方解除是指毕业生、用人单位、学校三方经协商，取消已经订立的协议，使协议不再发生法律效力。此类解除是三方当事人真实意愿的体现，所以三方均不承担法律责任。三方解除协议应在就业计划上报就业管理部门之前进行，若就业派遣计划下达后三方再解除，还须经就业管理部门批准办理调整改派。

(六)就业协议书的违约责任

就业协议书一经毕业生、用人单位、学校签署即具有法律效力，任何一方不得擅自解除，否则违约方应向权利受损方支付协议条款所规定的违约金。

毕业生违约，除造成本人承担违约责任、支付违约金等后果外，还会造成其他不良的后果，主要表现在以下几点。

(1)就用人单位而言，用人单位往往为录用一位毕业生做了大量的工作，有的甚至对毕业生将要从事的具体工作也有所安排。一旦毕业生因某种原因违约，势必使用人单位的录用工作付诸东流。用人单位若重新着手选择其他毕业生，在时间上也不允许，从而使招聘工作变被动。

(2)就学校而言，用人单位往往将毕业生的违约行为归为学校的责任，从而影响学校和用人单位的长远合作。用人单位因为毕业生的违约，而对学校的推荐工作表示怀疑。如此下去，必定影响学校以后的毕业生就业，同时影响学校就业计划方案的制定和上报，并使学校的正常派遣工作无法顺利开展。

(3)就其他毕业生而言，用人单位到学校挑选毕业生的名额是有限的，一旦与某毕业生签订就业协议书，其他毕业生便缺少了一个到此单位工作的名额。若日后签约的学生违约，有些当初希望到该用人单位工作的其他毕业生由于录用时间等原因，也无法补缺，造成就业信息的浪费，影响其他毕业生就业。

因此，大学毕业生在就业过程中应慎重选择，认真履约。就业协议书生效后一般不允许违约，但因特殊情况其中一方提出违约的，须经学校和另一方同意后才能办理违约手续，并承担违约责任。

违约有毕业前违约和毕业后违约两种情况。毕业后违约手续的办理一般称为"改派"。一般来说，办理毕业前违约需要提供以下书面材料：①单位同意解约的公函（简称"解约函"）；②原就业协议书一式三份；③本人的解约申请（写清楚申请事由，是否愿意承担违约责任等）；④新的用人单位同意接收的公函。

学校同意解约后，由学校就业管理部门办理相关违约手续和报批手续，给学生换发新的就业协议书，重新办理就业手续。

如果用人单位无故要求解约，大学毕业生有权要求对方严格履行就业协议。为保障大学毕业生的合法权益，学校应向违约单位及其上级主管部门和省级毕业生就业管理部门反映情况，进行交涉，由大学毕业生和用人单位协商解决。在协商未果的情况下，大学毕业生可通过法律途径保护自己的合法权益。

四、劳动合同

(一)劳动合同应具备的条款

劳动合同是劳动者与用人单位之间确立劳动关系，明确双方权利和义务的协议。

《中华人民共和国劳动合同法》第十七条规定："劳动合同应当具备以下条款：(一)用人单位的名称、住所和法定代表人或者主要负责人；(二)劳动者的姓名、住址和居民身份证或者其他有效身份证件号码；(三)劳动合同期限；(四)工作内容和工作地点；(五)工作时间和休息休假；(六)劳动报酬；(七)社会保险；(八)劳动保护、劳动条件和职业危害防护；(九)法律、法规规定应当纳入劳动合同的其他事项。劳动合同除前款规定的必备条款外，用人单位与劳动者可以约定试用期、培训、保守秘密、补充保险和福利待遇等其他事项。"

(二)劳动合同的履行、变更、解除与终止

1. 履行

劳动合同的履行是指劳动合同的双方当事人按照合同规定，履行各自义务的行为。依法订立的劳动合同具有法律约束力，当事人必须履行合同约定的义务，任何

个人或第三方不得非法干涉劳动合同的履行。

2. 变更

劳动合同的变更是指双方当事人对尚未履行或尚未完全履行的合同，依照法律规定的条件和程序，对原劳动合同进行修改或增删的法律行为。劳动合同变更应遵循平等自愿、协商一致的原则，不得违反法律法规。任何一方不得擅自变更劳动合同，否则要承担相应的法律责任。劳动合同的变更一般是协议变更，双方当事人就变更的内容及条件进行协商，达成一致意见后签订书面协议。

3. 解除

劳动合同的解除是指劳动合同当事人在劳动合同期限届满之前依法提前终止劳动合同关系的法律行为。

《中华人民共和国劳动合同法》第三十八条规定："用人单位有下列情形之一的，劳动者可以解除劳动合同：（一）未按照劳动合同约定提供劳动保护或者劳动条件的；（二）未及时足额支付劳动报酬的；（三）未依法为劳动者缴纳社会保险费的；（四）用人单位的规章制度违反法律、法规的规定，损害劳动者权益的；（五）因本法第二十六条第一款规定的情形致使劳动合同无效的；（六）法律、行政法规规定劳动者可以解除劳动合同的其他情形。用人单位以暴力、威胁或者非法限制人身自由的手段强迫劳动者劳动的，或者用人单位违章指挥、强令冒险作业危及劳动者人身安全的，劳动者可以立即解除劳动合同，不需事先告知用人单位。"

《中华人民共和国劳动合同法》第三十九条规定："劳动者有下列情形之一的，用人单位可以解除劳动合同：（一）在试用期间被证明不符合录用条件的；（二）严重违反用人单位的规章制度的；（三）严重失职，营私舞弊，给用人单位造成重大损害的；（四）劳动者同时与其他用人单位建立劳动关系，对完成本单位的工作任务造成严重影响，或者经用人单位提出，拒不改正的；（五）因本法第二十六条第一款第一项规定的情形致使劳动合同无效的；（六）被依法追究刑事责任的。"

4. 终止

劳动合同的终止是指符合法律规定或当事人约定情形的劳动合同效力即行终止。《中华人民共和国劳动法》第二十三条规定："劳动合同期满或者当事人约定的劳动合同终止条件出现，劳动合同即行终止。"

《中华人民共和国劳动合同法》第四十四条规定："有下列情形之一的，劳动合同终止：（一）劳动合同期满的；（二）劳动者开始依法享受基本养老保险待遇的；（三）劳动者死亡，或者被人民法院宣告死亡或者宣告失踪的；（四）用人单位被依法宣告破产的；（五）用人单位被吊销营业执照、责令关闭、撤销或者用人单位决定提前解散的；（六）法律、行政法规规定的其他情形。"

(三)就业协议书与劳动合同的区别

就业协议书和劳动合同都是用人单位与毕业生订立的协议，都具有法律效力。

两者既有联系，又有区别，分别签订于毕业生就业过程的不同阶段，其区别主要表现在以下几个方面。

1. 主体不同

就业协议书适用于毕业生与用人单位、学校三方之间，学校是就业协议书的签证方或签约方；劳动合同只适用于劳动者与用人单位之间，与学校无关。

2. 内容不同

就业协议书的内容主要是毕业生如实介绍自身情况，并表示愿意到用人单位就业，用人单位表示愿意接收毕业生，学校同意推荐毕业生并列入就业方案；劳动合同是毕业生与用人单位有关从事具体工作及享受何种待遇等权利与义务的约定，内容更为具体，劳动权利和义务更为明确。

3. 目的不同

就业协议书是毕业生和用人单位关于将来就业意向的初步约定，是对双方的基本条件及即将签订的劳动合同的部分基本内容的大体认可，是编制毕业生就业方案和将来双方订立劳动合同的依据，一经毕业生、用人单位（或用人单位主管部门）、学校签字盖章，即具有一定的法律效力；劳动合同是为了维护双方的合法权益而签订的。

4. 时间不同

就业协议书一般在毕业生毕业之前签订；劳动合同往往在毕业生到用人单位报到后才签订。如果毕业生与用人单位就工资待遇、保险等事先有约定，亦可在就业协议书的备注条款中予以注明，日后订立劳动合同对这些内容应予以认可。

5. 时效性不同

就业协议书的效力始于签订之日，终于毕业生到工作岗位报到之时。就业协议书的作用仅限于毕业生就业过程中的约定，一旦毕业生到用人单位报到，就业协议书的使命也就完成了。就业协议书不能代替劳动合同，不能作为确定劳动关系的凭证。

项目八 就业形势与政策

课堂活动

试用期的权利

毕业生小冯被一家北京的公司录用，和他一起进入试用期的还有另外6名新职工。他们被分到不同的部门实习，小冯到中关村一大型电子商城内公司的摊位卖电子产品。经理告诉他，让他站柜台，一是让他熟悉公司的业务，为以后工作打下基础；二是了解市场动态，听取顾客意见，以便于改进产品。3个月试用期过后，小冯销售业绩相当不错，除了第一个月不太熟悉，销售额5000多元外，后两个月都超过了2万元。小冯想，这个业绩证明了自己的才能，公司没有不录用他的理由。经理让他回家等消息，可是快两个月也没有动静，他给公司打电话，人事部门经理告诉他落聘了。后来得知，他们这批新来的6个人，一个也没有被录用。半年后，小冯有一次无意中来到这家公司的摊位，发现又一批新来的大学生在那里站柜台。

议一议：求职者在试用期内，享有哪些权益？

课外实践

了解就业流程

向辅导员了解就业流程、就业方法和就业过程中需要注意的问题。可以索取一些资料，加深对就业的认识。在交流探讨前，列出自己期待解决的问题，结束后将要点梳理整理。

好书推荐

1. 艾伦·麦克法兰著，管可秾译：《启蒙之所 智识之源》：一位剑桥教授看剑桥，商务印书馆.
2. 亚历山德拉·利维特著，李政译：《上大学为了什么》，机械工业出版社.

参考文献

[1] 杨红英. 大学生职业生涯规划[M]. 昆明：云南大学出版社，2015.

[2] 汪永芝，赵英. 职业生涯规划与实践[M]. 北京：清华大学出版社，2017.

[3] 孙红刚，罗汝坤. 职业生涯规划与就业创业指导[M]. 北京：高等教育出版社，2018.

[4] 倪伟. 大学生职业生涯规划与发展[M]. 西安：西安电子科技大学出版社，2018.

[5] 曹德欣，祝木伟. 创业学概论[M]. 北京：中国矿业大学出版社，2013.

[6] 曹世奎，郑伟峰. 中医药大学生职业发展与就业指导[M]. 北京：中国中医药出版社，2019.

[7] 崔爱惠，张志宏，刘轶群. 大学生职涯发展与就业指导实训教程[M]. 北京：现代教育出版社，2017.

[8] 黄月. 当代大学生奉献精神的培养[J]. 经济研究导刊，2013(10)：273－283.

[9] 刘向兵，等. 新时代高校劳动教育论纲[M]. 北京：社会科学文献出版社，2019.

[10] 吉仁泽. 直觉思维：如何构建你的快速决策系统[M]. 余莉，译. 北京：北京联合出版公司，2018.

[11] 吴昌政. 大学生职业发展与就业创业指导[M]. 北京：现代教育出版社，2012.

[12] 徐俊祥. 幸福密码：大学生学业与职涯发展导航[M]. 北京：现代教育出版社，2017.

[13] 陈涛涛. 世界500强企业面试笔试攻略[M]. 北京：中国法制出版社，2015.